平成衝口発

天武天皇と九州王朝

古事記・日本書紀に使用された暦

砂川恵伸【著】

新泉社

干支		干支		干支	
甲寅	甲申	甲寅	甲申	甲寅	甲申
乙卯	乙酉	乙卯	乙酉	乙卯	乙酉
丙辰	丙戌	丙辰	丙戌	丙辰	丙戌
丁巳	丁亥	丁巳	丁亥	丁巳	丁亥
戊午	戊子	戊午	戊子	戊午	戊子
己未	己丑	己未	己丑	己未	己丑
庚申	庚寅	庚申	庚寅	庚申	庚寅
辛酉	辛卯	辛酉	辛卯	辛酉	辛卯
壬戌	壬辰	壬戌	壬辰	壬戌	壬辰
癸亥	癸巳	癸亥	癸巳	癸亥	癸巳
甲子	甲午	甲子	甲午	甲子	甲午
乙丑	乙未	乙丑	乙未	乙丑	乙未
丙寅	丙申	丙寅	丙申	丙寅	丙申
丁卯	丁酉	丁卯	丁酉	丁卯	丁酉
戊辰	戊戌	戊辰	戊戌	戊辰	戊戌
己巳	己亥	己巳	己亥	己巳	己亥
庚午	庚子	庚午	庚子	庚午	庚子
辛未	辛丑	辛未	辛丑	辛未	辛丑
壬申	壬寅	壬申	壬寅	壬申	壬寅
癸酉	癸卯	癸酉	癸卯	癸酉	癸卯
甲戌	甲辰	甲戌	甲辰	甲戌	甲辰
乙亥	乙巳	乙亥	乙巳	乙亥	乙巳
丙子	丙午	丙子	丙午	丙子	丙午
丁丑	丁未	丁丑	丁未	丁丑	丁未
戊寅	戊申	戊寅	戊申	戊寅	戊申
己卯	己酉	己卯	己酉	己卯	己酉
庚辰	庚戌	庚辰	庚戌	庚辰	庚戌
辛巳	辛亥	辛巳	辛亥	辛巳	辛亥
壬午	壬子	壬午	壬子	壬午	壬子
癸未	癸丑	癸未	癸丑	癸未	癸丑

天武天皇と九州王朝

はじめに

私は前著『古代天皇実年の解明』において、古事記・日本書紀の記述を比較・整理することにより推古から神武までの実年の復元をおこなった。それにより判明したことは、大まかに言えば次の四点である。

一、日本書紀に出現する「歳次干支」という言葉には三通りの意味があること。

二、古事記は各天皇の元年を「即位年＝元年」で記述している。これは伝承が作成されたときの生の姿と考えられる。一方、日本書紀は前天皇の没年は決して次天皇の元年とはしない。日本書紀では踰年元年が原則である。これは日本書紀編纂当時、日本に導入され日本で確立されつつあった儒教思想による改変である。日本書紀にはそのほかにもこの儒教思想に基づいた種々の改変が存在する。

三、古事記・日本書紀の記述する神武以降の世界には二倍年暦は存在しない。

四、日本書紀の記す天皇の在位年数には三倍されたものが混在している。たとえば日本書紀の記す允恭の在位年数四二年は、一四年の在位が三倍されたものである。一方、古事記の寿命は干支一巡分（六〇年）あるいは干支二巡分（一二〇年）が追加された寿命が混在している。

以上の事を論証をしつつ、推古から神武までの皇位継承の経緯を遡り、神武天皇の即位年は西暦前六〇年の辛酉から西暦一年の辛酉までの間にあると結論した。

ところで、日本書紀には持統末年までの歴史が記述されている。日本書紀の編述姿勢が推古以前と推古以降では異なる、と考えることはできない。そこで本書では、前著を論述する中でわかった日本書紀の編述方針や日本書紀を解読する方法（何気ない言葉の裏にひそむ真実を読みとること）を足がかりとして、日本書紀により、主に天智から持統までの日本古代史の復元を試みた。

日本の古代に関するまとまった文献としては、古事記・日本書紀および風土記以上には古い文献は存在しない。この三書以上に古い文献は、それぞれが片々たる断片にすぎない金石文のみである。奈良・平安時代、あるいは鎌倉時代までの、それこそ無数の古文献を一般人の私が手にすることは容易ではない。しかし、推古から持統までの文献としては日本書紀が最古の文献なのである。入手の困難な他の文献になんと記述されていようとも、それよりも日本書紀の記述の方が古いのであり信頼できるのである。他の文献に頼らねばならないのは、それが日本書紀に記述されていない事項について論じる場合のみである。これが私の強みである。日本書紀こそが最高の史料なのであり、その日本書紀の記述をどのように解釈するか、そこにこそ勝負の分かれ目が存在するのである。そこで、本書では日本書紀を分析することにより、推古以降持統までの歴史の復元をおこなうことにした。取りかかるときは、論証を検証するための古事記の記述が存在しないこと、すなわち古事記の応援がないことが非常に不安であった。しかし実際に手を付けてみると、日本書紀の中には推古以降持統までの歴史を復元するための手がかりが充分に書き記《しる》されていた。

本書は前著同様、古田武彦氏の九州王朝説なくしては生まれることはなかった。私は約二十数年前に古田武彦氏の『失われた九州王朝』を初めて手にし、以来、古田武彦氏の九州王朝説を信じてきた。しかし九州王朝説を信じながらも、一方ではその中に弱点（私の考えでの弱点であるが）があることをも認識していた。どう考えればその弱点を克服できるのか、一人で長年、考えあぐねていた。ひょんなことから神武天皇即位年以降、推古天皇没年までの実年に関する前著を刊行することができた。神武の即位年あるいは近畿天皇家の始まりそのものが従来考えられていた三世紀などではなく、西暦紀元前後のころという結論に達した。この結論により、それまで感情を持ち合わせていない人間、従って実体のない人間のイメージでしか描くことのできなかった紀元前後のころの弥生時代の倭人が、実は我々同様、人を愛し、恐れ、悲しみ、憎みそして権力を求めて殺し合う生身の人間であったことが漸く実感できるようになった。

前著には「論証途中の問題」がそのままに残されている。その論証を完結させることが一つ。さらに日本には「古事記・日本書紀」と併称される日本最古の文献が存在するが、その中の一つ、日本書紀には推古以降持統までの歴史も記述されている。その日本書紀により推古以降持統までの歴史の復元を試みることが本書のもう一つの目的である。

日本書紀の天智以降持統の時代の記述は、実録に近いとの論述もあることでもあり、最初は推古以降持統までの歴史に謎があるなどとは思ってもいなかった。しかし、第一書同様、自分自身で日本書紀を読み進むうちに、そこには、まさに驚異の日本古代史が存在したことがわかった。しかしそれは国家としての日本が作成した最初の国史書が、実は真っ赤な嘘で塗り固められたものであることの証明でもある。日本人としては悲しむべきことであり、恥ずべきことである。長年、自分自身の中に存在した九州王朝説の弱点を解消し、加えて日本語音韻史の謎、すなわち「何故、奈良時代に上代特殊仮名遣いは消滅したのか」という謎も解明することができた。しかし単純に喜びと充実感にひたることができないのは、歴史の真実を知るということが痛みと悲しみをともなうものだからなのであろう。

本書においては日本書紀の読み下し文は、坂本太郎・家永三郎・井上光貞・大野晋校注による『日本古典文学大系　日本書紀』（岩波書店、上巻一九六七年、下巻一九六五年）を使用した。古事記は倉野憲司校注『古事記』（ワイド版―岩波文庫、一九九一年）を使用した。振り仮名は適宜省略した。なお本書で坂本太郎ほか校注『日本書紀』あるいは単に日本書紀とあるのは上述の日本書紀である。また本書には内田正男編著『日本書紀暦日原典』（新装版、雄山閣出版、一九九三年）、同じく内田正男編著『日本暦日原典』（三版、雄山閣出版、一九七八年）がしばしば引用されている。これらを内田正男編著『日本書紀暦日原典』、内田正男編著『日本暦日原典』とし、出版年等は略した。

目次

装幀　勝木雄二

第一章　大海人皇子は九州王朝の皇子である

1　大化改新における大海人皇子の不在

日本書紀は全三十巻のうち、二十八、二十九の二巻を割いて天武天皇の記述にあてている。日本書紀において二巻をあてて記述された天皇は天武以外にはいない。巻数のみでなく、実際の記述量をみても天武は最大である。新訂増補国史大系『日本書紀』（普及版、吉川弘文館、一九八二年）により、各天皇の記述量を記述行数で見てみよう（次ページの表1）。第一位の天武は六八七行であるのに対し、第二位の欽明は四四五行、第三位の孝徳は三七五行である。天武の記述量は群を抜いている。そして日本書紀は天武王朝の真っ只中、天武の孫の元正天皇のときに、天武の皇子・舎人《とねり》親王を編集最高責任者として七二〇年に完成したものである。これからすると、日本書紀は天武を主人公として描くために作成されたと言っても過言ではない。しかしその日本書紀において、肝心の天武の生年月日あるいは寿命は不明なのである。日本書紀のどこを捜しても、天武の年齢に関する記述は見当たらない。日本書紀は主人公の天武の年齢を不明にし、その実像を謎の中に隠し込んでいる。そしてその天武が天皇として実権を掌握するためには「壬申の乱」を必要とした。

日本書紀によれば天智十年十二月三日に天智天皇は亡くなり、明くる年（壬申年）の六月に壬申の乱が勃発する。その戦いにより、大海人皇子は天智の実子であり後継者の大友皇子を討ち滅ぼして、ようやく天武天皇として実権を掌握することができたのである。しかしまた以上の二点から、天武天皇の出自に疑いが向けられるようになり、現在では種々の説が存在する。

大和岩雄《おおわいわお》氏の『古事記と天武天皇の謎』（六興出版、一九七九年）および『天智・天武天皇の謎』（六興出版、一九九一年）によれば、天武の出自に疑惑の目を向けたのは、『諸君』（一九七四年八月号、文藝春秋）に掲載された佐々克明《さっさかつあき》氏の「天智・天武は兄弟だったか」が最初のようである。佐々氏はその中で、日本書紀では不明の天武の寿命が『本朝皇胤紹運録《ほんちょうこういんじょううんろく》』では六五歳とされていることから、

表1　天皇ごとの記載行数

順位	天皇	行数	順位	天皇	行数
1	天武	687	22	履中	82
2	欽明	445	23	崇峻	72
3	孝徳	375	24	仲哀	61
4	持統	336	25	武烈	60
5	雄略	310	26	安閑	55
6	推古	297	27	用明	43
7	仁徳	245	28	清寧	40
8	景行	244	29	仁賢	37
9	神功	221	30	安康	33
10	神武	201	31	綏靖	25
11	皇極	199	32	宣化	24
12	天智	196	33	成務	18
13	継体	180	34	安寧	13
14	垂仁	176	35	孝霊	13
15	斉明	154	36	孝元	13
16	応神	142	37	開化	13
17	敏達	135	38	威徳	11
18	允恭	133	39	孝昭	11
19	崇神	131	40	孝安	11
20	舒明	130	41	反正	9
21	顕宗	113			

(黒板勝美編、新訂増補国史大系『日本書紀(上／下)』吉川弘文館、1928年)

天武は天智より四歳年長になるとして、天智と天武は兄弟ではなかったとの説を提出された。そしてそれを契機として、天武の出自に関して種々の説が述べられるようになった。

天武の出自に関しては天智との兄弟関係、すなわち天智の実弟か否か、あるいは天智とはまったく血の繋がらない他人か否かで論じられることがほとんどである。主なものとして、以下のような説が存在する。

佐々克明……はじめ単純非兄弟説(1)、その後、「天武＝新羅人の金多遂」とする説(2)

水野　祐……異母兄弟説(3)

小林惠子《やすこ》……はじめ異父兄弟説(4)。その後、非兄弟説（高句麗の宰相・淵蓋蘇文説(5)）

大和岩雄……異父兄弟説（高向王と宝皇女〈後の皇極天皇〉との間の子の漢皇子説(6)）

井沢元彦……異父兄弟説（宝皇女〈後の皇極天皇〉と外国人との間の子説(7)）

もちろん、日本書紀の記述どおりに「天武は舒明と皇極の間の子であり、天智の実の弟」とするのが定説派・主流派の説である。本書は、その天武の素性の探索から始めることにしよう。

大海人皇子（後の天武天皇）が日本書紀に初めて登場するのは舒明紀である。日本書紀・舒明天皇二年正月条に次のように記述されている。

（舒明）二年の春正月の丁卯の朔《ついたち》戊寅に、宝皇女《たからのひめみこ》を立てて皇后とす。后、二人の男・一の女を生《あ》れませり。一を葛城皇子と曰《まう》す。近江大津宮御宇天皇なり。二を間人皇女《はしひとのひめみこ》と曰《まう》す。三を大海皇子《おほしあまのみこ》と曰す。浄御原宮御宇天皇なり。

大海人皇子は、舒明天皇と宝皇女（後の皇極天皇、さらに重祚して斉明天皇）の間の第三子とされている（図1）。そして葛城皇子（中大兄皇子）は実の兄とされている。

図1　大海人皇子（天武天皇）の系譜

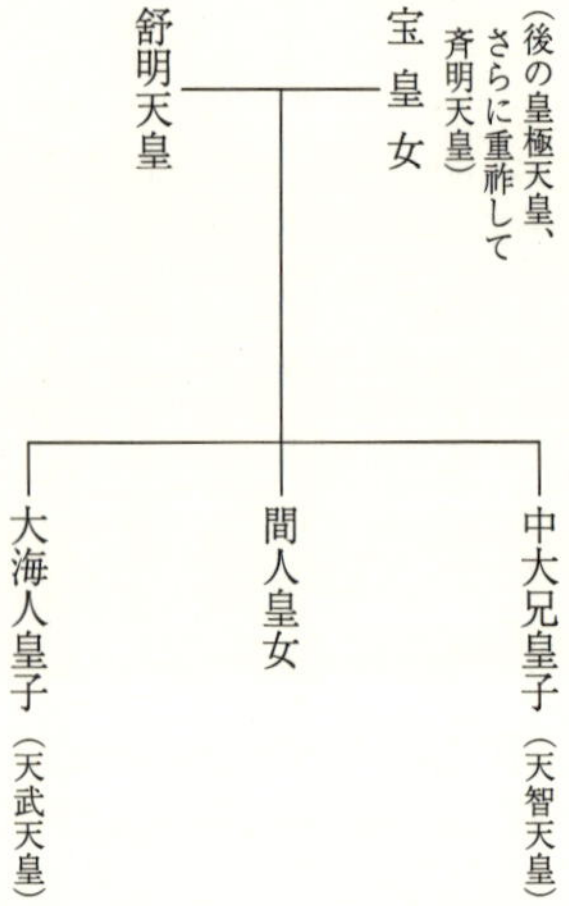

舒明天皇は在位一三年目の辛丑年に亡くなった。日本書紀によれば、舒明元年は推古没年の翌年の己丑年である。推古没年については、古事記・日本書紀ともに戊子年としており、この推古没年の戊子年は西暦六二八年の戊子年に間違いないとされている。従って舒明元年は西暦六二九年の己丑年であり、その没年は西暦六四一年の辛丑年となる。

舒明天皇が亡くなったとき、その殯《もがり》に際して、東宮《まうけのきみ》開別皇子《ひらかすわけのみこ》（中大兄皇子）は一六歳で「誄《しのびごと》したまふ」と記されている。「誄」については、孝徳天皇二年（大化二年）の三月条に次のような記述がある。

亡人《しにたるひと》の為に、髪を断《き》り股を刺して誄《しのびごと》す。

自分自身の身体に傷をつけることで弔いの意を表す葬送儀礼の一つである。また、単純に弔意を述べることをも誅と言ったようである。

以上でわかるように、舒明の太子・中大兄皇子は西暦六四一年の辛丑年に一六歳である。しかし中大兄皇子は舒明の太子であり、後に天智天皇となるが、舒明の直後に天皇として即位したわけではない。舒明の次には、舒明の皇后の宝皇女（すなわち中大兄皇子の母親）が皇極天皇として即位している。これは舒明没年には、太子の中大兄皇子は一六歳でしかなく、天皇として即位するにはまだ若すぎるということがその理由なのであろう。舒明没年の翌年（踰年）に即位させるとしても一七歳である。いずれにしても未成年である。そのために中大兄皇子の天皇即位は見送られたのではないかと思われる。そして中大兄皇子が成人するまでの期間を、母であり舒明の皇后でもある宝皇女が代わりに天皇をつとめることになったのであろう。

中大兄皇子は舒明没年（西暦六四一年の辛丑年）に一六歳であるから、その誕生年は西暦六二六年の丙戌年である。すると日本書紀が天智没年としている天智十年の辛未年には、天智は四六歳である。意外にも天智は若くして亡くなっている。

ともあれ中大兄皇子の誕生年は西暦六二六年であるから、もしも大海人皇子が中大兄皇子の四、五歳年下の同母弟だとすると、大海人皇子は西暦六三〇年ころの生まれであろう。しかし大海人皇子は舒明紀において、「舒明天皇と宝皇女の間の子」と記述されたあと、西暦六六四年の天智三年までいっさい出現しない。その間、西暦六四五年には、「大化の改新」になだれ込んでいく有名な蘇我入鹿誅滅事件がある。西暦六四五年は皇極四年であり、干支で言えば乙巳《いっし》の年である。そのためこれを「乙巳《いっし》の変」と呼ぶ。このとき、天皇家は専横を極めた蘇我本家を滅ぼすことに成功し、権力を回復することができた。しかしこの大事なときに、大海人皇子はいっさい出現しない。影も形も見えない。乙巳の変において蘇我入鹿暗殺に関わった人物は、日本書紀によれば次の六名である。

①中大兄皇子
②中臣鎌足
③蘇我倉山田麻呂
④佐伯連子麻呂
⑤葛城稚犬養連網田
⑥海犬養連勝麻呂

天皇家にとって、この非常に大事なときに、大海人皇子は蘇我入鹿暗殺にはまったく関わり合っていない。まるで存在しないかのようである。不思議と言わねばならない。ただし蘇我入鹿誅滅事件、すなわち乙巳の変のあった西暦六四五年の乙巳年には、中大兄皇子は二〇歳である。中大兄皇子が二〇歳であるならば、その同母弟の大海人皇子は一六歳前後であろう。大海人皇子は一六歳前後の子供だったから乙巳の変には参加できなかったのだと考えられなくもない。

(1) 佐々克明「天智・天武は兄弟だったか」『諸君』文藝春秋、一九七四年八月号
(2) 佐々克明「天武天皇と金多遂」『東アジアの古代文化』一八号、一九七九年
(3) 水野　祐「天智・天武両天皇の『年齢矛盾』について―天智・天武非兄弟説をめぐって―」『東アジアの古代文化』六号、一九七五年
(4) 小林惠子「天武天皇の年齢と出自について」『東アジアの古代文化』一六号、一九七八年
(5) 小林惠子「天武は高句麗から来た」『別冊　文藝春秋』一九九〇年夏号

(6) 大和岩雄『天武天皇出生の謎』六興出版、一九八七年
(7) 井沢元彦『逆説の日本史2　古代怨霊編』小学館文庫、一九九八年

2　大海人皇子の歴史の表舞台への登場は「白村江の敗戦」の翌年

乙巳の変により、専横を極めた蘇我本家が滅ぼされ、天皇親政が回復した。天皇親政の年月は、孝徳天皇の一〇年、その後に重祚した斉明天皇の七年と経過していく。合計一七年である。しかしその間、中大兄皇子の名は頻出するにも拘わらず、大海人皇子は一度も出現しない。たとえ大海人皇子が中大兄皇子の五歳年下の弟であるとしても、斉明天皇時代には大海人皇子は二十代の後半から三十代初めころの年齢であろう。そのような年齢であるにも拘わらず大海人皇子はいっさい登場しない。そして突如、天智三年二月になって初めて登場する。しかもいきなり巨人として登場する。次の記述である。

天皇、大皇弟に命《みことのり》して、冠位の階名《しなな》を増《ま》し換《か》ふること、及び氏上《このかみ》・民部《かきべ》・家部《やかべ》等の事を宣《のたま》ふ。

それまで、誕生時の記述のみでしかなかった大海人皇子が、突然、「大皇弟」という表現で登場する。日本書紀において「皇弟」という表現は、すでに用明二年四月条に出現しており、穴穂部皇子を

皇弟皇子と表現している。また孝徳天皇の白雉四年是歳条には「皇弟等」、同じく白雉五年十月条にも「皇弟」との表記がある。しかし孝徳天皇にとっては大海人皇子は弟ではない。甥である。従って孝徳紀にみられる皇弟（天皇の弟）とは、大海人皇子のことではないであろう。

いずれにしろ、皇弟という表記には前例が存在した。しかし皇弟という表記の前例はあるが、大海人皇子の場合は、それに「大」という形容詞がつけられている。このことは、大海人皇子は普通の皇弟ではないということを示している。特別な皇弟なのである。大海人皇子はそのように突然に登場しているが、その突然に出現したときから特別なのである。そしてそれ以降、常に天智を脅かす巨大な存在として記述されている。

『藤氏家伝』は中臣鎌足の曾孫であり、別名を恵美押勝《えみのおしかつ》として有名な藤原仲麻呂らにより七六〇年ころに作成されたものである。その『藤氏家伝』に記載されている「鎌足伝・天智七年条」の事件はその好例であろう。原文は漢文であるが、ここでは訓読文を掲載する。

摂政六年春三月に、都を近江国に遷《うつ》す。七年の正月に、天皇の位に即《つ》きたまふ。是《こ》れ天命開《あめみことひらかす》別天皇《わけのすめらみこと》とあり。

（中略）

帝、群臣を召《め》して、浜楼《ひんらう》に置酒《ちしゅ》したまふ。酒酣《たけなは》にして歓《よろこび》を極《きは》む。是《ここ》に、大皇弟長き槍を以《もち》て、敷板《しきいた》を刺し貫きたまふ。帝《てい》、驚き大きに怒りて、執害《そこな》はむとしたまふ。大臣《おほおみ》固く諫《いさ》め、帝即《すなは》ち止《や》めたまふ。大皇弟、初め大臣《おほおみ》の所遇《しょぐ》の高きことを忌《にく》みたるを、茲《こ》れより以後《のち》、殊《こと》に親《むつ》ぶることを重《おも》みしたまふ。……

（沖森卓也・佐藤信・矢嶋泉『藤氏家伝　鎌足・貞慧・武智麻呂伝　注釈と研究』吉川弘文館、一九九九年、二二〇ページ）

大皇弟（大海人皇子）は天智天皇の催した酒宴の席で、こともあろうに槍を抜き、敷板を刺し貫くという傍若無人の振る舞いをしているのである。江戸時代、殿中（江戸城内）において刀を抜けばそれだけで切腹・お家断絶である。忠臣蔵で有名な浅野匠守と吉良上野介の事件はその好例である。それと似たようなこと、あるいはそれ以上のことを大海人皇子はやっているのである。驚き怒った天智は大皇弟（大海人皇子）を殺そうとした。怒りで顔は蒼ざめ唇をブルブル震わせている天智の姿が目に浮かぶようである。しかし大臣（中臣鎌足）が天智を固く諫めたので大皇弟（大海人皇子）はことなきを得たとある。この事件は、真実、大海人皇子が天智を殺そうと思ってやったことだったように思われる。

話をもとに戻そう。大海人皇子が日本書紀の表舞台に初めて登場する天智三年は西暦六六四年の甲子年であり、その二月である。そしてその前年の西暦六六三年八月には、朝鮮の白村江において倭・百済連合軍対唐・新羅連合軍の一大決戦があり、倭・百済連合軍は大敗北を喫し、そのために百済は完全に滅亡した。大海人皇子の歴史の表舞台への登場は、倭・百済連合軍が白村江において唐・新羅の連合軍に壊滅的な大敗北を喫したその翌年なのである。月数で言えば、わずかに六カ月後である。

大海人皇子は実の兄・天智の娘を四人も妃に迎えている。大田皇女《おおたのひめみこ》、鸕野皇女《うののひめみこ》（後の持統天皇）、大《おお》江皇女《えのひめみこ》、新田部皇女《にいたべのひめみこ》の四人である。大田皇女と鸕野皇女は天智存命中に大海人皇子の妃に迎えられており、大江皇女と新田部皇女が妃に迎えられたのは天智が亡くなってからのことのようである。この時代は母が異なれば他人であるので、異母姉妹とでも結婚できた時代である。従って姪を妃に迎えること自体は、現在とは異なり、さほど異とすることではなかったであろう。しかし天武の場合は同母の兄・天智の娘を四名も妃に迎えている。少し、しつっこいように思う。何故、天武は同母の兄の娘を四人も妃に迎えねばならなかったのであろうか。今のところ、これは一つの謎としておこう。

天武二年正月条には、大海人皇子の妃の大田皇女は鸕野皇女の同母の姉と記述されている。そして大田皇女は天智六年までには亡くなっている。天智六年二月条に次のように記述されていることでそれがわかる。

（天智）六年の春二月の壬辰の朔《ついたち》戊午、天豊財重日足姫天皇《あめとよたからいかしひたらしひめのすめらみこと》（斉明天皇）と間人皇女《はしひとのひめみこ》とを小市岡上陵《をちのをかのうへのみささぎ》に合せ葬《かく》せり。是の日に、皇孫《すめみま》大田皇女を陵の前の墓に葬す。

この記述から、大田皇女は天智六年二月までには亡くなっていることは明らかである。従って大田皇女が生きていたのは天武天皇の皇子時代ということになる。その大田皇女は大海人皇子との間に、大伯皇女《おおくのひめみこ》と大津皇子《おおつのみこ》の二人の子をもうけている。この大田皇女の動きから、実に意外な事実が判明する。日本書紀の斉明六年十二月条と斉明七年正月条の次の記述である。

（斉明六年の）十二月の丁卯の朔庚寅に、天皇難波宮に幸《おはしま》す。天皇、方《まさ》に福信（百済の使者）が乞《まう》す意に随《したが》ひて、筑紫に幸して、救《すくひのいくさ》軍を遣《や》らむと思ひて、初《ま》づ、斯《ここ》に幸して、諸の軍器《つはもの》を備《そな》ふ。

（中略）

七年の春正月の丁酉の朔壬寅（六日）に、御船西に征《ゆ》きて、始めて海路に就く。甲辰（八日）に、御船、大伯海《おほくのうみ》に到る。時に大田姫皇女、女《ひめみこ》を産む。仍《よ》りて是の女を名《なづ》けて、大伯皇女《おほくのひめみこ》と曰ふ。

（中略）

三月の丙申の朔庚申（二十五日）に、御船、還《かへ》りて娜大津《なのおほつ》に至る。

斉明六年（六六〇）、百済は唐・新羅の連合軍に攻撃されて滅亡した。百済の残存勢力は、百済復興のための軍を倭国に要請した。百済（の残存勢力）の要請を受けた倭国は、百済復興軍の派遣を決定する。そして斉明天皇自身、軍船を整え筑紫まで赴いたのである。百済復興のために斉明天皇が難波を出発したのは斉明七年（六六一）の正月六日である。これは白村江の戦いの二年前である。

そしてこのとき、何故か臨月の大田皇女が祖母の斉明天皇とともに筑紫へ向かっている。「出発後二日目の正月八日に大伯（岡山県邑久郡）に到着。時に、大田皇女、大伯で女児を出産す」と記述されていることでそれがわかる。何故、大田皇女は臨月の身をおして、危険な船旅に出たのであろうか？

この部分は、天武の謎を解明するための非常に重要な部分であるが、従来、まったく考慮されずにきている。出産を間近に控えた妊婦が危険を冒して旅に出る理由として、私に思いつけるのは次の二つだけである。一つは実家に戻りお産をするため。もう一つは、夫婦が離れればなれになっていて、特に戦争を控えていて生き残れるか否か予断を許さない状況にあるので、生まれてくる子を男親（夫）に会わせるためである。大田皇女の実家が吉備国の大伯（岡山県邑久郡）などであるはずはない。大田皇女は中大兄皇子（後の天智）の娘であり、また大田皇女の母親は蘇我倉山田麻呂の娘だからである。蘇我倉山田麻呂は蘇我蝦夷《えみし》・入鹿《いるか》親子の同族であり大和の大豪族である。大田皇女は生粋の大和国（現在の奈良県）の人間なのである。実家が吉備国などであるはずがない。従って大田皇女は吉備国の大伯《おおく》で出産するために斉明天皇の軍船に乗船したのではない。軍船に乗船していて、たまたま大伯で出産することになったのである。

そして斉明七年（六六一）は、まさに唐・新羅連合軍との決戦前夜である。従って臨月の大田皇女が危険な船旅に出立したのは、夫の大海人皇子が旅先の筑紫にいるからなのである。もしもこのとき、大海人皇子が百済復興軍の一武将として斉明天皇の船団の中にいたとするとおかしなことになる。大海人皇子は出産間近の妃を危険な船旅に同行させたということになるからだ。当時は母体および生まれてくる子の両者にとって、出産そのものが非常に危険であったに違いないのである。当時のお産の危険性について、日本書紀允恭七年十二月条に次の記述がある。

大泊瀬天皇（後の雄略天皇）を産《あ》らします夕に適《あた》りて、天皇、始めて藤原宮に幸《いでま》す。皇后、聞《きこ》しめして恨みて曰はく、「妾《やつこ》、初め結髪《かみな》ひしより、後宮に陪《はべ》ること、既に多年を経ぬ。甚しきかな、天皇、今妾産《やつこここう》みて、死生、相半《あひなかば》なり。何の故にか、今夕に当りても、必ず藤原に幸《いでま》す」とのたまひて、乃《すなは》ち自ら出でて、産殿を焼きて死《みう》せむとす。

允恭の后は逆上して「今、妾産みて、死生、相半なり」と言っている。当時のお産は充分な準備のもとであっても「死生、相半なり」なのである。充分な準備のできない船中でのお産、その上、船揺れの中でのお産はそれこそ命を賭けるようなものではなかったのだろうか。そのような危険性の高い船旅に出産間近の妃を同行させたとは考えられない。しかも、その旅の目的地は、唐・新羅との戦争においては最前線ともいうべき筑紫である。妃のみならず生まれてくる子までをも危険に曝すようなものだ。そのようなことは考えられない。やはりこのとき、大海人皇子はすでに筑紫にいたと考えなければならない。

これから唐・新羅連合軍との間に、国の存亡を賭けた戦いが始まろうとしている。夫・大海人皇子はその戦いで死ぬかもしれない。死ぬかもしれない夫・大海人皇子に、生まれてくる子を見せておきたかったのだと思う。そのために大田皇女は臨月の身をおして筑紫への船旅に出立した。従って斉明七年の正月には、大海人皇子は筑紫にいた！　そして、さらにその一〇カ月前には、近畿大和にいた。そうすると大海人皇子は百済復興軍の先発隊として、先に筑紫に派遣されていたのであろうか？　そうではあるまい。

3　古田武彦氏の九州王朝説の弱点

私は一九八一年に古田武彦氏の『「邪馬台国」はなかった』を初めて手にした。同書が出版されてから一〇年目のことである。以来、古田武彦氏の展開する日本古代史に魅せられてきた。それまで、なんとなく「邪馬台国は九州」と思っていたことに論理的な根拠を持つことができるようになった。「邪馬臺国」なのか「邪馬壹国」なのかは、おいておくとして、『「邪馬台国」はなかった』で論証された魏晋朝短里説、これこそが決定的な事であると思う。魏晋朝短里説とは、「魏晋朝における一里は、漢や唐代に使用された一里を約四三五メートルとする長里ではなく、約七五メートルを一里とする短里である」という説である。そこから導かれることは、「邪馬台国はどうしても北九州でなければならない」ということである。魏志倭人伝の記述では、楽浪郡から邪馬台国まで一万二千余里である。まず最初に「韓国を経てその北岸、狗邪韓国に到る七千余里」と記述されている。そこから千余里の「一海」を渡り対馬に着く。さらに千余里の「一海」を渡り壱岐に着く。さらに千余里の「一海」を渡り末盧国に着く。これで合計一万余里である。残るは二千余里である。そして魏志倭人伝は、対馬と思われる「対海国」を「方四百里」、壱岐と思われる「一大国」を「方三百里」と記している。古田武彦氏は、この対海国および一大国のそれぞれの二辺をも楽浪郡から邪馬台国までの行程のうちとして考えた。「島めぐり読方」である（図2）。

これによると、対海国を通過するのに八百里、一大国を通過するのに六百里を要することになる。

合計では千四百里である。これを差し引くと邪馬台国までの行程は残り六百里のみとなる。

そして末盧国は、現在の佐賀県松浦半島と考えられている。今、仮に魏志倭人伝に記述された末盧国を松浦半島の東側のつけ根にある唐津市とすると、そこから一里＝七五メートルとして六百里を求めると［75×600＝45000 m］となる。四五キロである。JR時刻表により、西唐津―福岡市姪浜の距離を見てみると、四四・八キロメートルとなっている。すなわち現在の福岡市近辺が邪馬台国ということになるのである。たとえ福岡市そのものではないとしても、その近辺であることは動かすことはできない。

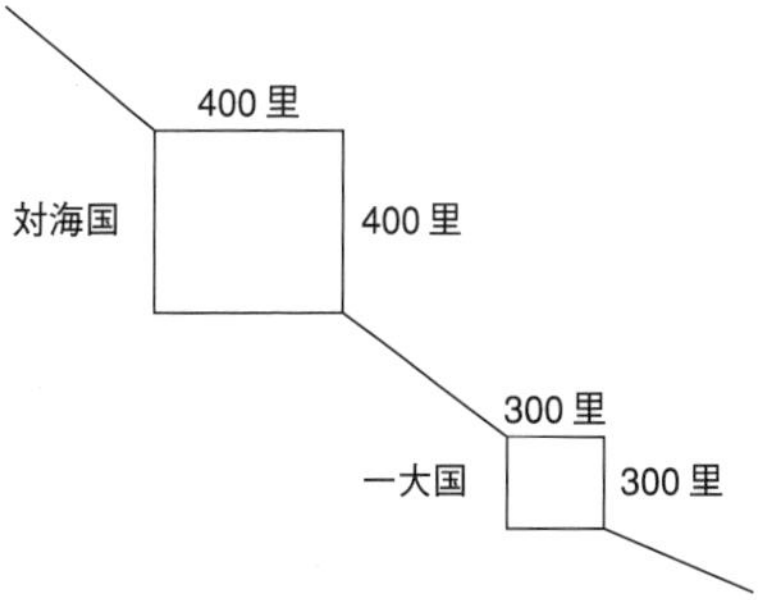

図２　古田武彦氏の「島めぐり読方」

そして古田武彦氏の第二書『失われた九州王朝』により、それまで不透明で謎だらけであった日本古代史が澄み渡るような感じをうけた。すなわち、

①従来の近畿天皇家一元史観では、誰に比定してもしっくりこない「倭の五王」問題。

②隋書には、七世紀初頭の倭国に君臨した「阿毎足利思比（北）孤」という王者が記載されているが、近畿天皇家による日本側文献にはそのような王者は存在しないこと。

③白鳳・朱雀を初めとする多くの逸年号・九州年号といわれる不思議な年号の存在。

等々である。これらの不審点は「近畿天皇家の前に九州王朝が存在した」と考えたとき、一挙に氷解する。日本古代史の不明朗な点はこれで解決されたと思った。あと一〇年もすれば、日本古代史はこのように書き換えられていることだろうと思った。しかし、あれから二十数年も経つが一向にその気配がない。それでも私は、古田武彦氏の九州王朝説を信じている。

しかし、九州王朝があったとしたとき、逆に問題となる事項がある。九州王朝説のウイークポイント、泣き所である。九州王朝説を信じてはいるが、説明できずにずっと困っていた事項……それは、

①何故、七枝刀は石上《いそのかみ》神宮にあるのか？

②何故、法隆寺釈迦三尊像は法隆寺にあるのか？

③日本書紀に記述されている対朝鮮交渉史は、そのほとんどが九州王朝の対朝鮮交渉史であるはずなのだが、それを近畿大和の対朝鮮交渉史として、何故、あれほど克明に記述することができたのか？

という三点である。九州王朝説に立つ者の眼からすれば、七枝刀は百済王から九州王朝の王に贈られた稀代の珍宝である。法隆寺釈迦三尊像は、出家して法皇となった九州王朝の王をかたどったものである。九州王朝が存在したのであるならば、これらの「物」は九州に存在しなければならない。そうでなければ紛失、あるいは焼失していなければならない。近畿大和にあってはならないものなのである。また、日本書紀に記述されている倭国の対朝鮮交渉史は九州王朝の対朝鮮交渉史なのである。従ってその主体を九州王朝から近畿天皇家に書き換えるだけであるにせよ、近畿天皇家が日本書紀に、あのように詳細に記述できるような対朝鮮交渉の資料を持っていたはずはない。それは九州王朝のものだからである。

何故これらの物は大和にあるのか？　日本書紀は、何故、九州王朝の詳細な対朝鮮交渉史を近畿天皇家のものとして記述することができたのか、ということをずっと考えていた。なかなか納得できる説明をつけることができなかった。しかし、今、漸くその解答を見つけることができた。これらを九州から大和に運び込んだのは大海人皇子である。そして大海人皇子は、近畿天皇家の皇子ではない。大海人皇子は九州王朝の皇子である。

4　大海人皇子は九州王朝の皇子である

筑前国風土記・宗像郡の条に次の説話が収録されている。

其の大海命《おほあまのみこと》の子孫は、今の宗像朝臣等、是なり。云々

（秋本吉郎校注『日本古典文学大系　風土記』岩波書店、一九五八年、五〇六ページ）

「大海命の子孫は今の宗像朝臣等である」と言っている。これは「天武天皇の子孫は……」ともとれる。従来は、ほとんどそのように解釈してきたのではなかろうか。しかし、ここで「天武天皇の子孫は……」と言っていないことが重要である。普通には、天皇が祖先であるならば、たとえその天皇がまだ天皇に即位していないときに生まれた子からの子孫ではあったとしても「何々天皇の子孫」というものではなかろうか。「何々の命の子孫」というよりは「何々天皇の子孫」と言った方が遙かに家

格は高くなる。それこそ雲泥の差である。しかしそうはなっていない。

九州筑紫に皇子としての大海命《おおあまのみこと》がいたのだと思う。九州王朝の皇子の一人として大海命がいた。しかし大海命は九州では大王にはなれなかった。その後、大海命は九州を離れ、そして近畿大和で天智天皇のあとに天武として天皇になった。九州に取り残された子孫はそれを知らなかった。あるいは、大海命が近畿大和の天皇になったことは知っていたが、九州在住の九州王朝の者の眼からすれば近畿大和の天皇なるものは格の低いものであった。そのために自らの系譜の伝承を、あえて「天武天皇の子孫」と改めずに「其の大海命の子孫」のままで伝承していた。そして天皇という呼称が日本の支配者の呼称であるという認識が九州に充分に浸透する前に（宗像朝臣等が、自らの系譜の伝承を「自分達は天武天皇の子孫である」と改変する前に）、筑前国風土記に収録された。

事実、日本書紀は大海人皇子（天武天皇）の妃の一人として「胸形君徳善《むなかたのきみとくぜん》が女《むすめ》・尼子娘《あまこのいらつめ》」を記載している。そして筑紫には宗像大社のある宗像市がある。福岡県宗像市である。天武天皇の妃の一人・尼子娘の父の胸形君徳善は、現在の福岡県宗像市にいた有力者であろう。そのことは以下のことによっても証明される。大海人皇子はこの「胸形君徳善が女・尼子娘」との間に高市皇子《たけちのみこ》をもうけている。この高市皇子に関連して、遠山美都男著『壬申の乱《じんしんのらん》』に次のような記述がある。

ところで、大和国の城上郡《しきのかみ》内には宗像神社《むなかた》があった。八九三（寛平五）年の高階真人忠峯《たかしなのまひとただみね》らの解状によると、これは忠峯らの先祖、高市皇子が筑前の宗像神社を大和に勧請したもので、その修理料には胸形君に隷属する賤民の貢納物を充てることを定めたという。

（遠山美都男『壬申《じんしん》の乱《らん》』七版、中公新書、二〇〇〇年、五九ページ）

高市皇子が筑前の宗像神社を大和に勧請したとある。高市皇子は、何故、宗像神社を大和に勧請したのか？　それは母方の祖父・胸形君徳善が「筑前の宗像の君」だからなのである。それ以外には考えられない。従って高市皇子の父・大海人皇子は九州王朝の皇子なのである。

大海人皇子の妃・尼子娘を筑前の宗像君徳善の娘とする説の方に、もと神宮皇学館大学専門部助教授・岡田米夫氏がおられる。氏の著『日本史小百科1　神社』の宗像神社（鎮座地　福岡県宗像郡玄海町田島）の項に次のように述べておられる。

つまり宗像神は水の神・海の神であったわけだが、同時にこの地方は実は海上生活民である宗像海人《あま》の根拠地でもあり、その統率者こそが宗像大宮司の祖胸形君《むなかたのきみ》であった。

胸形君は七世紀中頃には大和国の鳥見《とみ》山麓に宗像神社の分祀（式内社）を勧請しており、ついで胸形君徳善の女尼子娘《あまこのいらつめ》が大海人皇子《おおあまのみこ》（天武天皇）の妃として、長子高市皇子を生んだ。

（岡田米夫『日本史小百科1　神社』九版、近藤出版、一九八五年）

九州王朝の皇子である大海人皇子は、白村江の戦いの際、皇子達の中でただ一人、後詰めとして、あるいは物資補給係りとして（あるいは国内の鎮圧部隊として？）本拠地の筑紫に留まっていた。そこへ倭・百済連合軍の壊滅的な敗北の報が届いた。朝鮮半島と北九州は指呼の間である。グズグズしていると唐・新羅の連合軍が海を渡って攻めてくるかもしれない。しかし、それを迎え撃つだけの兵力は筑紫には、もはや存在しない。そこで大海人皇子は、九州王朝の宝物を一切合切ひっくるめて帯同して近畿大和へ逃げたのである。そのために、七枝刀は石上神宮にあるのである。九州王朝の史書類そして対朝鮮交渉史の史料も一切合切、大和に持ち込んだ。そのために近畿天皇家は九州王朝の対朝鮮交渉史を近畿天皇家の対朝鮮交渉史として詳細に記述することができたのである。「任那を復興せよ」との遺言を残したのは欽明天皇ではない。九州王朝の王である。法隆寺釈迦三尊像は、大海人皇子が天武天皇となってからか、あるいは持統天皇の時代に、九州から運び込まれたものであろう。日本書紀によれば、天智九年四月三十日、法隆寺は焼失する。

夏四月の癸卯の朔《ついたち》壬申（三十日）に、夜半之後《あかつき》に、法隆寺に災《ひつ》けり。一屋も余《あま》ること無し。

日本書紀をはじめとする古文献には「法隆寺の再建はいつなのか」、まったく記述されていないが、法隆寺が火災にあい、一屋《いちおく》余すことなく灰燼に帰したのが天智九年であるから、いずれにしてもその再建は天智十年以降のことになる。そして天智十年以降のある時に、九州・筑紫にあった釈迦三尊像を、再建なった法隆寺に移し替えたのである。その釈迦三尊像の光背に刻されていた銘文が、現在、法隆寺釈迦三尊像光背銘と呼び慣わされている銘文である。従って法隆寺釈迦三尊像光背銘の上宮法皇とは聖徳太子のことではない。これについては第六章で詳述する。

斉明六年の春、二月か三月のある日、九州王朝の皇子・大海人皇子は、九州王朝の「大使」として近畿天皇家を訪れた。きたるべき唐・新羅の連合軍との一大決戦において、倭国の同盟軍として軍隊を派遣するよう、近畿天皇家に要請するためである。そのとき、近畿天皇家の皇太子・中大兄皇子（後の天智）の娘の大田皇女がもてなしのために差し出された。これが斉明六年の三月ごろのことである。その結果として、斉明七年の正月に大田皇女は臨月となった。そして筑紫の都に戻った夫・大海人皇子を訪ねて、斉明天皇の百済復興軍の一行とともに難波から海路、筑紫の娜大津《なのおおつ》へ向けて出発した。そしてその二日後に岡山県の大伯《おおく》で大伯皇女《おおくのひめみこ》を出産することになったのである。

5　万葉集二十七番歌

万葉集の二十七番歌は天武天皇の歌とされているが、意味不明の歌である。

　淑《よ》き人のよしとよく見てよしと言ひし芳野よく見よよき人よく見つ

小島憲之・木下正俊・東野治之校注訳『日本古典文学全集・万葉集一』（小学館、一九九四年）による訳は次のとおりである。

　昔の良き人が　よい所だとよく見て　よいと言った　この吉野をよく見よ　今の良き人よよく見

るがよい

訳文をみても、意味のわからないつまらない歌のように思える。「よき」「よし」という語をむやみやたらに繋げただけの、言葉遊びの歌のような感じである。まるで意味はわからない。

しかし、大海人皇子は九州王朝の大使として近畿大和に赴いた。その目的は、「朝鮮半島における倭・百済連合軍対唐・新羅連合軍の戦いにおいて、倭国の一員として参戦してほしい」との要請を近畿天皇家におこなうことである。そしてその要請は成功した。近畿天皇家は倭国の一員として軍隊を派遣することを約束したのである。意味不明の万葉集二十七番歌も、そのような状況下で大海人皇子が詠んだ歌とすれば理解できるのではないだろうか。軍隊派遣の要請が成功した喜びを歌い込んだ歌なのではなかろうか。

いい人がいて（淑《よ》き人の）、九州王朝の要請を理解してくれて（よしとよく見て）、軍隊派遣を賛成してくれた（良しと言ってくれた）。いい人に巡り会うことができたものだ（よき人よく見つ）

万葉集二十七番歌は、このような意味の込められた歌であったと考えた場合に、命のある歌として息づいてくるのではなかろうか。

6　天智天皇の即位が遅れた理由

そのような経緯だったとしたとき、斉明天皇の崩御後、中大兄皇子が天智として即位するまでに数年間の空白が存在することも理解できるようになる。斉明七年（六六一）の七月、斉明は筑紫において陣没した。しかし、九州王朝主導による朝鮮出兵の方は、九州王朝の計画していたとおりのスケジュールで進められた。そのため（陣中であるため）、斉明の皇太子・中大兄皇子は天皇即位の儀式を挙行することができなかった。そして二年後の六六三年、癸亥の年（日本書紀の記述では天智二年）、倭・百済連合軍は全軍をあげて朝鮮の白村江へ出陣した。しかし倭・百済連合軍は唐・新羅連合軍に壊滅的な敗北を喫した。乱戦を生き延びた中大兄皇子は皇太子のままで近畿大和に引き揚げた。あるいはこのとき、近畿天皇家軍は、まだ朝鮮へは渡っていなかったのかもしれない。

そして近畿大和に帰還した中大兄皇子が天皇としての即位の儀式を挙行する前に、九州王朝の皇子・大海人皇子が筑紫を見捨て、九州王朝のすべての財宝や記録類とともに近畿大和に逃げてきた。このとき、九州王朝の皇子と近畿天皇家の皇太子の二人の権力者が近畿大和において相対峙することになったのである。「位《くらい》」としては、九州王朝の方が近畿天皇家よりも上位であるが、その九州王朝は瓦解寸前である。中大兄皇子は悩んだはずである。吉備国以東の支配者の地位を、本家筋にあたる大海人皇子に譲るべきか、はたまた、あくまでも近畿天皇家のものとすべきか。大海人皇子が近畿大和に出現した天智三年二月から、中大兄皇子が天智として即位するまでの年月は、このことについて「どうすべきか？」と、中大兄皇子が悩んだ年月だったのではなかろうか。

日本書紀の表面上の記述では、天智の即位は天智七年の戊辰年である。従って表面的に考えれば、天智の悩んだ年月は天智三年（甲子年）から天智七年までの四年間となる。しかし日本書紀天智七年正月条に引用されている『或本』によれば、天智の即位は「六年、歳次丁卯の三月」である。しかもこれは「六年、歳は丁卯を次ぐ、即ち丁卯の前年＝丙寅年」の意味であった（拙著『古代天皇実年の解明』Ⅰ部第一章参照）。実際には天智は丁卯の前年（丙寅年）に即位していたのである。日本書紀の記述では丙寅年は天智五年である。中大兄皇子は、天智三年（甲子年）から天智五年（丙寅年）までの二年間、自分が天皇となるべきか、あるいは「大皇弟・大海人皇子」に天皇位を譲るべきか悩んだのである。

7 大海人皇子の呼称「大皇弟」の意味

大海人皇子は、天智紀において大皇弟と表記されている。日本の歴史上、大皇弟と表記される人物は大海人皇子のみである。この大皇弟の初出は天智三年二月である。続いて天智七年五月、天智八年五月にも大皇弟の表記が見られる。

①天智三年二月条
三年の春二月の己卯の朔《ついたち》丁亥に、天皇、大皇弟に命《みことのり》して、冠位の階名を増し換《か》ふること、及び氏上・民部・家部等の事を宣《のたま》ふ。

②天智七年五月条
五月五日に、天皇、蒲生野《かまふの》に縦猟《かり》したまふ。時に、大皇弟・諸王・内臣及び群臣、皆悉に従《おほみとも》な

り。

③天智八年五月条

夏五月の戊寅の朔《ついたち》壬午（五日）に、天皇、山科野《やましなの》に縦猟《かり》したまふ。大皇弟・藤原内大臣及び群臣、皆悉に従《みとも》につかへまつる。

「大皇弟」とは、普通に考えれば「大いなる天皇の弟」の意味であろう。しかし天智三年には中大兄皇子は天皇ではない。皇太子である。「大海人皇子は皇太子の弟だから〝大皇弟〟と表記された」というのは不自然である。天智三年の時点の大海人皇子を「大いなる天皇の弟」と表記せねばならない必然性はないのである。従って天智三年の時点で大海人皇子を大皇弟と表記している。これには何かまだ不明の理由が潜んでいると考えねばならない。

ところで天武即位前紀には、次のような記述がある。

（イ）天命開別天皇《あめみことひらかすわけのすめらみこと》（天智天皇）の元年に、立ちて東宮と為りたまふ。

（ロ）四年の冬十月の庚辰（十七日）に、天皇、臥病《みやまひ》したまひて痛みたまふこと甚し。

（中略）

十二月に天命開別天皇崩《かむあが》りましぬ。

(ロ)において、天智の亡くなった年を「四年」と表現している。とすると、この天武即位前紀は、天智紀本文に天智即位年として記述されている天智七年の戊辰年を天智一年目として勘定していることになる。何故ならば天智崩御は天智十年の辛未年である。天智崩御年の辛未年は日本書紀本文の記述する天智即位年の戊辰年から勘定すれば四年目なのである。

とすると、(イ)の記述も日本書紀本文の記す天智即位年(天智七年の戊辰年)を一年目(元年)として勘定している記述であると考えねばならない。すると大海人皇子は、天智七年の戊辰年に天智の東宮に指名されたことになる。天智三年に大皇弟として登場してから四年も経過して、漸く天智の東宮に指名されたわけである。しかしこれは当たり前といえば当たり前である。中大兄皇子が皇太子のときには、大海人皇子を「中大兄皇子の東宮(皇太子)」とは言えないからである。中大兄皇子が天皇に即位するまでは、大海人皇子は天智の太子(東宮)には成りえないのである。そうすると天智三年に出現している「大皇弟」には、太子《ひつぎのみこ》や東宮という意味はなかったことになる。坂本太郎ほか校注『日本書紀(下)』には、天智三年二月条の大皇弟に「ひつぎのみこ」という読みがふられているが、これは後代になってからの解釈に基づく読みであろう。

日本書紀本文によれば天智の即位は天智七年正月である。従って中大兄皇子が「天皇」と表記されるのは天智七年正月以降でなければならない。天皇に即位するまでの中大兄皇子の表記は天智五年三月条・天智六年二月条・天智七年正月条があるが、それには次のように記述されている。

①天智五年三月条

三月に、皇太子、親《みづか》ら佐伯子麻呂連《さへきのこまろのむらじ》の家に往《ゆ》きて、其の所患《やまひ》を問ひたまふ。

②天智六年二月条

皇太子、群臣に謂《かた》りて曰《のたま》はく、「我、皇太后天皇の勅したまへる所を奉《うけたまは》りしより、万民を憂へ恤《めぐ》む故に、石槨《いはき》の役《えだち》を起《おこ》さしめず。……」とのたまふ。

③天智七年正月条

七年の春正月の丙戌の朔戊子に、皇太子即天皇位《あまつひつぎしろしめ》す。

このように中大兄皇子は天智七年正月に即位式をあげるまでは皇太子と記述されている。天智六年二月条では、中大兄皇子自身、自分のことを「朕」ではなく、「我」と表現している。それにも拘わらず、天智三年二月条では、三八ページの①で見たように、「天皇」と表記している。これは、その直後に記述されている「大皇弟」との位取りを調和させるための表記なのである。大海人皇子を大皇弟と表記し、中大兄皇子を皇太子と表記するのでは位取りがおかしくなる。この一文中において大海人皇子を大皇弟と表記するのであるならば、中大兄皇子の方は天皇と表記せねばならないわけである。しかし天智三年の時点の大海人皇子を大皇弟と表記せねばならない必然性はどこにも存在しない。その大海人皇子を大皇弟と表記するために、それに合わせて天智紀そのものの主人公である中大兄皇子の呼称を皇太子から天皇に変更してあるということは、よく考えてみればおかしなことなのである。天智三年の時点で、大海人皇子は既に大皇弟と呼ばれていたので大皇弟と表記したのであり、その大皇弟たる大海人皇子との位取りの関係から皇太子の中大兄皇子を天皇と表記した、と考えなければならない。

それでは、何故、そのとき、大海人皇子はすでに大皇弟と呼ばれていたのか？ 大海人皇子は九州王朝の皇子である。すなわち「大皇」という呼称・表記はそのときの九州王朝の王の呼称なのであろう。つまり「大皇弟」の意味は、「大いなる皇弟」の意味ではなく、「大皇の弟」の意味なのであろう。「大皇」という言葉を調べてみよう。鎌田正・米山寅太郎編『大漢語林』（大修館書店、一九九二年）に記載されている。

大皇：①天。大荒（荘子、秋水）
②非常に美しい。皇は美（楚辞）
③三国時代、呉の孫堅をいう。大帝（呉志、呉主伝）

「大皇」は三国時代の呉の孫堅の呼称である。三世紀の倭国は三国時代の魏の支配下にあったのであるから、年月が経過して七世紀になっているとしても、かつての敵対国である呉国の王者の呼称を使用するということは奇異なことのように感じられる。しかしまた晋書によれば、倭国は「(呉の)太伯の子孫」とも自称しているのである。北朝系の隋・唐に対抗して南方系の支配者の呼称を採用した可能性がないとはいえない。

天智二年八月二十八日、朝鮮白村江において、倭・百済連合軍は唐・新羅連合軍に壊滅的な大敗北を喫した。それ以降、天智三年の二月九日までの六カ月の中のある日、九州筑紫から近畿大和に逃げてきた九州王朝の皇子・大海人皇子は、自分の身分を「大皇の弟」と呼称した。あるいは斉明六年に、九州王朝の大使として軍隊派遣の要請に近畿大和に赴いたときから、すでに「大皇の弟」と呼称していたのかもしれない。そのために大海人皇子は、近畿大和においては最初から「大皇の弟」と呼ばれた。もとからそう呼ばれていたので、日本書紀は大海人皇子を「天智の弟」に改変したのであろう。

8　蘇我入鹿暗殺「乙巳の変」の首謀者は誰か？

蘇我入鹿が中大兄皇子らにより武力粛清された「乙巳の変」は西暦六四五年のことである。そのころは九州王朝は健在であり、九州王朝の皇子・大海人皇子は九州にいる。従って大海人皇子にとっては「乙巳の変」は、まったく何の関係もない事件である。それでもここで「乙巳の変」の首謀者は誰なのかということについて論究しておく必要がある。「乙巳の変」の後、天皇位は皇極から同母弟の軽皇子（後の孝徳天皇）に移った。「乙巳の変」の後、天皇位が皇極から皇極の子の中大兄皇子に移らずに孝徳に移ったということは、「乙巳の変」の首謀者は誰なのかということを暗示しているのであるが、「大海人皇子＝九州王朝の皇子」の論証に必要な事柄でもあるのである。

乙巳の変において、中大兄皇子の異母兄弟・古人大兄皇子は入鹿暗殺の場面には登場するが、暗殺計画そのものには、まったく参画していない。事件の直後、古人大兄皇子は狂乱状態で宮殿から自宅に逃げ帰り、門を閉ざして引きこもった、と日本書紀は記述している。皇極四年六月の乙巳の変のときの古人大兄皇子の言動を日本書紀は次のように記述している。

席障子《むしろしとみ》を以て、鞍作《くらつくり》（蘇我入鹿の別名）が屍を覆《おほ》ふ。古人大兄、見て私の宮に走り入りて、人に謂ひて曰はく、「韓人《からひと》、鞍作臣《くらつくりのおみ》を殺しつ　韓政《からひとのまつりごと》に因りて誅せらるるを謂ふ。吾が心痛し」といふ。即ち臥内《ねやのうち》に入りて、門を杜《さ》して出でず。

古人大兄皇子は、この事件について「吾が心痛し」と逆に悲嘆にくれている。そう、このときの古人大兄皇子と蘇我入鹿は仲間なのである。この二年前にあたる皇極二年の十月条には次のような記述がある。

戊午（の日）に、蘇我臣入鹿、独《ひと》り謀《はか》りて、上宮の王（山背大兄王のこと）等を廃《す》てて、古人大兄を立てて天皇とせむとす。

蘇我入鹿は古人大兄皇子を天皇に擁立しようとした、と明記されている。そしてこの一カ月後の皇極二年十一月、蘇我入鹿は聖徳太子の子・山背大兄王を攻め滅ぼしている。その際の蘇我入鹿と古人大兄皇子の会話を、日本書紀は次のように記述している。

入鹿、聞きて大きに懼《お》づ。速に軍旅を発《おこ》して、王（山背大兄王）の在《ま》します所を高向臣国押《たかむくのおみくにおし》に述《かた》りて曰はく、「速に山に向《ゆ》きて彼の王を求《かす》べ捉《から》むべし」といふ。国押報《こた》へて曰はく、「僕《やつかれ》は天皇の宮を守りて、敢へて外に出でじ」といふ。入鹿即ち自ら往《ゆ》かむとす。時に、古人大兄皇子、喘息《いわ》けて来《いでま》して問ひたまはく、「何処《いづち》か向《ゆ》く」とのたまふ。入鹿、具《つぶさ》に所由《よし》を説く。古人皇子の曰《のたま》はく、「鼠は穴に伏《かく》れて生き、穴を失ひて死ぬと」とのたまふ。入鹿、是に由りて行くことを止む。

古人大兄皇子は、山背大兄王を蔑んで「鼠」と表現している。そして蘇我入鹿に、「放っておいても滅びるであろうから、自らわざわざ出かけなくともよいのではないか。自分自身の命を危険にさらすような、あぶないことはするな」と忠告している。そのために蘇我入鹿は自ら山背大兄王を討ち取るために出撃することを思いとどまった。

以上から明らかなように古人大兄皇子と蘇我入鹿は仲間なのである。仲間の蘇我入鹿が中大兄皇子らにより宮中で暗殺されたので、古人大兄皇子は「次（に攻められるの）は自分だ」と思い、取り乱したのであろうし、門を閉ざして引きこもったのであろう。

私は、古人大兄皇子の言葉、「鼠は穴に伏れて生き、穴を失ひて死ぬと」をこのように解した。しかし通説・定説では、そうは解釈していないようである。坂本太郎ほか校注『日本書紀（下）』では、この部分を、入鹿を鼠にたとえ、入鹿がもし本拠を離れたならば、いかなる難にあうかも知れがたいの意。

と解説している。また梅原猛氏は『隠された十字架―法隆寺論―』で次のように述べている。

その意味は、入鹿を鼠にたとえて、入鹿が本拠をはなれたら危ういという意味をふくめたとされる。このたとえを聞いて入鹿は自ら行くことを止める。

（梅原猛『隠された十字架―法隆寺論―』新潮社、一九七二年、一〇五ページ）

梅原猛氏は坂本太郎氏らの解説を引用しているようであるが、それ以外の解釈は示していない。従って坂本太郎氏らの解説を支持していると考えてよいであろう。しかしこの解釈はおかしいと思う。仲間を「鼠」にたとえるものであろうか。いかに仲が良くても、鼠にたとえられたら嫌な気分になるのではなかろうか。「穴に伏《かく》れて生き……」と、いかにもこそこそした蔑んだ表現である。「鼠賊」という言葉がある。「こそどろ」という意味である。蔑んだ表現である。このときの入鹿は天皇をもないがしろにするような、時の権力者である。その入鹿を「鼠」と言えるものではない。古人大兄皇子が「鼠」と言ったのは山背大兄王のことであろう。このときの山背大兄王は包囲されていた本拠地の斑鳩宮を脱出して生駒山に潜んでいた。「山背大兄王は穴（本拠地の斑鳩）を失ったから放っておいても滅びる」と言っているのである。

翻って、中臣鎌足が心密かに蘇我入鹿の暗殺計画を練り、その際、最初に接近した人物は、皇極天皇の弟・軽皇子《かるのみこ》（後の孝徳天皇）であったように思う。日本書紀・皇極三年正月条に、中臣鎌足が軽皇子に接近した経緯が述べられている。

時に、軽皇子、患脚《みあしのやまひ》して朝《まゐりつか》へず。中臣鎌子連、曾《いむさき》より軽皇子に善《うるは》し。故彼の宮に詣でて、侍宿《とのゐにはべ》らむとす。軽皇子、深く中臣鎌子連の意気の高く逸《すぐ》れて容止《かたち》犯《な》れ難きことを識《し》りて、乃ち寵妃阿倍氏を使ひたまひて、別殿を浄め掃《はら》へて、新しき蓐《ねどこ》を高く鋪《し》きて、具《つぶさ》に給《つ》かずといふこと靡《な》からしめたまふ。敬《ゐや》び重《あが》めたまふこと特に異《け》なり。

この説話は、その前後の説話からは少し浮き上がった感じで存在する。軽皇子が日本書紀に登場するのは、以下に記す皇極元年十二月の舒明天皇の正葬の際の記述が初出である。

次に小徳粟田臣細目《あはたのおみほそめ》、軽皇子《かるのみこ》に代りて誄《しのびごとまう》す。

この記述のあと、蘇我氏の専横・皇祖母命《すめみおやのみこと》（皇極天皇の母親）の薨去・山背大兄王の滅亡等々の記述が六二行にわたって続く。その後、唐突に前述の軽皇子と中臣鎌子連の説話が記載されている。そして意外にも、中臣鎌足はこの説話の直後に軽皇子を離れて中大兄皇子に接近していく。その後の経緯をみれば、この軽皇子と中臣鎌足の説話は無くてもよいようなものである。あってもなくても「乙巳の変」の経緯には何の影響も与えない。ここに記述されていることにむしろ違和感すら感じる。それなのに、何故、この説話はここに記述されているのであろうか。

この皇極紀を作成したのは軽皇子である。皇極天皇の次の天皇は軽皇子だからである。従ってこの説話をここに挿入記述したのは軽皇子すなわち孝徳天皇である。すると軽皇子すなわち孝徳天皇はこの説話をどうしてもここに記述しておきたかったのだということになる。何故であろうか？　ひょっとして、軽皇子は侍宿に来た中臣鎌足の部屋に、自分の最愛の寵妃・阿倍氏を夜伽の女性として送り込んだということだったのではなかろうか。それぐらい、軽皇子は中臣鎌足の接近を喜んだ。そしてそのように遇してくれた軽皇子に対して、今度は中臣鎌足もいよいよ臣従する気持ちを深めたということだったのではなかろうか。日本書紀は続けて以下のように記述している。

中臣鎌子連、便ち遇《めぐ》まるるに感《かま》けて、舎人に語りて曰はく、「……誰か能く天下の王とましまさしめざらむや」といふ。

この中臣鎌子連の言葉を、坂本太郎ほか校注『日本書紀（下）』の解説は「天下に王として、おいで遊ばすことを阻げうる者は誰もいない」と訳している。大和岩雄氏は『天智・天武天皇の謎』（六興出版、一九九一年）の四二ページで「鎌足は皇子（軽皇子）が天皇になることは誰も反対しないだろう、と舎人にいった」と訳している。中臣鎌足は、蘇我氏を滅ぼすために行動を共にすることのできる人物は軽皇子だと考えていたのではなかろうか。

だが、その後の日本書紀の記述では、軽皇子は蘇我入鹿暗殺事件には関与していないかのようである。前述したように蘇我入鹿暗殺の一味の中には軽皇子の名はなかった。しかし、これはおそらく嘘であろう。乙巳の変を計画し、実行し、そして成功させた人物、それはもちろん、中臣鎌足である。一般には中臣鎌足と中大兄皇子の二人が中心となり計画は進められ実行されたとされている。しかし中臣鎌足が行動を共にしようと考えていたのは中大兄皇子ではなく、軽皇子の方だったのではないだろうか。

日本書紀・孝徳天皇即位前紀は、孝徳天皇について次のように記述している。

仏法を尊《たふと》び、神道《かみのみち》を軽《あなづ》りたまふ。生国魂社《いくくにたまのやしろ》の樹《き》を斮りたまふ類《たぐひ》、是なり。人と為り、柔仁《めぐみ》ましまして儒を好みたまふ。貴《たふと》き賤《いや》しきと択《えら》ばず、頻《しきり》に恩　勅《めぐみのみことのり》を降《くだ》したまふ。

「孝徳天皇は儒教を好む」と記述されている。一方、日本書紀の皇極天皇の伝承を作成したのは、皇極の次の天皇、すなわち軽皇子である。その皇極の在位の最終年に乙巳の変が起こり、宮中において蘇我入鹿は暗殺された。その結果として軽皇子が孝徳天皇として即位した。もしも、そこに蘇我入鹿暗殺計画の一味の一人として軽皇子の名があったとする。すると「軽皇子は蘇我入鹿を暗殺して天皇になった」ということになる。これは「(孝徳) 天皇は暗殺者である」ということでもある。儒教思想においては、これは絶対に避けねばならない図式なのではなかろうか。儒教思想においては、天子の位は徳の結果として存在する。暗殺の結果としてあるのではない。従って日本書紀においては儒教思想による踰年元年が絶対の方針であるのと同じように、天皇の位も徳の結果として存在するのである。暗殺の結果としてあるのではない。儒教を尊んでいた孝徳天皇はこれを回避するために、蘇我入鹿暗殺計画の一味の中から、首謀者である自分自身の名を抹消したのではなかろうか。そうなるように皇極紀を作成したのではなかろうか。軽皇子が孝徳天皇として天皇に即位してからの事績がそれを雄弁に物語っているように思われる。軽皇子は天皇に即位したのち、短時日の間に次々と新しい施策を打ち出している。「天皇に即位したら、これこれをおこなう」ということがすでに頭の中でいろいろと出来上がっていた証拠のようにみえる。孝徳天皇の即位は皇極四年（大化元年）の六月である。

大化元年七月：尾張国・美濃国の神祇を祭り鎮め、その後に政治を開始すると宣言。

大化元年八月：東国の国司を召して戸籍の作成を命じる。

国司の裁量で裁判することを禁じる。

貨賂《まいない》を禁じる。

上京の折は、属民を多数引き連れて来てはいけない。ただし国造・郡領は連れてきても良い。

公事の場合は畿内を騎馬で行き来してもよい。

長官の従者は九人、次官は七人、主典《ふびと》の場合は五人まで。

空き地には兵器庫を造り、刀・甲・弓・矢を収蔵しておくこと。

倭国の六県では戸籍を作成し田畝を校しなければならない。

孝徳天皇が決定したこと、実施したことはまだまだ続く。孝徳三年には、七色の十三階の冠の制定もある。これは、さらに孝徳五年に十九階の冠に改訂されている。さらに日本書紀・孝徳天皇二年三月二十日条には次のような記述がある。

壬午（二十日）に、皇太子（中大兄皇子）、使を使《まだ》して、奏請《まう》さしめて曰《のたま》はく、「昔在《むかし》の天皇等の世には天下を混《まろか》し斉《ひとし》めて治めたまふ。今に及逮《およ》びては分れ離れて業を失ふ。国の業を謂ふ。天皇我が皇《きみ》、万民を牧《やしな》ふべき運《みよ》に属《あた》りて、天も人も合応《こた》へて、厥《そ》の政《まつりごと》維新《これあらた》なり。是の故に、慶《よろこ》び尊《たふと》びて、頂に戴《いただ》きて伏奏《かしこまりまう》す。現為明神御八嶋国天皇《あきつみかみとやしまぐにしらすすめらみこと》、臣に問ひて曰《のたま》はく、『其れ群《もろもろ》の臣・連及び伴造・国造の所有《たもて》る、昔在《むかし》の天皇の日に置ける子代入部《こしろのいりべ》、皇子等の私に有《たも》てる御名入部、皇祖《すめみおや》大兄《おほえ》の御名入部 彦人大兄《ひこひとのおほえ》を謂ふ。及び其の屯倉、猶古代の如くにして、置かむや不《いな》や』とのたまふ。臣、即ち恭《つつし》みて詔する所を承《うけたまは》りて、奉答《こたへまう》而曰さく、『天に双《ふた》つの日無し。国に二《ふたり》の王無し。是の故に、天下を兼ね幷《あは》せて、万民を使ひたまふべきところは、唯天皇ならくのみ。別に、入部及び所封《よさせ》る民を以て、仕丁《つかへのよほろ》に簡《えら》びて充《あ》てむこと、前の処分《ことはり》に従はむ。自余以外《これよりほか》は、私に駈役《つか》はむことを恐る。故、入部五百二十四口・屯倉一百八十一所を献《たてまつ》る』とまうす」とのたまふ。

「私有財産などというものはあるべきではない。この世のすべてのものは天皇のものである」という理由から、中大兄皇子は私有財産を孝徳天皇に献上している。従来の大化の改新およびその後の政局に対する解釈では、「孝徳天皇は傀儡であり、それを操っているのが中大兄皇子なのだ」とするのが一般的であり通説である。従って、上述の孝徳二年三月二十日条の説話も「陰の実力者の中大兄皇子が率先して私有財産を天皇に献上することで、他の有力貴族も従わざるをえないようにせしめた」と解釈されていると思う。

はたしてそうであろうか。この記事は、「陰の実力者と思われた中大兄皇子が、実はそうではなく、言ってみれば私有財産を孝徳天皇に献上せねばならなかった、没収された」とも読みうるのである。私有財産禁止令は、孝徳天皇が「傀儡ではない実力の天皇」として発した命令だった可能性がある。そして諸皇族および群臣百寮が孝徳天皇から離れていくようになったこと、言い換えれば、逆に中大兄皇子が実力者の道を歩むようになったのは、実はこの孝徳天皇の私有財産禁止令の発布に端を発しているのではないかと考えられるのである。いずれにしろ孝徳天皇は、たまたま天皇位が転がり込んできた人のようにはみえない。乙巳の変、ひいては大化の改新を計画し実行した真の首謀者は、中臣鎌足と孝徳天皇なのではなかろうか。

孝徳天皇の次妃（二番目の妃）は、蘇我入鹿暗殺に重要な役割を演じた蘇我倉山田麻呂（蘇我山田石川麻呂）の娘の乳娘《ちのいらつめ》である。これは中大兄皇子の場合とまったく同じである。中大兄皇子の妃に関する皇極天皇三年正月条の記述を見てみよう。

是に、中臣鎌子連議《はか》りて（中大兄皇子に）曰《まう》さく、「大きなる事を謀《はか》るには、輔《たすけ》有るには如《し》かず。請《こ》ふ、蘇我倉山田麻呂の長女《えひめ》を納《めしい》れて妃として、婚姻の昵《むつび》を成《な》さむ。然《しかう》して後に陳《の》べ説きて、与《とも》に事を計《はか》らむと欲《おも》ふ。功を成す路、玆《これ》より近きは莫《な》し」とまうす。

中臣鎌足は中大兄皇子に、蘇我倉山田麻呂の娘を妃に迎えるように進言しているのである。婿舅の関係になり、その上で計画への協力を要請しろと言っている。ここでは蘇我倉山田麻呂の娘・長女《えひめ》がターゲットであったが、結局、その妹の方の少女《おとひめ》が中大兄皇子の妃に迎えられた。

孝徳天皇と中大兄皇子の妃は、どちらも乙巳の変で重要な役割を果たした蘇我倉山田麻呂の娘なのである。偶然であろうか。いや、決して偶然ではあるまい。中臣鎌足の作成した筋書きが「中大兄皇子と軽皇子の二人に、蘇我倉山田麻呂の娘を妃として迎えさせ、両面から蘇我倉山田麻呂をしっかりと味方に抱き込む」というものだったのであろう。ここまででは、中臣鎌足の中大兄皇子に対する対応と、軽皇子に対する対応には優劣はつけられない。中臣鎌足はどちらに臣従していたのか断定はできない。しかし次のことによりそれが断定できるようになる。

時は経て、孝徳天皇の九年（白雉四年、〈六五三〉）に、皇太子の中大兄皇子が都を難波から旧都の大和へ戻すようにと献策した。しかし孝徳天皇はこれに同意しなかった。それにも拘わらず中大兄皇子は皇太后（譲位した皇極天皇のこと）、そしてこともあろうに孝徳天皇の皇后の間人皇女、さらには皇弟等および群臣百寮を引き連れて大和に移った。その時の孝徳天皇を日本書紀は次のように記している。

是に由りて、天皇、恨みて国位《くに》を捨《さ》りたまはむと欲《おもほ》して、……

この時点では、すでに実権は孝徳天皇から中大兄皇子に完全に移っていた。すなわち白雉四年に孝徳天皇は難波の都もろとも捨てられたのである。これは、あるいは孝徳天皇が天皇を中心とする中央集権体制の実現を急ぎすぎた結果なのかもしれない。前述した孝徳天皇二年三月二十日条の「私有財産の禁止令」が、皇族を含む群臣百寮の離反を招き、群臣の期待が中大兄皇子のもとに集まった結果なのではないかと思う。

しかしこのとき、中臣鎌足は孝徳天皇とともに難波の都に踏み留まっている。日本書紀・白雉五年（孝徳天皇の最終年）正月条の次の記述でそれがわかる。

五年の春正月の戊申の朔《ついたち》の夜、鼠《ねずみ》倭の都に向きて還る。壬子（五日）に、紫冠《むらさきのかうぶり》を以て、中臣鎌足連に授く。封《へひと》増すこと若干戸。

「鼠倭の都に向きて還る」、これは「鼠までが倭の都に行ってしまった。難波の都には誰もいなくなった」ということを表現しているのであろう。しかし孝徳天皇は誰もいなくなったはずの難波の都において、中臣鎌足に臣下としての最高の位の紫冠を授けている。まさか自分を見捨てて去ってしまった者に紫冠の位を授けるものではあるまい。すなわち、白雉五年の正月には中臣鎌足は難波の都にいたのである。孝徳天皇は自分に忠節をつくして難波に残った中臣鎌足に対して臣下としての最高の位の紫冠を授けたのである。孝徳天皇が亡くなるのは、この年の十月十日であるが、中臣鎌足は欲得を捨てて孝徳天皇が難波の都で没するまで、孝徳天皇に従っていたと考えて良い。中臣鎌足が心底から臣従していたのは中大兄皇子ではなく、孝徳天皇の方だったのである。中臣鎌足の後世の子孫・藤原氏には、まったくみられない純粋な姿勢である。そして中臣鎌足が臣従していたのは、中大兄皇子ではなく孝徳天皇であるということの事実は、乙巳の変の首謀者は孝徳天皇その人であるということの証拠なのである。そのために、皇極は天皇位を軽皇子（孝徳天皇）に譲らねばならなかったのである。

9　日本書紀における兄弟相続は当時の慣例ではない

日本書紀天武即位前紀には次のような記述があったことは既に述べた。

天命開別天皇《あめみことひらかすわけのすめらみこと》（天智天皇）の元年に、立ちて東宮と為りたまふ。

この記述からすれば、中大兄皇子は天皇に即位するとすぐに大海人皇子を後継者に指定していることになる。

しかし天智即位に際して、後継者に指名されるのはどうして大海人皇子なのか。私には、このことが不自然なことのように思われる。天智には大友皇子というりっぱな息子がいた。従ってその大友皇子の方が天智の太子に指定されるべきであるように私には思われるのである。それが当たり前の人間の感情なのではなかろうか。大友皇子は日本書紀では天皇に即位してはいないことになっているが、ずっと降って明治の世に、明治天皇により即位を認められ弘文天皇と諡《おくりな》されている。『大日本百科事典』（小学館、一九六九年）で「弘文天皇」をみてみよう。小野信二氏の担当で次のように記述されている。

弘文天皇

（六四八―六七二）第三九代の天皇。（中略）深く父に愛され、大海人が皇太子であったにもかかわらず、太政大臣に任ぜられて万機を総攬していた。天智天皇は死にのぞんで、大海人に譲位しようとしたが固辞されたので、大友が皇太子となった。（中略）その即位については、『日本書紀』にもしるされておらず問題があるが、一八七〇年（明治三）明治天皇が即位を認め弘文天皇と諡した。

従って「この時の大友皇子は幼少だったので、天智の弟の大海人皇子の方が天智の後継者に指定された」という訳でもなさそうである。小野信二氏は大友皇子の生没年を「六四八―六七二」と記述している。大友皇子の生没年については、そのほかにも朝尾直弘・宇野俊一・田中琢編『新版・日本史辞典』（角川書店、一九九六年）でも、「大友皇子：生没年は六四八―六七二」としている。また笠原英彦著『歴代天皇総覧』（二四版、中公新書、二〇〇二年）でも、「弘文天皇：生没年六四八―六七二、在位六七一―六七二」としている。大友皇子の生没年はすべて「六四八―六七二」とすることで一致している。そして大友皇子が六四八年（戊申年）の生まれであるならば、大海人皇子が天智の東宮に指名された天智七年（六六八年の戊辰年）には、大友皇子は二一歳である。りっぱな成人である。そのうえ大友皇子は聡明でもあったようである。笠原英彦著『歴代天皇総覧』は大友皇子（弘文天皇）

について、引き続き次のように記述している。

日本最古の漢詩集である『懐風藻《かいふうそう》』には皇子の所伝と詩二首が収められている。それによると、皇子は風貌たくましく、頭脳明晰であったとされている。たいへんな博識で文武両道を究め、詩文にもすぐれていたと伝えられている。

父から深く愛されていて、しかも既に成人している。加えて文武両道に秀でている。当然、父親から後継者に指名されるべきなのである。文句のつけようのない後継者だ。しかし最初、大友皇子は父・天智の後継者には指定されなかった。これまで、その理由については、

①大友皇子の生まれが卑しいから

②当時の皇位継承は世代が優先するから（親に兄弟がいる場合は、親の兄弟の世代が先に皇位につく）

などと説明されているようである。これらの理由から、大友皇子は天智の息子であるにも拘わらず大海人皇子よりも皇位継承権は低かったとするのである。

関裕二氏は『壬申の乱の謎』で次のように述べている。

もともとは、大海人皇子は天智天皇の即位ののち、次期皇位継承者として認められていたようだ。ところが、天智天皇はしだいに、息子の大友皇子に皇位を譲りたいという衝動に駆られるようになった。

（関裕二『壬申の乱の謎』ＰＨＰ文庫、二〇〇三年、一四ページ）

ここでは「息子に皇位を譲りたい」という思いは、悪しき衝動でもあるかのように記述されている。しかしこれこそ人間本来の普通の感情である。息子に皇位を譲ることの方が普通の人間の感情であり、そうではなく、弟の大海人皇子を東宮に指名していることの方が異常なのだと私は思う。

遠山美都男氏は『壬申《じんしん》の乱《らん》』において次のように述べている。

以前から不思議に思っていたことがある。天智天皇はどうして、大友皇子を自分のつぎの大王（正確には「治天下の大王」）にしようとしたのかということである。

当時の慣習にしたがえば、天智のつぎは弟の大海人が即位するのが順当だった。大海人は長年にわたり兄の政治を輔佐し、その執政には定評もあった。それなのに天智は自分の後継者として大友皇子を指名した。その理由については、天智はその早すぎる晩年にいたって、優秀な若者に成長した我が子・大友に是が非でも王位を伝えたいと思うようになったというのである。

（遠山美都男『壬申《じんしん》の乱《らん》』七版、中公新書、二〇〇〇年、二ページ）

私とは異なり、遠山美都男氏も天智が自分の息子を後継者にしようとしたことを不思議としている。その理由として、当時の慣習は、後継者となるのは自分の子ではなく弟の方であり、従って天智の次の天皇は天智の弟の大海人皇子であるのが自然であるとしている。遠山美都男氏は更に同書の四ページで次のように述べている。

当時、大王として擁立された者の生母は、ほとんどが大王のむすめ（欽明《きんめい》）か、王族のむすめ（舒明《じよめい》・皇極・孝徳・斉明《さいめい》）、あるいは少なくとも中央の最有力豪族である蘇我氏の出身（用明《ようめい》・崇《す》峻《しゆん》・推古《すいこ》）であった。この点からすると、当時すでに大王となる者には、何大王の子であるかということだけでなく、その母親がだれであるかという血統的な条件がもとめられていたということになる。すると、天智のむすことはいえ、地方豪族の女子を母にもつ大友には、本来大王に擁立される資格などなかったのだということになる。

天智の後継者は、天智の息子の大友皇子の方ではなく、天智の弟の大海人皇子であるべきであると、例を挙げて繰り返し説明している。

直木孝次郎氏も、中公文庫刊の『日本の歴史』シリーズ第二巻『古代国家の成立』において次のように述べている。

大友皇子の母はたぶん伊賀の国造家である伊賀臣《いがのおみ》の出であろう。地方での身分は低くはないが、天皇一族や畿内の有力豪族から出ているきさきにくらべると、はるかに低い身分である。大友皇子以外の二人の皇子の身分もだいたい同じ程度である。

これにくらべて大海人皇子の母は、天智天皇の母でもある斉明（皇極）天皇である。血すじからいえば比較にならない。そのうえ天皇に有力な弟があるばあい、子どもよりさきに弟に皇位を相続させるのが当時の慣例である。天智天皇も中大兄皇子の時代には、自分のあとを大友皇子につがせようとは考えなかったであろう。

（直木孝次郎『古代国家の成立』中公文庫『日本の歴史』シリーズ第二巻、一九七三年、三一〇ページ）

直木孝次郎氏も「血筋の面から、大友皇子と大海人皇子では、圧倒的に大海人皇子の方がよく、天智のあとを継ぐのは大海人皇子と見なされていた」としている。加えて、「子どもよりさきに弟に皇位を相続させるのが当時の慣例である」としている。

しかし、普通に考えてみてほしい。このような感情は、いつの世であっても人間本来の自然な感情ではない。自分に子があるのであるならば、跡継ぎには自分の息子を指名するものである。凡庸であってもそうするであろう。兄弟や甥を跡継ぎにするのは、子がいない場合である。ただし、これには確かに「中国の殷王朝を除けば」、という但し書きが必要なようである。伊藤道治著『古代殷王朝の謎』（講談社学術文庫、二〇〇二年）によれば、中国殷王朝では兄弟相続が多かったようである。

しかし日本においてはそうではない。確かに日本書紀には、遠山美都男氏や直木孝次郎氏の言われるように、今、問題にしている天智―天武の場合を除けば一一例の兄弟間の皇位継承が存在する。

①履中―反正
②反正―允恭
③安康―雄略
④顕宗―仁賢

⑤安閑―宣化
⑥宣化―欽明
⑦敏達―用明
⑧用明―崇峻
⑨崇峻―推古
⑩皇極―孝徳
⑪孝徳―斉明

しかし、これらは「兄弟がいるときは、兄弟に皇位を継がせることが慣例であった」ということの証ではない。この①から⑪までのケースにおいて、先代から実際に太子（後継者）に指定されているのは、①のケースの反正一人だけである。それ以外の一〇名は、先代の天皇から後継者に認定されていたわけではない。先代の天皇の子が幼いか、あるいは嗣子がいないために群臣の協議により天皇として擁立されたものである。あるいは己の軍事力によって天皇に即位したものである。それぞれのケースを確認しよう

②反正―允恭

允恭は反正急逝後、群臣により天皇位即位を要請されて即位した。允恭は反正から後継者と認められていたわけではない。允恭が反正のあとの天皇として即位することができたのは、あくまでも群臣の都合によるものである。

日本書紀によれば、反正には高部皇子という息子がいた。それなのに反正没後、何故、反正

の子は天皇になれず、反正の兄弟の允恭が擁立されたのか？　古事記によれば反正は六〇歳で亡くなっている。普通に考えれば、反正没年における反正の第一子は四〇歳前後である。しかし日本書紀の記述では、高部皇子は反正の第一子ではなく、第四子（末子）のような感じである。反正没年には幼かった可能性がある。

拙著『古代天皇実年の解明』のII部第五章において、允恭没年における允恭の太子は反正の遺児・高部皇子であることを論証した。そして古事記の記述によれば、反正崩御から允恭崩御まではあしかけで一八年である。高部皇子は允恭没年に允恭の太子だったのであるから、允恭没年には太子であってもおかしくない年齢だったということになる。仮にこれを三〇歳とすると、高部皇子は父親の反正が亡くなった年（一八年前）には一二〜一三歳くらいなのである。そのために高部皇子は父親の反正のあとの天皇として即位できなかったのであろう。

③安康―雄略

安康には子がなかった。従って親から子への皇位継承はどのようにしても不可能である。その安康が己の後継者として指名したのは、弟ではなく、従兄弟の市辺押磐皇子の方であった（日本書紀雄略即位前紀参照）。しかし安康没後、安康の弟の雄略は市辺押磐皇子を暗殺して天皇に即位した。雄略の天皇位は「当時は兄弟相続が慣習である」ことの証ではない。その逆である。武力により奪い取った天皇位である。

④顕宗―仁賢

顕宗にも子がなかった。ここも親子継承は不可能である。その顕宗の兄弟は仁賢一人だけである。従って顕宗が認めていてもいなくても、必然的に顕宗の後継者は兄の仁賢かあるいは仁賢の子（顕宗には甥にあたる）でなければならない。拙著『古代天皇実年の解明』のII部第五章において、顕宗没年における武烈（仁賢の子であり顕宗の甥）は五歳くらいであろうということを述べた。従って顕宗の後継者は甥の武烈ではなく、兄の仁賢でなければならないのである。

⑤安閑―宣化

安閑にも子がなかった。ここも親子継承は不可能である。従って安閑の後継者は安閑の兄弟にならざるをえない。それが宣化か欽明か、あるいはそれ以外の異母兄弟かの違いだけである。その上、宣化は安閑の唯一の同母弟であるが、安閑から太子に指定されているわけではない。宣化は安閑から後継者と認められていたわけではないのである。拙著『古代天皇実年の解明』のI部第二章において、宣化は安閑を滅ぼして天皇位についたと思われるということを述べた。

⑥宣化―欽明

宣化には二人の男の子がいた。その二人の子供は宣化没年には何歳だったのだろうか。古事記は「宣化の父親の継体は丁未年に四三歳で亡くなった」と記述している。一方、日本書紀によれば宣化は継体と目子媛との間の第二子である。継体は二〇歳で目子媛を后に迎えたとすると第一子の安閑は継体二一歳の時に生まれ、第二子の宣化は継体二三歳ころに生まれることになる。すると宣化は父親の継体が亡くなったとき（丁未年）には二〇歳前後であろう。継体が亡くなったとき、宣化はちょうど妃を迎える年齢なのである。すると宣化の第一子はその翌年に生まれることになる。古事記の記す継体没年の丁未年から日本書紀の記す宣化没年までは一四年である。すると宣化没年には宣化の第一子は一三〜一四歳である。天皇に即位するには幼さすぎる。そのために宣化の子は天皇になれなかったのである。拙著『古代天皇実年の解明』のI部第二章で述べたように欽明は宣化を滅ぼして天皇に即位したと思われる。

⑦敏達―用明

古事記によれば、敏達の太子は息子の忍坂日子人の太子である。敏達は後継者に息子を指定しているのである。しかし日本書紀の記述では、敏達は太子を指定しないままに崩御し、群臣の協議により、敏達の異母兄弟の用明が天皇として即位したことになっている。拙著『古代天皇実年の解明』のII部第五章において、忍坂日子人の太子は敏達崩御直前に暗殺されたのではないかということを述べた。敏達の太子・忍坂日子人王が暗殺され、間をおかず敏達が亡くなった混乱時のピンチヒッターの天皇が用明であるということを述べた。

⑧用明―崇峻

用明は在位三年目に急逝した。日本書紀崇峻天皇即位前紀の記述によれば、用明没年には用明の息子の廐戸皇子（後の聖徳太子）は一四〜一五歳である。用明が亡くなったとき、その息子の廐戸皇子は若すぎるので天皇に即位するわけにはいかなかった。そのため、用明の次の天皇は群臣の協議により決定されることになった。結局、争乱にまで発展し、用明の異母兄弟の崇峻が天皇に即位した。

⑨崇峻―推古

崇峻は壬子年に蘇我馬子により暗殺された。その年のうちに崇峻の姉の推古が天皇に擁立された。崇峻には大伴糠手連《おおとものあらてのむらじ》の娘・小手子《こてこ》との間に蜂子皇子《はちのこのみこ》がいた。それなのに崇峻の子・蜂子皇子は、何故、天皇になれなかったのであろうか。

この問題は、本書の第三章まで進めばその理由が明確になるが、現在の段階ではまだ不明と言わざるをえない。

井沢元彦氏は、その著『逆説の日本史』の第二巻『古代怨霊編』（小学館文庫、一九九八年）で崇峻天皇の寿命について論究し、その結論として、「私はずばり崇峻は欽明最晩年の子で、二十四、五歳だったとおもう」と言っている。崇峻がそのような年齢で亡くなったとすると、そのとき、崇峻の子はまだ非常に幼いのである。天皇に即位できるような年齢ではないことになる。

⑩皇極―孝徳

皇極天皇の最終年（皇極四年）の六月八日、当時、専横を極めた蘇我入鹿が中大兄皇子等により武力粛正された。乙巳《いつし》の変である。この事件の直後、皇極は譲位し、皇極の同母弟・軽皇子が孝徳天皇として即位した。日本書紀によれば、この年、中大兄皇子（後の天智天皇）は二〇歳である。りっぱな成人だ。それなのに何故、時の天皇・皇極の皇子である中大兄皇子は天皇になれずに皇極の弟の軽皇子が孝徳天皇として即位したのであろうか。天皇位は息子ではなく兄弟に相続するのが慣例だったからなのであろうか。

そうではない。その理由は蘇我入鹿暗殺計画および実行の首謀者は中臣鎌足と軽皇子、すなわち孝徳天皇だからなのである。そのことについては前節において述べた。入鹿暗殺計画の首謀者が軽皇子だったので皇極は天皇位を軽皇子に譲らざるをえなかったのである。蘇我入鹿暗殺計画の首謀者が軽皇子であるということは大和岩雄氏も『天智・天武天皇の謎』（六興出版、一九九一年）の四五ページで述べておられる。

⑪孝徳―斉明

最後のケース、孝徳天皇の次の天皇は何故、孝徳の子ではなく孝徳の姉の宝皇女（斉明）なのか。しかも斉明は前例のない重祚である。

前節で述べたように、孝徳天皇は在位九年目の白雉四年には天皇としての実権を失っていた。このときには、すでに実権は完全に中大兄皇子に移っていた。そのために孝徳天皇の子・有馬皇子は天皇になれなかったのである。また、有馬皇子は年齢の面からも、孝徳没年あるいはその翌年に天皇に即位できるものではなかった。斉明四年に有馬皇子が一九歳であることは日本書紀に明記されている。斉明四年の十一月、有馬皇子は天皇位簒奪を目論んだ。その時、ある人が次のように有馬皇子を諫めている。


或人《あるひと》諫めて曰はく、「可《よ》からじ。計《はか》る所は既に然《しか》れども、徳《いきほひ》無し。方《まさ》に今皇子、年始めて十九。未だ成人《ひととなる》に及《いた》らず。成人に至りて、其の徳《いきほひ》を得べし」といふ。

斉明四年に一九歳ということは、その四年前の孝徳天皇没年には一五歳である。年齢の上からも孝徳没年あるいはその翌年には有馬皇子は天皇になる資格はなかった。従って本来ならば、孝徳の次は孝徳の皇太子であり実力者である甥の中大兄皇子が天皇に即位すべきであった。しかし、そうはならずに孝徳の姉の宝皇女が斉明天皇として重祚した。

　これもまた謎であるが、その謎は本書の第三章であきらかになる。

　かくの如く、兄弟間の皇位継承というものの実体は、すべて間に合わせのものである。先代から正式に後継者として認められたケースは履中から反正へのケースのみでしかない。それ以外のケースは、すべて嗣子がいない場合であったり、本人の野望か、あるいはやむをえぬ理由からそうなったにすぎない。

　それでは、何故、反正は兄から正式に後継者と認められたのであろうか。兄から正式に後継者に指定された唯一のケースの「履中—反正」を検証しよう。履中の皇子として、市辺押磐皇子と御馬皇子の二人の子がいた（市辺押磐皇子の方が兄である）。それにも拘わらず履中は息子ではなく、弟の反正を太子に指定した。ところで反正天皇の二代あとの安康天皇は後継者に従兄弟にあたる市辺押磐皇子を指定したようである。日本書紀雄略天皇即位前紀に記述されている。

　冬十月の癸未の朔に、天皇、穴穂天皇の、曾《いむさき》、市辺押磐皇子を以て、国を伝へて遙に後事を付《ゆだ》に嘱《つ》けむと欲《おもほ》ししを恨みて……

従って市辺押磐皇子は安康より年下である。年齢が近接している者を後継者に指名した場合、「現天皇が長命だと皇太子の自分は天皇になれずに終わる」という不安から謀叛を誘発しかねない。息子でもないものを自分の後継者に指名する場合は、少なくとも一五歳以上は年下と考えてもよいであろう。安康は古事記によれば五六歳で亡くなっている。日本書紀は安康の没年を丙申年としているが、真実の安康没年はその一〇年後の丙午年でなければならないことは拙著『古代天皇実年の解明』のII部第三章において論証した。丙午年に五六歳ならば、その生年は辛亥である。すると古事記の記す履中の没年の壬申年には安康は二二歳である。従って履中没年には、市辺押磐皇子も二二歳以下でなければならない。さらに市辺押磐皇子が安康より一五歳前後年下であるとすると、父親の履中が亡くなったときの市辺押磐皇子は七歳くらいなのである。父親が天皇に即位したときには二歳くらいとなる。このために履中は即位したときにしろ、あるいは没年にしろ、息子の市辺押磐皇子を太子に指定するわけにはいかなかったのである。

日本書紀における兄弟相続一一例のうち、反正以外はすべて先代に嗣子がいないか、あるいは武力により皇位を簒奪したものである。あるいは先代の天皇の皇子が幼いときなのである。反正が履中の太子になれたのも、履中の子の市辺押磐皇子が幼すぎて太子に指定できるような年齢ではなかったからなのである。

日本書紀の記述する時代の近畿天皇家では、決して兄弟に皇位を引き継がせるということが慣例だったわけではない。これまでそのように考えられてきたこと自体が実に不思議でならない。従来の定説は、ただ表面的な「兄弟相続になっている」という事象のみから、安易に、「当時は兄弟相続が慣例であった」としてきたのである。あるいは、本居宣長流に言えば、師説になずんできたのである。

そうではない。息子が適当な年齢に達していれば息子が後継者なのである。これは当たり前と言えば当たり前だ。息子の母親が身分の低い女性ではあっても、子は子である。身分の低い女性との間の子は子とは認めない、そのようなことはこの日本にはなかったと思う。その子しかいなければ、当然、その子が後継者である。大友皇子の場合もそうであるはずなのである。しかしそうはなっていない。何故か？　それは、由緒正しく格式の高い九州王朝の皇子・大海人皇子が現れ、その大海人皇子が支配者の地位を要求しているから、なのである。天智の真実の即位年は日本書紀天智七年条の注に引用されている『或本』の言う「六年歳次丁卯（六年、歳は丁卯を次ぐ＝丙寅年）」、すなわち西暦六六六年の丙寅年である（拙著『古代天皇実年の解明』I部第一章参照）。天智三年の甲子年（六六四）に大海人皇子が近畿大和に出現してから六六六年の丙寅年に天智が即位するまでの二年間は、東日本の支配者の地位をこれまでどおり近畿天皇家のものとすべきか、あるいは九州王朝の大海人皇子に譲るべきか天智が迷った二年間であったと思う。その迷いの末に決断を下し、天智自身が支配者（天皇）として即位した。しかしこのとき、天智は天武と契約を交わしたのだと思う。「先に私が天皇になりますが、数年後にはあなたに位を譲ります」。それが天武即位前紀の次の記述であろう。

天命開別天皇《あめみことひらかすわけのすめらみこと》（天智天皇）の元年に立ちて東宮と為りたまふ。

おそらくここで言っている「天命開別天皇の元年」とは、日本書紀天智七年正月条本文の記す天智七年のことではなく、その部分に「注」として書き添えられた真実の天智即位年の丙寅年（六六六）のことであろう。この年、天智は自らは天皇として即位し、大海人皇子には、「数年後には、あなたに位を譲ります」と約束した。しかし、それから一年、二年と月日《つきひ》が経過するうちに九州王朝の没落は誰の目にも明らかなものとなった。九州王朝には近畿大和を攻めるだけの力は残っていないことが明らかとなった。そのとき、天智は改めて思った。東日本の支配者の地位、すなわち天皇位は我が一族のものにしよう、九州王朝の皇子・大海人皇子に譲る必要はない、と。そして天智十年に息子の大友皇子を太子に指定しなおしたのである。天智十年正月条の次の記述がそれである。

十年の春正月の己亥の朔《ついたち》庚子に、……是の日に、大友皇子を以て、太政大臣に拝《め》す。

10　壬申の乱は易姓革命である

「大海人皇子は九州王朝の皇子である」ということが明らかになった今は、壬申の乱が起こった理由がよくわかる。これまで壬申の乱は、「近畿天皇家内部の親百済勢力と親新羅勢力の戦い」とか、「蘇我系王朝と反蘇我系王朝の戦い」、あるいは「律令国家推進派対保守派の戦い」などと解釈されてきた。壬申の乱はそのような性格のものではない。壬申の乱は起こるべくしておこった。壬申の乱は易姓革命である。

「壬申の乱は易姓革命のように見える」ということは、これまでにも大和岩雄氏をはじめとする多くの論者から示唆されてきた。しかし天智と天武が兄弟である以上、易姓革命とはいえない。大和岩雄氏の唱える異父兄弟説でも易姓革命にはならない。そのために「易姓革命のように見える」と言いながらも、その結論はあいまいにならざるをえなかった。天智・天武非兄弟説を唱える佐々克明氏や小林惠子氏そして井沢元彦氏の場合にのみ、壬申の乱は易姓革命であると断言できるのである。そして私は大海人皇子が九州王朝の皇子であることを論証した。天武は九州王朝の皇子であり、天智は近畿天皇家の天皇である。二人の祖先が神武天皇の直前の代で分かれたとしても、「同じ姓」と言えるのは四十数代を遡っての話である。応神天皇で分かれたとしても二四代前に分かれた系譜である。これはもう別姓と考えて良い。壬申の乱は易姓革命である。

仲哀天皇の真の後継者である香坂王《かごさか》・忍熊王《おしくま》兄弟から、東日本の王権を奪取した九州王朝の王の孫であり、神功皇后の孫でもある応神天皇の場合も、ある意味では易姓革命である。しかし、応神は当時の日本の代表者ではない。そのころには、日本の代表者としては九州王朝が存在していた。従って応神の場合は、革命には相当しない。

同じように「壬申の乱」も単純に易姓革命と言い切ってしまうことには少し問題があることになる。易姓革命という言葉には、禅譲であろうと放伐であろうと「別姓の下位のものが上位のものに取って代わる」というニュアンスが込められていると思う。そして上位・下位という面で天武と天智をくらべたとき、どちらが上位かというと、決して天智が上位なのではない。「壬申の乱」の年の六七二年には九州王朝は衰微しきっていたとはいっても、まだ完全に消滅していたわけではない。倭国の王者の座を近畿天皇家に譲り渡していたわけではない。従って名目だけにすぎなかったとはいっても、当時の倭国の王者である九州王朝の皇子の天武のほうが上位なのである。その上位の天武が、天智のあとを継いだ大友皇子から権力を奪取したのであるから、そういう意味では「壬申の乱」は易姓革命ではないということになる。「壬申の乱」は、非常に複雑な意味あいの事件なのである。

11　八色の姓の創設の意味

日本書紀・天武紀が、他の天皇紀と異なっていることの一つに、おびただしい数の氏族への叙姓をおこなったことがあげられる。天武は「八色の姓」を新設した。天武十三年十月条に記述されている。

冬十月の己卯の朔《ついたち》に、詔して曰はく、「更《また》 諸氏《もろもろのうぢ》の族姓《かばね》を改《あらた》めて、八色《やくさ》の姓《かばね》を作りて、天下の万姓《よろづのかばね》を混《まろか》す。一つに曰はく、真人《まひと》。二つに曰はく、朝臣《あそみ》。三つに曰はく、宿禰《すくね》。四つに曰はく、忌寸《いみき》。五つに曰はく、道師《みちのし》。六つに曰はく、臣《おみ》。七つに曰はく、連《むらじ》。八つに曰はく、稲置《いなき》。

その結果として、表2に記述するような叙姓がおこなわれた。

しかし、「八色の姓」を新設する前に、すでに「連」姓の叙姓がおこなわれている（表3）。

これらの「連」姓の叙姓が、天武十三年十月の「八色の姓」制定を先取りしたものであるとするならば、「八色の姓」制定による一連の叙姓は、合計二〇一氏族となる。

天武の場合は、何故、「八色の姓」を制定せねばならなかったのであろうか。武力闘争により、天皇位を奪取した天皇は、ほかにもいた。日本書紀に明記されているものだけでも、安康しかり、雄略しかり、崇峻しかりである。しかし彼等は新しい姓《かばね》の創設はおこなっていない。二〇一氏族という大量の氏族に対する叙姓もおこなっていない。「乱」により天皇位を手に入れた場合は新しい姓制度を創設する、大量の叙姓をおこなうという訳でもないのである。それなのに何故、天武の場合のみ、それをおこなったのか。

それは天武が九州王朝の出身の人間だからなのである。王朝が異なるから、依って立つ姓制も異なる。天武の制定した「八色の姓」は九州王朝の姓だったのであろう。そして「八色の姓」の制定と、それに基づいた二〇一氏族への叙姓は、「九州王朝の王が、近畿天皇家の家臣団の中で自分に臣従する者の本領を安堵する」ということを認めた行為だったのではないかと思う。戦国時代末に、天下を取った豊臣秀吉、あるいは徳川家康がこれをおこなった。「新しいナンバーワンは自分だ」という意味で、服従する大名の本領は安堵し、服従しない大名は取り潰した。天武の「八色の姓」の制定とその

表 2　天武の「八色の姓」の叙姓

天武13年10月1日	真人	13氏
11月1日	朝臣	52氏
12月1日	宿禰	50氏
天武14年6月20日	忌寸	11氏
天武15年4月8日	連	1氏
6月1日	連	1氏
	計	128氏

表 3　天武の「連」姓の叙姓

天武9年1月8日	連	1氏
天武10年1月7日	連	1氏
4月12日	連	14氏
12月29日	連	2氏
天武11年5月12日	連	1氏
天武12年9月2日	連	38氏
10月5日	連	14氏
天武13年1月17日	連	2氏
	計	73氏

叙姓は、それと同じものであろう。

その意味では応神も九州王朝の王の孫であり、武力により近畿大和の大王位を仲哀の後継者の香坂王・忍熊王兄弟から奪取している。何故、応神はそのとき、新しい姓を創設しなかったのであろうか。それは、応神の時代は、神武天皇の時代からまだわずか十五代を経過したにすぎないからである。応神のころは、九州と近畿で氏姓制は、まだ同じだったのであろう。応神が九州王朝から別れた後に、九州王朝は氏姓制を天武の制定した「八色の姓」制と同じものに変えたのであろう。

12 「儲君」と「朱鳥」年号

日本書紀には、数カ所で儲君（まうけのきみ）という表記が見られる。

（イ）允恭紀二十四年条：太子《ひつぎのみこ》は、是《これ》儲君《まうけのきみ》たり。

（ロ）雄略紀二十三年八月条：皇太子、地《しな》、儲君上嗣《まうけのきみ》に居《あた》りて……

（ハ）天武紀即位前紀：（天智）天皇、東宮（大海人皇子）に勅して鴻業《あまつひつぎのこと》を授く。乃《すなは》ち、辞譲《いな》びて曰《まうしたま》はく、「臣《やつかれ》が不幸《さひはひな》き、元より多の病有り。何ぞ能く社稷を保《たも》たむ。願はくは、陛下、天下を挙げて皇后に附《よ》せたまへ。仍《なほ》、大友皇子を立てて、儲君《まうけのきみ》としたまへ。臣は、今日出家して、陛下の為《みため》に、功徳を修《おこな》はむ」とまうしたまふ。

これらでは、儲君を太子という意味で使用している。意外である。「儲」とは「(商売で)もうける」ということであり、「太子」とは無関係の文字のように思われるからである。そこで藤堂明保編『学研漢和大字典』(学習研究社)によって「儲」の文字を見てみよう。

「儲」

①動詞:たくわえる(たくはふ) 物を集めてとっておく。

②名詞:もうけ(まうけ) 主たる者の控えとしてとっておく人。儲君《チョクン》。

③動詞:もうける(まうく) 用意しておく。

④日本語特有の意味:もうけ(まうけ) 支出に備えてとっておく利益の意から、広く商売の利益の意。

まったく意外なことに、「儲」という漢字には、もともとは、④の意味、すなわち「利益をあげる」という意味は存在しない。現在の我々は「儲」の文字を、④の意味でしか使用しないが、これは日本において発生した特殊な使用法のようである。漢字本来の意味からすると、「儲」という文字は「太子」という意味の文字なのである。このことは履中紀・反正紀において、より明確である。

履中紀二年正月条:瑞歯別皇子《みつはわけのみこ》を立てて儲 君《ひつぎのみこ》とす。

反正紀元年正月条：元年の春正月の丁丑の朔《ついたち》戊寅に、儲君《ひつぎのみこ》、即天皇位《あまつひつぎしろしめ》す。

履中紀・反正紀では儲君に「ひつぎのみこ」と読みをふってある。「ひつぎのみこ＝太子」であるから、儲君は太子なのである。

日本書紀におけるその他の「儲」という文字の使用状況は以下の如くである。

神功紀元年三月五日条：因りて号令《のりごと》して曰はく、「各儲弦《うさゆづる》を以て髪中に蔵《をさ》め、且《また》木刀《こだち》を佩《は》け」といふ。

＊解説で「儲弦《うさゆづる》」とは「ひかえの弓づる」とある。

仁徳紀四年九月条：今、黔首《おほみたから》富み饒《ゆたか》にして、遺《おちもの》拾はず。是を以て、里に鰥寡《やもをやもめ》無く、家に餘儲《あまりのたくはへ》有り。

宣化紀元年五月条：胎中之帝《ほむだのすめらみこと》（応神天皇）より、朕が身に洎《いた》るまでに、穀稼《もみいね》を収蔵《をさ》めて、儲粮《まうけのかて》を蓄《たくは》へ積みたり

皇極三年十一月条：庫《つはものぐら》を起《た》てて箭を儲《つ》む

斉明四年四月条：若し官軍の為にとして、弓矢を儲《ま》けたらば、齶田浦《あぎたのうら》の神知りなむ。

これらに見られる「儲」という文字は、「太子」に関連した文字としては使用されていない。いずれも「予備、たくわえ」という意味で使用されている。

さて、ここからである。天武十四年十一月条に次の記述がある。

十一月の癸卯の朔《ついたち》甲辰に儲用《まうけ》の鉄《くろかね》一万斤を、周芳総令《すはのすぶるをさ》の所に送す。是の日に、筑紫大宰、儲用《まうけ》の物、絁《ふとぎぬ》一百匹・糸一百斤・布三百端・庸布《ちからぬのよ》四百常・鉄一万斤・箭竹《ほきだ》二千連を請《まう》す。筑紫に送し下す。

ここに「儲用」という文字が出ている。「儲用」で「まうけ」と読みがふられているが、やはりこれは「まうけ用」という意味であろう。「儲用」については、坂本太郎ほか校注『日本書紀（下）』の解説によれば「官庁で必要とする物品」と説明されている。しかし「儲」には、藤堂明保編『学研漢和大字典』（学習研究社）で見たように、「官庁」という意味は存在しない。「官庁で必要とする物品」という意味での「儲用」という熟語も存在しない。「儲用」を「官庁で必要とする物品」と解釈するのは、この部分のこの言葉を近畿天皇家一元史観で理解するためだけの特別な解釈なのである。

「儲」という文字の本来の意味は「主たる者の控えとしてとっておく人」という意味なのである。とすると、文字本来の意味からすれば「儲用」とは、「主たる者の控えとしてとっておく人の御用として」という意味になる。「主たる者の控えとしてとっておく人」とは、すなわち太子という意味であり、「儲用」とは「太子の御用として」という意味になる。そうすると天武十四年十一月条に記述されていることはどういうことになるのか。次のようなことだったのではないのか。

（1）筑紫の方から、「太子の儀式」用の太絹《ふときぬ》一百匹・糸一百斤・布三百端・庸布四百常・鉄一万斤・箭竹二千連を送れと言ってきた。

（2）天武天皇は、その日のうちに、言われたとおりの儀式用の鉄一万斤を送った。

ということになる。すなわち天武十四年には、筑紫に太子がいた！　日本書紀のこの文章はそう言っているのである。ここでいう太子とは九州王朝の太子である。その筑紫にいる九州王朝の太子の言うがままに、天武は要求された品々を筑紫に送った。要求した品目の中に布類が多いことが眼に付く。これは「太子としての式典用」だからなのであろう。式服作成用あるいは天幕等に使用するためなのかもしれない。九州王朝は、白村江の戦いにおいて壊滅的な大敗北を喫し、全精力を使い果たしてしまった。もはや余力はかけらも残っていない。残っているのは「倭国の代表者である」という矜持と格式のみである。贅沢品を作成する余力はない。そのため近畿大和でその地の支配者となっている一族の大海人皇子（天武）に、これらの品々の調達を依頼した（命令した）のである。

そのとき、筑紫にいた九州王朝の太子とは、「白村江の戦いで捕虜となり、そのころ、漸く帰国を許された九州王朝の王（大皇）」の太子、すなわち天武の兄の子（甥）であろう。そして……　翌年の七月（天武十五年の七月）には、唐突に「朱鳥」という元号が建元されている。天武十四年（乙酉年）の正月から天武十五年（丙戌年）の七月にかけての期間内には、「近畿天皇家に「朱鳥」が献上された」というような記述は存在しないにも拘わらず、である。

これは、丙戌年（天武十五年）に、筑紫において九州王朝の太子が即位の式典を挙行した、そして丙戌年を朱鳥と改元した、ということだったのではないかと思う。天武十四年十一月の、筑紫からの「儲用の品々を送れ」という要請は、「即位の式典用の品々を送れ」という命令だったのではないだろうか。その証拠が、万葉集にみられる朱鳥四年（三四番歌）、朱鳥六年（四四番歌）、朱鳥七年（五〇番歌）、朱鳥五年（一九五番歌）等の表記である。近畿天皇家の元号としての朱鳥は、元年しか存在しない。何故ならば、朱鳥元年九月には、天武は崩御し、その翌年は持統元年だからである。因みに持統在位中は元号は制定されていない。従って持統在位中の紀年法は「持統n年」である。しかるに万葉集をはじめ、諸種の資料・文献に朱鳥二年以上の年数の表記が存在する。近畿天皇家とは無関係に朱鳥という年号が存在しているのである。そして鎌倉末期には原形が成立していたであろうとされている『二中歴』は、その「年代歴」の項において天武十五年にあたる丙戌の年から九年間にわたる朱鳥という元号を記載している。「天武十五年（西暦六八六年）に、天武が制定した」と日本書紀に記載されている朱鳥という元号は、九州王朝が制定した元号であろう。日本書紀は、それをあたかも天武が制定した元号ででもあるかのように記述したのである。

第二章　天皇ではなかった持統と抹殺された高市天皇

1　「歳次」再び、そして持統天皇の第一の秘密

関裕二氏は、『謎の女帝・持統』（ベスト新書、二〇〇二年）において、「持統は天皇ではなかった」とする説を『懐風藻』を主体とした論証により述べておられる。日本書紀の持統八年三月条に出現する歳次干支を検討する中で、私も関裕二氏と同じ結論に達した。

拙著『古代天皇実年の解明』のⅠ部第一章において、日本書紀・持統八年三月条に出現している「（持統）七年、歳次癸巳」は、「持統七年、歳は癸巳に次《やど》る年（すなわち持統七年は癸巳年）」の意味ではなく、次の二つのうちのどちらかであるということを述べた。

①持統七年、歳は癸巳を次ぐ、すなわち持統七年は「癸巳の前年＝壬辰年」

②持統七年、歳は癸巳に次ぐ、すなわち持統七年は「癸巳の翌年＝甲午年」

なぜならば、「（持統）七年、歳次癸巳」を「持統七年は癸巳の年」と解すると、その直後に出現する以下の記述がおかしなことになってしまうからである。

（持統八年）夏四月の甲寅の朔《ついたち》戊午（五日）に……。庚申（七日）に、吉野宮に幸《いでま》す。丙寅に……。丁亥に、天皇、吉野宮より至《かへりおは》します。庚午（十七日）に、律師道光に賻物贈ふ。
　五月の癸未の朔《ついたち》戊子に……

持統は持統八年四月の甲寅の朔庚申（七日）に吉野宮行幸に出発し、丁亥の日に戻ったと記述されている。しかし持統が吉野宮から戻ったとされる丁亥の日は、四月朔日が甲寅ならば四月三四日になるからである。この少しあとに「五月の癸未の朔……」との記述があるから、前出の丁亥は四月の日にちの干支であることは明らかである。しかしこのままでは「丁亥の日」は四月三四日であり、ありえない日にちなのである。従ってこの直前の持統八年三月条に出現している「（持統）七年、歳次癸巳」は、「持統七年は癸巳の年」の意味ではなく、前記①か②のどちらかと考えなければならない。そこでこれから、日本書紀に出現する最後の歳次干支はどちらの意味なのか論究しよう。そしてそれにより持統時代は意外な展開を見せるのである。

　日本書紀における「歳次干支」の出現箇所とその使用法を列記すれば表4のようになる。日本書紀継体二十五年条に記述されている「注」からすると、日本書紀継体紀の編纂者は歳次干支を「歳は干支に次《やど》る、すなわち干支の年」の意味で使用していた。しかし持統紀の歳次干支は「干支の年」の意

表4　日本書紀に出現する歳次干支の意味

出現箇所	歳次干支の意味
垂仁即位前紀	干支の前年
応神即位前紀	干支の翌年
継体紀二十五年条の「或本」	干支の前年
天智紀七年正月条の「或本」	干支の前年
持統紀八年三月条	？
継体紀二十五年条編纂者	干支の年

（拙著『古代天皇実年の解明』Ⅰ部第一章参照）

味ではないのである。

　日本書紀天智七年正月条に引用された『或本』は天智の即位年を「六年、歳次丁卯三月、即位」と述べている。つまり天智時代を記述しているわけだから、その『或本』が作成されたのは天武時代か、あるいは持統時代と考えてよいであろう。一方、持統紀において「会話中の言葉」として出現する歳次干支は、持統時代の歳次干支の使用法である。従って天智紀に引用された『或本』の歳次干支の使用法と持統紀に出現する歳次干支の使用法は同じと考えて良いであろう。そして天智紀に引用された『或本』は歳次干支を「干支の前年」の意味で使用していた。従って持統紀の歳次干支も「干支の前年」の意味で使用されていると考えてよいであろう。

　すると持統八年三月条の「七年、歳次癸巳」は、「(持統)七年、歳は癸巳を次ぐ(すなわち持統七年は癸巳の前年)」の意味となる。「癸巳の前年＝壬辰年」が持統七年であるならば、持統元年(一年目)は丙戌年ということになる。丙戌年を元年(一年目)とする八年目は癸巳年である(図3)。

　内田正男編著『日本書紀暦日原典』により、持統時代の癸巳年の四月朔日の干支を求めるとそれは庚申である。庚申が朔日ならば丁亥は二八日となる。これならば日本書紀持統八年四月条の持統が吉野宮から帰還した日「丁亥の日」には何も問題はないことになる。すなわち、日本書紀・持統八年三

図3　天武崩御からの干支の流れ

天武崩御								
丙戌	丁亥	戊子	己丑	庚寅	辛卯	壬辰	癸巳	甲午
1	2	3	4	5	6	7	8	9

月条の「(持統)七年、歳次癸巳」は、持統元年を丙戌としている記述なのである。

ところがこの丙戌年は天武の没年である。従って持統八年三月条に記述されている「(持統)七年、歳次癸巳」は、天武の没年を一年目とする勘定で作成された表記ということになる。しかし、これでは持統の一年目(元年)は天武の没年を犯すことになる。拙著『古代天皇実年の解明』のI部第一章および第二章で述べたように、日本書紀の編述方針は踰年元年である。前天皇の没年は決して次天皇の元年とはしない。これは日本書紀の絶対的な編述方針である。すると「(持統天皇の)七年、歳は癸巳を次ぐ、すなわち癸巳の前年」という解釈は、このままでは日本書紀の編述方針に適合しないことになる。私の論証に破綻が生じたかのように見える。しかし持統即位前紀には次の記述が存在する。

朱鳥元年(丙戌年)の九月の戊戌の朔《ついたち》丙午(九日)に、天渟中原瀛真人天皇《あまのぬなはらおきのまひとのすめらみこと》(天武天皇)崩《かむあがり》ましぬ。皇后、臨朝称制《みかどまつりごときこしめ》す。

これからすると、天武没年は持統称制の一年目なのである。従って「七年、歳次癸巳」の意味は、日本書紀天智七年正月条の『或本』とまったく同じであり、「持統称制七年、癸巳の前年、すなわち壬辰年」の意味となる。「持統天皇の七年」ではなく、「持統称制の七年」なのである。「持統称制の七年」が癸巳の前年すなわち壬辰年ということなのである。

とすると、今度は持統の在位の方に問題が生じることになる。日本書紀・持統四年正月条には次のように記述されているからである。

四年の春正月の戊寅の朔《ついたちのひ》に、物部麻呂朝臣、大盾を樹《た》つ。神祇伯中臣大嶋朝臣、天神寿詞《あまつかみのよごと》読《よ》む。畢《をは》りて忌部宿禰色夫知《いみべのすくねしこぶち》、神璽《かみのしるし》の劔・鏡を皇后に奉上《たてまつ》る。皇后、即天皇位《あまつひつぎしろしめ》す。

表5　天武没年の丙戌年からの干支の流れと経緯

干支	日本書紀の記述	持統即位からの経過	持統称制の経過
丙戌	天武没年		称制一年目
丁亥	持統元年		二年目
戊子			三年目
己丑			四年目
庚寅	持統四年（持統即位）	即位年	
辛卯		即位　二年目	
壬辰		即位　三年目	（称制七年）
癸巳	持統七年		
甲午	持統八年		
乙未			
丙申	持統十年		
丁酉	持統譲位、文武元年		

日本書紀は「持統は、持統四年（庚寅年）の正月に即位した」と明記している。天武没年の丙戌年から持統が譲位する持統十一年までの干支の流れと持統の称制・即位の関係を示そう。表5である。

日本書紀によれば持統称制一年目は丙戌年であり、持統の即位は庚寅年である。従って持統の称制は己丑年までであり、持統の称制は四年までしか存在しないはずである。

そして、もしも日本書紀が記述しているとおりに持統が庚寅年に即位したのであるならば、持統元年は庚寅年としなければならないし、壬辰年は即位三年目となる。しかし日本書紀持統八年三月条の記述は、持統即位三年目の壬辰年をわざわざ「持統称制七年」と表現していることになる。そのようなことがありうるのであろうか。現代に置き換えて表現してみよう。今、Aという教授がいるとする。A教授は教授就任三年目である。その前は一〇年間、助教授であった。その時、教授就任三年目を助教授一三年目と表現するものだろうか。そんなことは絶対にありえない。そういう表現をすると、教授は怒るに決まっている。従って、ここから導き出されることは、

持統は、持統四年の庚寅年に即位はしていない。

ということなのである。「称制七年目」という年が存在するのであるから、もしも持統が即位していたとすれば、それは称制八年目以降のこととなる。すると持統が即位した可能性のある年は、「癸巳、甲午、乙未、丙申」のどれかである。あるいはそのどれでもない可能性もある。すなわち、即位していない可能性もある。そしてこの中では、持統は即位していない可能性の方が最も高いと思う。これが持統天皇の第一の秘密である。

持統は天皇ではなかったことを示唆する史料がある。七五一年成立の日本最古の漢詩集『懐風藻』である。その葛野王の項に次のような記述がある。

葛野王《かどののおほきみ》

高市皇子薨《みまか》りて後に、皇太后王公卿士を禁中に引《を》きて、日嗣を立てむことを謀《はか》らす。時に群臣各私好を挟《さしはさ》みて、衆議紛紜《ふんうん》なり。王子進みて奏して曰はく、「我が国家の法と為る、神代より以

来、子孫相承けて、天位を襲《つ》げり。若し兄弟相及ぼさば則ち乱此より興《おこ》らむ。仰ぎて天心を論《かた》らふに、誰か能く敢へて測《はか》らむ。然《しか》すがに人事を以ちて推《お》さば、聖嗣自然《おのづから》に定《さだ》まれり。此の外に誰か敢へて間然せむや」といふ。弓削皇子座に在り、言ふこと有らまく欲《ほ》りす。王子叱《いさ》び、乃《すなは》ち止みぬ。皇太后其の一言の国を定めしことを嘉《よ》みしたまふ。特閲《とくえつ》して正四位を授け、式部卿に拝《め》したまふ。時に年三十七。（傍線筆者）

（小島憲之校注『日本古典文学大系　懐風藻』岩波書店、一九六四年、八一ページ）

高市皇子《たけちのみこ》が亡くなったのは持統十年七月十日である。そして持統の譲位は持統十一年の八月一日である。従って高市皇子が亡くなったときは、日本書紀の上では時代はまだ持統の時代なのである。ところが『懐風藻』は、このときの持統を皇太后と記述している。ということは、関裕二氏がその著『謎の女帝・持統』（ベスト新書、二〇〇二年）で述べているように、『懐風藻』は日本書紀持統十年の時点の持統は天皇ではないと言っているのである。称制ですらない。皇太后だと言っている。日本書紀持統十年の時点で持統が天皇ではないならば、それ以前に天皇であった可能性はあるのだろうか。私はその可能性は非常に低いと思う。持統は天皇になってはいないであろう。

2　天武天皇の系譜

持統の時代、そしてそこに隠されている秘密について論じるためには、天武の妃とその皇子・皇女達の関係を知っておく必要がある。先にそれを確認しておこう。日本書紀第二十九巻（天武天皇下巻）の天武二年正月条である。

正妃を立てて皇后とす。后、草壁皇子尊を生《あ》れます。先に皇后の姉大田皇女を納《め》して妃とす。大《おほ》来皇女《くのひめみこ》と大津皇子《おほつのみこ》とを生《あ》れませり。次の妃大江皇女（天智天皇の娘）、長皇子《ながのみこ》と弓削皇子《ゆげのみこ》とを生《あ》れませり。次の妃新田部皇女《にひたべのひめみこ》（天智天皇の娘）、舎人皇子《とねりのみこ》を生れませり。又夫人藤原大臣の女氷上《ひかみの》娘《いらつめ》、但馬皇女《たぢまのひめみこ》を生めり。次の夫人氷上娘の弟《いろど》五百重娘《いほへのいらつめ》、新田部皇子を生めり。次の夫人蘇我赤兄大臣の女太蕤《おほぬ》娘、一人の男・二の女を生めり。其の一を穂積皇子《ほづみのみこ》と曰す。其の二を紀皇女《きのひめみこ》と曰す。其の三を田形皇女《たかたのひめみこ》と曰す。天皇、初め鏡王の女額田姫王《ぬかたのおほきみ》を娶《め》して十市皇女《とをちのひめみこ》を生《な》しませり。次に胸形君《むなかたのきみ》徳善が女尼子娘《あまこのいらつめ》を納《め》して、高市皇子命《たけちのみこのみこと》を生《な》しませり。次に宍人臣《ししひとのおみ》大麻呂が女榖媛《かぢひめの》娘《いらつめ》、二の男・二の女を生めり。其の一を忍壁皇子《おさかべのみこ》と曰す。其の二を磯城皇子《しきのみこ》と曰す。其の三を泊瀬部皇女《はつせべのひめみこ》と曰す。其の四を託基皇女《たきのひめみこ》と曰す。

この記述により天武の一番最初の妃は明かである。額田姫王である。「天皇、初め鏡王の女・額田姫王を娶して十市皇女を生しませり」と記述されているからである。天武（大海人皇子）と近畿大和の天皇家との接点は、大海人皇子が斉明六年に九州王朝の大使として近畿大和に赴いたときである。このとき、中大兄皇子（後の天智）の娘・大田皇女を妃とした。額田姫王は、この大田皇女より先に妃になっているのである。大海人皇子は九州王朝の皇子であるから、額田姫王そしてその親・鏡王は九州（おそらく筑紫）の人である。従来、「額田姫王の親・鏡王」は系譜未詳とされている。近畿大和の人物として当てはめようとすると、合致する適当な人物がいないということなのである。

また、高市皇子の祖父・徳善は胸形君となっている。九州で「胸形の君」と言えば、現在の福岡県宗像市の有力者と考えてよいであろう。そうすると高市皇子命の母・尼子娘の父の徳善は、「筑紫の宗像の君」である。おそらく天武の二番目の妃は、この胸形の君（筑紫の宗像の君）徳善の娘・尼子娘であろう。そして「次に……。次に……」と記述されているのであるから、三番目の妃は宍人臣大麻呂の娘・<ruby>𣝅媛娘であろう。もしも𣝅媛娘が三番目の妃でない場合は、「またの妃……」という表記になるであろう。従って天智の娘・大田皇女は、天武の四番目の妃である。日本書紀の記述から順番が分かるのはそこまでである。しかし、ここまでの順番が分かれば次に進むことが可能となる。

3　改変されている大津皇子と草壁皇子の誕生年

斉明七年（六六一）の一月六日（丁酉の朔《ついたち》壬寅）、大海人皇子の妃・大田皇女は臨月の身をおして、百済復興軍を束ねる祖母の斉明天皇とともに海路、難波の津を出発した。そして一月八日、大田皇女は現在の岡山県邑久《おく》郡において女児を出産した。これが大伯皇女《おおくのひめみこ》である。大伯皇女は、生まれた地の名「邑久」に因んで大伯皇女《おおくのひめみこ》と名づけられたのである。大伯皇女は、あるいは早産児だったのかもしれない。出産が明日、明後日に迫っていたとすれば、いくらなんでも船旅に出立しはすまい。まだだ間があると思われていたものが、無理をしたために出産が早まったと考えた方が自然である。

そのため、難波を出発後、斉明一行は邑久で暫く留まったと思われる。斉明天皇の一行が博多の娜《なの》大津《おおつ》に到着するのは、同年三月二十五日だからである。難波から岡山県邑久郡までの航程は、難波から筑紫の娜大津までの航程の約四分の一ほどである。難波から岡山県邑久郡に達するのには二日しか要していないが、残りの四分の三の航程に二カ月以上（約八〇日）を要している。斉明一行は、岡山県・邑久郡に暫く滞留したのち、そこから伊予の熟田津《にぎたづ》に向かったと思われる。

万葉集の八番歌、額田王の歌として載せられている歌は、万葉集の中でも特に有名な歌の一つである。

熟田津《にぎたづ》に　船乗りせむと　月待てば　潮もかなひぬ　今は漕《こ》ぎ出でな

この歌は「額田王の歌」として載せられているが、その詞書きとして、万葉集には次のような記述がある。

右は、山上憶良の大夫の類聚歌林を検するに曰く、……。後の岡本の宮に天の下知らしめしし天皇の七年辛酉の春正月丁酉の朔《ついたち》にして壬寅の日に、御船西に征《ゆ》き、始めて海路に就《つ》きたまひき。庚戌（十四日）の日、御船伊予の熟田津の石湯の行宮に泊《は》てつ。天皇、昔日よりなほ存れる物を御覧《みそなは》して、当時《そのかみ》忽に感愛の情を起したまひき。このゆゑに因りて歌詠を製して哀傷したまひきといへり。すなはちこの歌は天皇の御製《おほみうた》なり。

（武田祐吉校注『萬葉集』三十五版、角川書店、一九七三年）

九州王朝の崩壊は天智二年（六六三）の朝鮮白村江における大敗戦が引き金である。従ってその二年前となる斉明七年（六六一）には、九州王朝はまだ健在である。第一章で述べたように、この年には大海人皇子は筑紫にいる。従って、大海人皇子の最初の妃の額田王も筑紫にいるはずである。故にこの歌は額田王の歌ではない。万葉集が引用する類聚歌林において山上憶良が述べているように、斉明天皇の歌である。難波の津から率いてきた全軍に「さあ、出発しよう」と呼びかけている。歌の内容からしても、皇子の一妃の歌とするよりも全軍の統率者の歌とした方が適切である。斉明天皇は作歌の才に非常に長けていたと思われる。

そしてこの万葉集八番歌は、斉明天皇の七年、近畿天皇家の百済復興軍が難波から筑紫に行く途中に作成された歌である。とすると、この時の斉明一行は、難波の津を出発した二日後に大田皇女の出産のために、まず岡山県の邑久で滞留した。その後、伊予の熟田津に立ち寄り、熟田津の石湯で湯に浸かって疲労を癒した。そして大田皇女の体力回復後に、伊予の熟田津から筑紫の娜大津へ向けて出発したということになる。

日本書紀は、「斉明一行は、斉明七年（六六一年の辛酉年）の三月二十五日に筑紫の娜大津に到着した」と記述している。この日、筑紫の娜大津において、大田皇女と大海人皇子は再会を果たしたことになる。すると早ければ、その一〇カ月後（六六二年の壬戌年の一月）には子が生まれるはずである。所は娜大津、従ってその子の名は大津である。大海人皇子と大田皇女との間の子として大津皇子がいる。従って大津皇子は、六六二年の壬戌年に筑紫の娜大津で生まれたのである。
ところが六六二年の壬戌年は天智天皇の元年である。その天智天皇元年のこととして、持統天皇即位前紀には次のように記述されている。

(持統は)天命開別天皇(天智)の元年に、草壁皇子尊を大津宮に生《あ》れます。

日本書紀は、「草壁皇子の方が天智元年(壬戌年)に生まれた」と記述している。しかし、その前年(斉明七年)の一月には、大田皇女の行動からすれば大海人皇子は筑紫にいなければならない。そして斉明七年の三月二十五日以降は大田皇女が筑紫にいる。斉明七年には、大海人皇子は天皇でもなければ太子でもない。斉明天皇の大皇弟でもない。そのような身分でいて、唐・新羅連合軍との戦いにおいては最前線ともいうべき筑紫の地に、妃を二人も三人も呼び寄せるものではなかろう。従って鸕野讃良皇女《うののさららのひめみこ》(後の持統)は斉明七年には筑紫に居るはずはない。従ってその翌年の天智元年(壬戌年)に、草壁皇子が生まれるはずはない。この年に生まれたのは大津皇子である。日本書紀の記す草壁皇子の誕生年は改変されているのである。
そうすると草壁皇子の真実の誕生年は、いつなのであろうか。天武即位前紀の記述、すなわち壬申の乱の記述に、そのことに関係すると思われる、おかしな記述がある。

(壬申年の)六月の辛酉の朔壬午(二十二日)に、村国連男依《むらくにのむらじをより》・和珥部臣君手《わにべのおみきみて》・身毛君広《むげつきみひろ》に詔して曰はく、「今聞く、近江朝庭の臣等、朕が為に害《そこな》はむことを謀る。是を以て、汝等三人、急《すみやか》に美濃国に往《まか》りて、安八磨郡《あはちまのこほり》の湯沐令《ゆのうながし》多臣品治《おほのおみほむぢ》に告げて、機要を宣《のたま》ひ示して、先ず当郡の兵を発《おこ》せ。仍《なほ》、国司等に経《ふ》れて、諸軍を差し発《おこ》して、急《すみやか》に不破道《ふはのみち》を塞《ふせ》け。朕、今発路《いでた》たむ」とのたまふ。

壬申の乱の勃発の記述である。約一〇行を飛ばして次の記述に移る。

是の日に（六月二十四日）、途発《みちた》ちて東国に入りたまふ。事急にして、駕《おほみま》を待たずして行《いでま》す。儵《にはか》に県犬養連大伴の鞍馬に遇《あ》ひ、因りて御駕《みのり》す。乃《すなは》ち、皇后は、輿《こし》に載《の》せて従《みともにま》せしむ。

この部分はおかしい。この場面は一刻を争うところである。袋の鼠となる危険な吉野から少しでも早く脱出せねばならない。馬がないのなら走りたいくらいの状況なのではなかろうか。それなのに「皇后を輿に載せて従せしむ」とある。歩くならまだしも、「輿に載せて運ぶ」のである。たいへんな足手まといだ。何故、皇后のためにこのような軍事行動を阻害するようなことをせねばならなかったのか。何故なのか？　おそらくこの時、鸕野讃良皇女は歩けなかったのである。何故、歩けなかったのか。臨月だったからである。そしてその翌日、

川曲《かはわ》の坂下に到りて、日暮れぬ。皇后の疲《つか》れたまふを以て、暫く輿を留めて息《やす》む。然るに夜曀《くも》りて雨ふらむとす。淹息《ひさしくやす》むこと得ずして進行《みた》す。是に、寒くして雷なり雨ふること已甚《はなはだ》し。駕《みゆき》に

従う者、衣裳湿《ぬ》れて、寒きに堪へず。乃《すなは》ち三重郡家に到りて、屋一間《いへひとつ》を焚《や》きて、寒《こ》いたる者を熅《あたた》めしむ。

この日も、皇后の疲労のために軍旅が一時ストップさせられている。重大な時に皇后がしょっちゅう足を引っ張っているのである。私は最初、これは鸕野讃良皇女の謀略なのではないかと思った。壬申の乱を異母弟の大友皇子に勝利させるために天武軍の足を引っ張っているのではないかと疑ったのである。しかしそうではなかった。真実は鸕野讃良皇女が臨月だったからなのである。そして、ここで「屋一間を焚きて寒いたる者を熅めしむ」とある。この日、草壁皇子は生まれたのではないかと思う。ここで言っている「寒いたる者」とは、お産をすませた直後の鸕野讃良皇女のことだと思う。「産後、火を焚いて火にあたる」、これは倭人古来の、お産に伴う習慣のように思われる。単純に考えれば、火でもって不浄を浄める、あるいは火を焚いて汗を流させ、体内に貯まっていた悪液を出させるということであろう。しかし、このことの原初の目的は、出産で体力を消耗し、冷え切っている産婦の身体を、火を焚いて暖めて保護する、ということだったと思う。雄略天皇が生まれた日、雄略の父・允恭《いんぎょう》天皇は弟姫（またの名・衣通郎姫）のもとへ妻問に出かけようとした。その時、皇后の忍坂大中姫命《おしさかのおおなかつひめのみこと》は「自分がお産で生きるか死ぬかの時に……」と逆上し、産殿に火をかけて自殺しようとした（日本書紀・允恭七年十二月条）。これも、出産後、火を焚いて暖めるために、すでに産殿に火が準備されていたからなのである。また、古事記では、邇邇芸命《ににぎのみこと》は筑紫の日向の高千穂のくじふる嶺に天降ったのち、その地の大山津見神の娘・木花之佐久夜毘売《このはなのさくやびめ》を妃に迎えた。

故、後に木花之佐久夜毘売、参出て白ししく、「妾は妊身《はら》めるを、今産む時に臨《な》りぬ。この天つ神の御子は、私《わたくし》に産むべからず。故、請《まを》す。」とまをしき。爾《ここ》に詔りたまひしく、「佐久夜毘売、一宿《ひとよ》にや妊める。これ我が子には非じ、必ず国つ神の子ならむ。」とのりたまひき。爾《ここ》に答へて白ししく、「吾が妊みし子、若し国つ神の子ならば、産むこと幸《さき》くあらじ。もし天つ神の御子ならば、幸《さき》くあらむ。」とまをして、すなわち戸無き八尋殿《やひろどの》を作りて、その殿の内に入り、土をもちて塗り塞《ふた》ぎて、産む時に方《あた》りて、火をその殿に著けて産みき。故、その火の盛りに焼《もゆ》る時に生める子の名は、火照命《ほでりのみこと》。此は隼人阿多君の祖。次に生める子の名は、火須勢理命《ほすせりのみこと》。次に生める子の御名は、火遠理命《ほをりのみこと》。亦の名は天津日高日子穂穂手見命《あまつひこひこほほでみのみこと》。三柱

天孫降臨直後の、お産の場面にも産屋を火で焼く説話が登場している。ここでは、不倫の子を身籠もったのではないかと疑われた木花之佐久夜毘売が、炎によっても傷つけられないことで自分自身とその子達の潔白を証明する筋立てになっている。しかし虚飾を取り外して見れば、これは「お産の時、産屋で火を焚いた」ということなのである。

隋書・流求国の条に次の記述がある。

婦人産乳必食子衣産後以火自炙令汗出五日便平復

〔訳〕婦人は産乳の時、必ず子衣を食す。産後には火でもって自を炙《あぶ》り、汗を出さしめる。五日たてば平復とする。

隋書には、七世紀の流求国人の風習として「お産に際して産屋で火を焚く」とある。琉球（沖縄）の宮古島においては、二〇世紀の中ごろまで、この風習は連綿としておこなわれていた。一九六〇年代に入り、お産を産院でおこなうようになってこの風習は消失したのである。

壬申の乱の真っ只中、六月二十四日あるいは二十五日、これは今で言う旧暦での日付である。従って現在の太陽暦に換算すれば、七月の二十日以降のころに相当する。夏の真っ盛りである。そんな季節なのに「雨に降られて寒いので、火を焚いて暖をとった」と記述されている。日本書紀は、生きるか死ぬかの戦いをしている戦士・軍人達が、夏の真っ盛りの日に「雨に降られて寒いので、家を一軒燃やして暖をとった」と言う。信じられるだろうか。真夏の雨は、たとえそれが夜のことであったとしても、むしろ「心地よい」と表現されてしかるべきものだと思う。「寒い」と言ったのは従軍している人達ではない。戦争であるにも拘わらず歩けない人、妊娠している人、その人が「寒い」と言ったのである。そしてお産をすませた後、出産に伴う風習として火を焚いたのである。

4　草壁皇子は「壬申の乱」の真っ只中で生まれた！

鸕野讚良皇女《うののさららのひめみこ》（持統）は、壬申の乱の真っ只中で草壁皇子を出産した。これを検証するために、持統の誕生年からみていくことにしよう。

　持統の誕生年については、西暦六四五年の乙巳年（大化元年）とするのが通説・定説のようである。坂本太郎ほか校注『日本書紀（下）』では、天智七年二月条の鸕野皇女の解説において、「天武天皇の皇后。のちの持統天皇。大化元年生か」となっている。朝尾直弘・宇野俊一・田中琢編『新版・日本史辞典』（角川書店、一九九六年）でも「持統天皇：六四五―七〇二」と記載されている。笠原英彦著『歴代天皇総覧』（一四版、中公新書、二〇〇二年）でも、持統の生涯は「六四五～七〇二」となっているる。しかし、日本書紀のどこを捜しても、「持統の誕生年は、大化元年の乙巳年（六四五）である」という記述、あるいはそれを推測させる記述は存在しない。これは日本書紀以外の史料から、そう考えられているのであろう。しかしこれは誤りである。

　大化元年には、鸕野讃良皇女の父親・中大兄皇子は二〇歳である。中大兄皇子が二〇歳の時に第二子の鸕野讃良皇女が生まれたのであるならば、その同母姉の大田皇女が生まれたのは中大兄皇子が一八歳のころとせねばならない。とすると、大田皇女がその母親の胎内に宿ったのは、中大兄皇子が一七歳ころのこととなる。いかに古代のことであるとは言っても、一七歳は妃を迎えるには若すぎる年齢である。女性の方は一七～一八歳で嫁いでいるようだが、男性の方は一九歳か二〇歳で最初の妃を迎えているようだからである。

　大田皇女及び鸕野讃良皇女の母親は、蘇我入鹿暗殺に重要な役割を演じた蘇我倉山田麻呂（蘇我山田石川麻呂）の娘である。（前出の五二ページの皇極三年正月条参照）。仮に《中大兄皇子は一七歳で蘇我倉山田麻呂の娘を妃に迎えた》とする。すると今度は、中臣鎌足が蘇我入鹿誅滅の計画を練り、それを託するに足る人物として中大兄皇子に接近したのは、中大兄皇子が一六歳か、もしくは一七歳の初めころのこととなる。この年は、舒明が亡くなった年か、あるいはその翌年である。舒明は在位一三年目の十月に亡くなっている。蘇我入鹿が権勢の赴くままに専横を極めた、それを憎んで中臣鎌足が動き出した、とするには舒明が亡くなってからの日月が短すぎると思う。どの点から考えても、大化元年、西暦六四五年の乙巳年に鸕野讃良皇女が生まれたとすることは成立しがたい。鸕野讃良皇女の誕生年は大化元年（六四五年の乙巳年）ではない。大化元年の乙巳年に生まれたのは、姉の大田皇女の方である。

次に持統の誕生年に関する間接的な記述が日本書紀・斉明四年五月条にある。

五月に、皇孫《みまご》建王《たけるのみこ》、年八歳にして薨《う》せましぬ。

この建王は天智の子である。日本書紀・天智七年二月条に、次の様に記述されている。

遂に四の嬪《みめ》を納《めしい》る。蘇我山田石川麻呂大臣の女《むすめ》有り。遠智娘《をちのいらつめ》と曰ふ。或本に云はく、美濃津子娘《みのつこのいらつめ》といふ。一の男・二の女を生めり。其の一を大田皇女と曰《まう》す。其の二を鸕野皇女《うののひめみこ》と曰す。天下を有《しらし》むるに及《いた》りて、飛鳥浄御原宮に居《ま》します。後に宮を藤原に移す。其の三を建皇子《たけるのみこ》と曰す。唖《おふし》にして語《まことと》ふこと能《あた》はず。或本に云はく、遠智娘、一の男・二の女を生めり。其の一を建皇子と曰す。其の二を大田皇女と曰す。其の三を鸕野皇女と曰すといふ。

斉明四年五月に亡くなった建王とは、天智の子である。そして持統の同母の弟である。天智の子だから、斉明からすると皇孫に当たるわけである。その建王は斉明四年に八歳で亡くなった。斉明四年は戊午年である。従って戊午年に八歳ならば、生まれたのは辛亥年である。すると鸕野讃良皇女の誕生年は、普通に考えれば、建皇子の誕生年（辛亥年）の前年の庚戌年以前ということになる。庚戌年が持統の誕生年の下限なのである。

次は持統の誕生年の上限。前述したように、通説・定説では鸕野讃良皇女の誕生年は大化元年（乙巳年）とされているが、これが誤りであることはすでに述べた。大化元年（六四五年の乙巳年）に生まれたのは姉の大田皇女の方である。従って鸕野讃良皇女の誕生年は、どんなに早くてもその一年後である。乙巳年の翌年は丙午年である。すなわち、この丙午年が鸕野讃良皇女の誕生年の上限である。

ここで大田皇女の誕生年（乙巳年）を別の方向からみてみよう。中大兄皇子は舒明崩御の辛丑年に一六歳であった。すると中大兄皇子は丙戌年の生まれである。従って大化改新の年の乙巳年にはかぞえで二〇歳である。乙巳の変は、この年の六月に勃発している。すると中大兄皇子が蘇我倉山田麻呂の娘を妃に迎えたのは、その一年前くらいなのであろう。何故ならば、娘を妃に迎えたからといって、すぐさま蘇我入鹿暗殺の計画を舅の蘇我倉山田麻呂に持ちかけたりはすまい。ある程度、月日が経って婿舅としての間柄が親密になってから、より確実には舅の孫ができてから持ちかけるものであろう。だから中大兄皇子が蘇我倉山田麻呂の娘を妃に迎えたのは、中大兄皇子一九歳の初めころか中ごろのことになる。そして、その一〇カ月後の乙巳年、すなわち大化改新の年に二人の間の最初の子が生まれたと考えた方がよい。これが大田皇女である。従って、第二子の鸕野讃良皇女が生まれるのは乙巳年の翌年の丙午年以降となる。すなわち、鸕野讃良皇女の誕生年は、丙午年から庚戌年の間のどれかの年ということになる。

干支の流れは「乙巳—丙午—丁未—戊申—己酉—庚戌—辛亥」である。乙巳年に第一子の大田皇女が生まれ、六年後の辛亥年に第三子の建王（建皇子）が生まれていることになる。普通に考えれば第二子の鸕野讃良皇女は、その中間の年、丁未か戊申か己酉あたりに生まれたと考えるべきものであろう。しかし乙巳年は大化改新の年である。この後、数年間は中大兄皇子は多忙を極めたであろう。家庭を顧みる余裕はなかったのではなかろうか。そうすると、第二子の鸕野讃良皇女は、どちらかと言えばその期間の中の後半よりの年に生まれているとした方が良さそうだ。すなわち、戊申か己酉である。そこでとりあえず鸕野讃良皇女の誕生年を己酉年とする。鸕野讃良皇女は大田皇女の四歳年下の妹である、と仮定しておく。

三番目の資料。草壁皇子の誕生年に関しては、日本書紀・持統即位前紀に次の一文がある。

天豊財重日足姫天皇《あめとよたからいかしひたらしひめのすめらみこと》（斉明）の三年に、天渟中原瀛真人天皇《あまのぬなはらおきのまひとのすめらみこと》（天武）に適《みあ》ひて妃と為りたまふ。

（中略）

天命開別天皇《あめみことひらかすわけのすめらみこと》（天智）の元年に、草壁皇子尊を大津宮に生《あ》れます。

この記述の内容の半分は嘘であることについては前段でのべた。天智元年の前年、すなわち斉明七年には大海人皇子(天武)は筑紫におり、そのときには、鸕野讃良皇女の姉の大田皇女が筑紫にいた。近畿天皇家と新羅との戦争においては、筑紫は最前線のようなものである。天皇でもない大海人皇子が、戦いの最前線に妃を二人も呼び寄せるものではなかろう。天智元年には大海人皇子と鸕野讃良皇女の間の子が生まれるはずはないのである。

しかし、残りの半分は真実であろう。その残りの半分とは、鸕野讃良皇女が大海人皇子に嫁いでから草壁皇子が生まれるまでの年月の経過である。鸕野讃良皇女が大海人皇子に嫁いだのは斉明天皇の三年、そして草壁皇子が生まれたのは天智元年と記述されている。斉明天皇の三年は丁巳年、そして天智元年は壬戌年である。干支の流れは「丁巳―戊午―己未―庚申―辛酉―壬戌」である。従って鸕野皇女は、結婚して五年目に草壁皇子を産んだのである。

第一章四節で論証したように、大田皇女は斉明六年に大海人皇子の妃となっていた。大田皇女は乙巳年の生まれであった。すると、斉明六年の庚申年には大田皇女は一六歳である。嫁ぐにはまだ少し若いのではあるが、九州王朝の「大使」として近畿大和にやってきた大海人皇子をもてなすために無理に嫁がされたのではないかと思われる。一般には、当時の女性の結婚適齢期は一七、八歳であろう。日本書紀の推古即位前紀には推古は一八歳で敏達に嫁いだと記述されている。

前段で鸕野讃良皇女は大田皇女の四歳年下と仮定したから、鸕野讃良皇女は斉明六年の四年後、すなわち天智三年に一六歳となる。そして天智四年(乙丑年)に一七歳となる。鸕野讃良皇女は、天智四年に一七歳で大海人皇子の妃になったとする。妃になってから五年後に草壁皇子は生まれていた。

天智四年からの干支の流れは「乙丑―丙寅―丁卯―戊辰―己巳―庚午―辛未―壬申」である。従って草壁皇子は庚午年に生まれたことになる。庚午年は壬申年の二年前である。すると草壁皇子は壬申年に生まれてはいないことになるのか。

しかし、ここで日本書紀の「注」の問題が浮上してくる。拙著『古代天皇実年の解明』のII部第五章の継体天皇の部分において述べたことである。日本書紀は、具合が悪いことは本文には記述しない。具合の悪いことは、つまらない別伝・誤伝ででもあるかのように、「注」として記述する。「持統は天智の第何子であるのか」についてが、まさにそれである。再び天智七年二月条に戻ろう。前述の天智の妃達とその子達の記述の最後に、「注」が記述されていた。以下の文である。

或本に云はく、遠智娘、一の男・二の女を生めり。其の一を建皇子と曰す。其の二を大田皇女と曰す。其の三を鸕野皇女と曰すといふ。

「鸕野皇女は第三子である」という別伝があったのである。こちらの方が真実であるとする。すると建皇子の誕生年と思われた辛亥年は、実は鸕野皇女の誕生年ということになる。鸕野皇女は姉の大田皇女の六歳年下の妹なのである。そうすると鸕野皇女は斉明六年の六年後、すなわち天智五年に一六歳ということになる。そしてその翌年の天智六年に一七歳ということになる。鸕野皇女は、天智六年に一七歳で大海人皇子の妃となったとする。天智六年は丁卯年である。それから五年して草壁皇子が生まれた。するとその年は……壬申年なのである！　やはり、草壁皇子は壬申の乱の真っ只中で生まれれていた。

5　天武没年における三皇子の年齢的関係

草壁皇子は壬申の乱の真っ只中で生まれた。従って天武没年の丙戌年には草壁皇子は一五歳である。一方、大津皇子は壬戌年の生まれであった。従って天武没年の丙戌年には二五歳である。二五歳の大津皇子をさしおいて、未だ一五歳にすぎない未成年の草壁皇子を天皇に即位させるわけにはいかない。そのために天武の皇后・鸕野讃良皇女は天武崩御直後に、邪魔者の大津皇子を「謀反を企んでいる」と濡れ衣を着せて滅ぼした。しかし大津皇子を亡き者にしただけでは、一五歳の草壁皇子を天皇に即位させるには問題があった。そのときには、天武天皇の最年長の男児である高市皇子《たけちのみこ》は三〇歳以上だからである。ここで高市皇子の誕生年をはっきりさせておこう。

九州王朝の皇子・大海人皇子は、大伯皇女が生まれた斉明七年（六六一年の辛酉年）正月の一〇カ月前には近畿大和にいた。その時、九州王朝の大使として近畿大和を訪れたのである。すなわち六六〇年（庚申年）の三月には近畿大和にいた。すると高市皇子はそれ以前に筑紫で生まれていなければならない。すなわち高市皇子は六五九年（己未年）以前に筑紫で生まれている。今、仮に高市皇子が己未年に生まれていたとすると、壬申の乱の年には一四歳である。ところで壬申の乱の際、高市皇子は軍の一隊の指揮を任されている。日本書紀・天武天皇壬申年の六月二十六日の条に記述されている。

是に、天皇、雄依《をより》が務《いさを》しきことを美《ほ》めて、既に郡家に到りて、先ず高市皇子を不破《ふは》に遣《つかは》して、軍事を監《み》しむ。

そして高市皇子はしっかりとそれに応えている。

丁亥（二十七日）に、高市皇子、使を桑名郡家に遣して奏《まう》して言《まう》さく、「御所《おはしますところ》に遠《とほざか》り居《はべ》りては、政《まつりごと》を行むに便《もやもや》もあらず。近き処に御《おはしま》すべし」とまうす。即日《そのひ》に、天皇、皇后を留めたまひて、不破に入りたまふ。

と的確な進言をしている。更に次の記述がある。

高市皇子、和蹔《わざみ》より（天皇を）参迎へて、便《すなは》ちに奏《まう》して言《まう》さく、「昨夜、近江朝より、駅使《はいまづかひ》馳せ至りぬ。因りて伏兵を以て捕《とら》ふれば、書直薬《ふみのあたひくすり》・忍坂直大麻呂なり。何所《いづち》か往《ゆ》くと問ふ。答へて曰《まう》しつらく、『吉野に居《ま》します大皇弟の為に、東国の軍を発《おこ》しに遣《つかは》す韋那公磐鍬《いなのきみいはすき》が徒《ともがら》なり。然るに磐鍬は兵の起《おこ》るを見て、乃《すなは》ち逃げ還《かへ》りぬ』とまうしつ」とまうす。

坂本太郎ほか校注『日本書紀（下）』の解説によれば、「吉野に居します大皇弟の為に、東国の軍を発しに遣す韋那公磐鍬が徒なり」の部分は、「大皇弟（大海人皇子）の叛乱に対抗するために、近江朝廷が東国に遣わした、の意」としている。従って高市皇子は、近江朝から東国へ派遣された密使を捕らえているのである。不破方面軍の指揮官として、しっかりと働いている。従って、このときの高市皇子は一四、五歳と考えるよりも、もう少し年長であったと考えた方がよい。なお、坂本太郎ほか校注『日本書紀（下）』による解説では、「この時（高市皇子は）十九歳と推定される」としている。私は二八、九歳くらいだったのではないかと考えている。井沢元彦著『逆説の日本史2　古代怨霊編』に次のような記述がある。

> 「書記」には記載されていない天武の年齢だが、鎌倉時代の『一代要記』や南北朝時代の『本《ほん》朝皇胤紹運録《ちょうこういんじょううんろく》』には、六十五歳と記されている。
>
> （井沢元彦『逆説の日本史2　古代怨霊編』小学館文庫、一九九八年、二三九ページ）

日本書紀では、天武の年齢は不明である。日本書紀には天武がいつ生まれたのか、あるいは何歳で亡くなったのか、まったく記述されていない。そこで『一代要記』や『本朝皇胤紹運録』に記されている天武の寿命の六五歳が正しいものとする。天武の没年は天武十五年、西暦六八六年の丙戌年である。その年に六五歳で亡くなったのであるならば、天武の誕生年は壬午年となる。すると天武は壬申年には五一歳となる。一方、天智は、壬申年まで生きていれば四七歳である。四歳ほど天武の方が年上なのである。

日本書紀を作成する際に、九州王朝出身の大海人皇子（天武）を斉明の第三子に改変し、天智と天武を実の兄弟となるように改変しても、誕生年を事実どおりに記述すると、天智より天武の方が年上であることがあきらかとなり、長幼の序を尊ぶ儒教思想に反することになる。日本書紀はこの儒教思想によって全編が塗り固められているのである。何よりも、年上で偉大な天武が、何故、年下の天智のあとに天皇なのだ？　という、とんでもない疑問を提示することになる。そうすると、天智から天武への皇位継承は、九州王朝による近畿天皇家の乗っ取りであること、壬申の乱は易姓革命であることが露見してしまうおそれがある。万世一系の天皇家という神話が崩れてしまうことになる。そのために日本書紀は天武の誕生年や寿命を記述できなかったのである。

　その天武が、最初の妃を娶ったのは二〇歳ごろのこととする。これは自然なことだ。問題にはならないと思う。「最初の妃を三〇歳で娶った」とか「四〇歳で娶った」、あるいは逆に「一五歳で娶った」と考える方が無理がある。必然性がない。天武は二〇歳のころ、最初の妃を娶った。これが額田《ぬかたの》姫王《おおきみ》である。そうすると天武の第一子は、天武二一歳のとき、すなわち壬寅年に生まれることになる。それが十市皇女《とおちのひめみこ》である。十市皇女と高市皇子は異母姉弟であるから断定はできないが、第二子の高市皇子は、天武が二三歳くらいのころに生まれているのではなかろうか。そうすると、その年は甲辰年である。とすると高市皇子は壬申年には二九歳くらいなのである。高市皇子は壬申の乱の時には二九歳だと思う。坂本太郎ほか三名による解説が、「この時（高市皇子は）十九歳と推定される」としている年齢は高市皇子の真実の年齢を一〇歳若くした年齢なのである。

　ちなみに十市皇女は壬申の乱の年には三一歳くらいである。その十市皇女は天智の皇子・大友皇子の妃とされている。おそらく十市皇女は姉さん女房である。そして再婚である。大海人皇子が歴史の表舞台に登場する天智三年の甲子年には、十市皇女は二三歳である。当時の女性が「二二～二四歳まで、独身だった」と考えるのは困難である。十市皇女の最初の夫は九州王朝の王族の一人か、あるいは有力豪族・武将の一人であろう。そして白村江の戦いで戦死しているであろう。一方、大友皇子は六四八年の戊申年の生まれであった。従って天智三年の甲子年には一七歳である。前述したように、この年には十市皇女は二三歳である。十市皇女の方が六歳も年上なのである。大友皇子は一九歳か二〇歳のころ、後家の上に六歳年上の十市皇女を妃に迎えたのである。あるいは押しつけられたのである。

とまれ、高市皇子は大津皇子の一八歳年上の兄ということになる。仮に坂本太郎ほか三名の方の推計されている「高市皇子は壬申の乱の時に一九歳」の方を採用しても、高市皇子は大津皇子の八歳年上の兄ということになる。

天武没年における高市皇子の年齢は、三三歳か四三歳なのである。天皇として充分にふさわしい年齢だ。加えて壬申の乱における活躍も目覚ましいものがあった。年齢の面からも、実質的な武力の面からも、高市皇子の場合は、大津皇子を葬り去ったようなわけにはいかなかったのである。従って、鸕野讃良皇女にとっては、自分の息子の草壁皇子を天皇にするためには、草壁皇子が成人するまで（二〇歳になるまで）の数年間を、自分自身が摂政か、あるいは天皇として頑張らなくてはならない事情があったのである。そうしなければ、天皇位は高市皇子の方へいってしまう。

6　原伝承としての天武紀は誰によって作成されたのか？

ところで日本書紀の天武紀の原伝承は、誰によって作成されたのか、ということについて考察してみよう。拙著『古代天皇実年の解明』のⅠ部第三章およびⅡ部第五章において、古事記・日本書紀の各天皇の帝紀・旧辞は、ある天皇が亡くなったとき、その次の天皇が、自分に都合のよいように先代の事績を改変しながら、先代の天皇の帝紀・旧辞を作成したであろうということを述べた。そうすると、ある帝紀・旧辞において、ある人物が太子などと記述されておれば、よほどのことがない限り、その人物は次の天皇である。そうならなかった場合は、その理由として考えられるのは、まず第一に武力による皇位争奪戦があり、その皇位争奪戦において勝利したのは太子でない人物であるということであろう。二番目の理由としては病死や事故死その他のなんらかの不幸があった場合があげられる。その眼で日本書紀の天武紀を見てみよう。

①天武八年五月（吉野の盟約）

草壁皇子尊・大津皇子・高市皇子・河嶋皇子・忍壁皇子・芝基皇子に詔して曰はく、……。則ち草壁皇子尊、先ず進みて盟《ちか》ひて曰《まう》さく、「天神地祇及び天皇、証《あきら》めたまへ。吾《おのれ》兄弟長幼、幷《あはせ》て十余王、各《おのおの》異腹より出でたり。然れども同じきと異なりと別《わ》かず、倶《とも》に天皇の勅に随《したが》ひて、相扶《あひたす》けて忤《さか》ふること無《な》けむ。若し今より以後、此の盟《ちかひ》の如くにあらずは、身命亡《ほろ》び、子孫絶えむ。忘れじ、失《あやま》たじ」とまうす。五の皇子、次《ついで》を以て相盟《ちか》ふこと、先の如し。

②十年二月二十五日
草壁皇子を皇太子とする（かぞえで一〇歳）。

③十四年正月、爵位を改める
草壁皇子尊　浄広壱位
大津皇子　浄大弐位
高市皇子　浄広弐位
川嶋皇子　浄大参位
忍壁皇子　浄大参位

④朱鳥元年（天武天皇十五年）七月十五日
「天下の事、大小を問《い》はず、悉に皇后及び皇太子に啓《まう》せ」とのたまふ。

⑤朱鳥元年（天武天皇十五年）八月十三日
是の日に、皇太子・大津皇子・高市皇子に、各封四百戸を加《ま》したまふ。川嶋皇子・忍壁皇子に、各百戸を加《ま》したまふ。癸未（十五日）に、芝基皇子・磯城皇子に、各二百戸を加《ま》したまふ。

天武紀では、天武の皇子達の中では持統の息子・草壁皇子を最上位として記述している。第二位が大津皇子、そして第三位が高市皇子である。これが天武紀における天武の皇子達の序列である。そして天武十年二月条では、「草壁皇子を皇太子に指定した」と記述されている。従って、天武紀を作成したのは、天武紀の中で最上位の人物として書かれ、天武から皇太子に指定されている草壁皇子である。正確に言えば、草壁皇子の母・鸕野讃良皇女（持統）によって作成されたのであろう。これは疑えない。鸕野讃良皇女が天武に無理におねだりして、幼い草壁皇子の立太子を実現させたものであろう。前記の④番目、朱鳥元年（天武十五年）、天武の病が重くなってからの天武の言葉、「「天下の事、大小を問はず、悉に皇后及び皇太子に啓せ」とのたまふ」というのも、この年には草壁皇子は一五歳である（満年齢では一四歳）。一五歳では天皇に即位したとしても政務を執ることは無理である。そのために母親に後見させることにしたのである。すべて持統の思惑どおりに運んでいたのである。しかし、その先に決定的な誤算が待ちかまえていた。成人したら（二〇歳になったら）、天皇に即位させようと思っていた最愛の息子・草壁皇子が、持統三年の四月、かぞえで一八歳、満年齢では一六歳と一〇カ月の若さで亡くなってしまったのである。

草壁皇子の誕生年を日本書紀の記述するとおりの天智元年とすると、その年は壬戌年である。すると天武没年の丙戌年には草壁皇子はかぞえで二五歳である。踰年にあたる翌年には二六歳だ。草壁皇子は父親の天武からすでに皇太子にも指定されていた。天皇に即位するのに何の差し障りもない。それなのに草壁皇子は即位できずに母親の持統が称制という形で実権を掌握している。このために、

「持統は権力を手にいれるために甥の大津皇子のみならず実の子の草壁皇子までも殺害した」とする説までであるようである。これではあまりにも不可解なだけである。

7　持統天皇の誤算

持統天皇の最愛の息子・草壁皇子は持統三年の四月に一八歳で亡くなってしまった。満年齢では一六歳と一〇カ月である。草壁皇子は壬申の乱の最中に生まれている。そのとき、鸕野讃良皇女は、天武との吉野からの脱出行をともにしている。あるいは草壁皇子は、臨月における行軍などの無理がたったための早産児・未熟児だったのかもしれない。現代の早産児・未熟児は、保育器で育てられる期間を乗り越えてしまえば、その後の健康状態は正常産児とあまり差はない。しかし、古代においてはそういうわけにはいかなかったであろう。充分な期間、母胎内で育つことができるか否かは、生まれてからの健康に大きな影響を及ぼしたはずである。草壁皇子は、早産児・未熟児だったので病弱だったのではなかろうか。そして持統三年の四月、かぞえで一八歳のときに亡くなった。満年齢では一六歳と一〇カ月である。病弱な上に、満一六歳でしかない草壁皇子に、はたして妃がいたかどうか。子がいたかどうか。おそらくどちらもいなかったと思う。草壁皇子の子、持統にとっては孫というものは存在しないはずである。

最愛の息子・草壁皇子が亡くなった時、鸕野讃良皇女は表現できないような挫折感にうちひしがれたであろう。絶望の淵に突き落とされたであろう。生きる意欲を失ったであろう。何もかも放り出してしまったにちがいない。そして草壁皇子を天皇位につけるために頑張っていた称制位からも降りてしまったのではないかと思われる。

おそらく、鸕野讃良皇女は、日本書紀が「称制位の鸕野讃良皇女が天皇に即位した」と記述している庚寅年に、逆に称制の位から降りたのではないかと思われる。

もしもそうだとして、このような状況の中で、天皇になりうる人物は誰であろうか。天武の皇子達の中での皇位継承権の第一位は草壁皇子であった。第二位は大津皇子であった。第三位が天武の皇子達の中で最年長の高市皇子であった。そして第二位の大津皇子は天武崩御直後に持統により、謀叛の疑いを掛けられて滅ぼされている。第一位の草壁皇子も病死（?）してしまった。持統三年五月以降においては、皇位継承権の第一位は高市皇子なのである。日本書紀が「（持統四年正月に）称制の位の持統皇后が即位した」と記述しているのは、実は「高市皇子が即位した」ということだったのではないかと思う。

たとえそうではなかったとしても、日本書紀および続日本紀において、草壁皇子の子、すなわち持統の孫とされている軽皇子（後の文武天皇）は、いったい誰の子なのか？　という問題は残されるのである。

8　文武天皇の父親は？

続日本紀・元明天皇即位前紀には、次のような記述がある。

日本根子天津御代豊国成姫天皇、小名阿閇皇女。天命開別天皇之第四皇女也。母曰宗我嬪蘇我山田石川麻呂大臣之女也。適日並知皇子尊生天之真宗豊祖父天皇。

〔訳〕元明天皇は、幼名阿閇皇女《あえのひめみこ》、天智天皇の第四皇女である。母は宗我嬪《そがひめ》といい、蘇我山田石川麻呂大臣の娘である。日並知皇子《ひなめしのみこ》（天武天皇の子、草壁）にとつぎ文武天皇を産まれた。

（宇治谷孟『続日本紀（上）』講談社学術文庫、一九九二年、九二ページ）

「文武の母親である元明天皇（阿閇皇女）は天智の四女であり、草壁皇子の妃である」と記述している。しかしこれが嘘であることは前節で論証した。草壁皇子は、妃を迎えるような年齢に達する前に亡くなっている。子もいるはずはない。文武の父親は草壁皇子であるはずがないのである。

続日本紀において草壁皇子の妃とされている元明天皇の誕生年については、同じ続日本紀・元正天皇養老五年十二月条に次のような記述がある。

十二月戊寅、太上天皇弥留。……己卯崩于平城宮中安殿。時春秋六十一。

〔訳〕十二月六日、太上天皇（元明天皇）が重体となられ、……十二月七日、平城宮《ならのみや》の中安殿で太上天皇は崩御された。時に御年六十一歳であった。

図4　天武の皇子

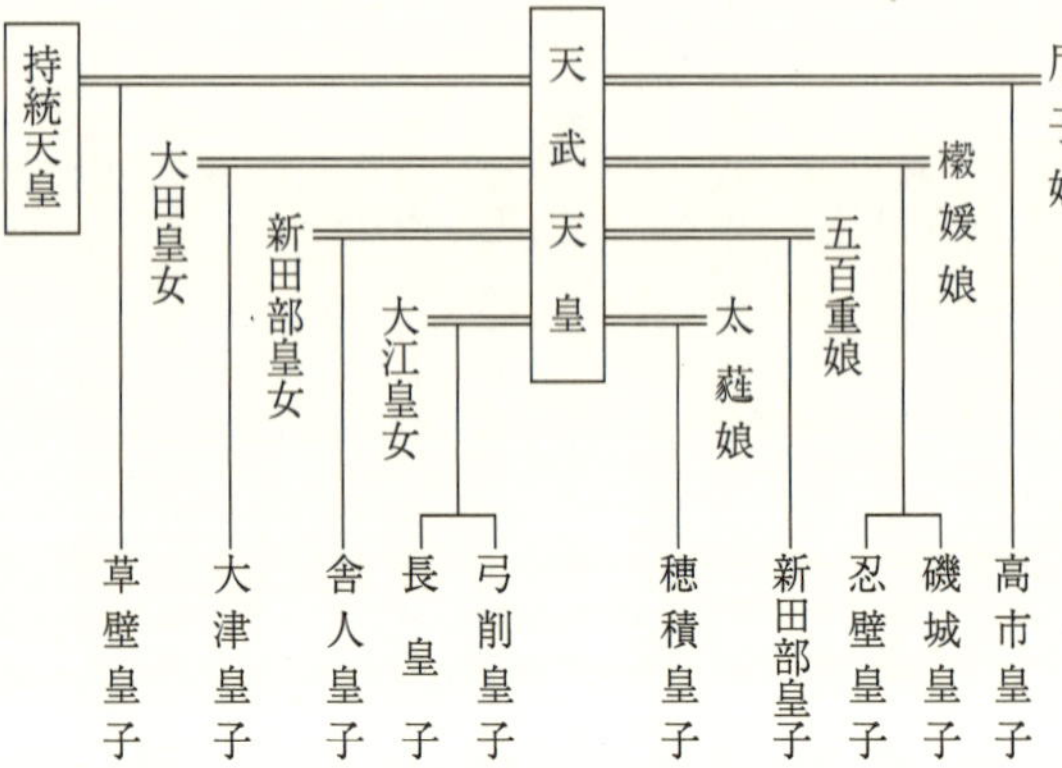

（宇治谷孟『続日本紀（上）』講談社学術文庫、一九九二年、二三二、二三三ページ）

元明天皇（阿閇皇女）は養老五年に六一歳で崩御されたとしている。養老五年は七二一年の辛酉である。とすると元明天皇は六六一年の辛酉年、すなわち斉明七年に生まれたことになる。鸕野皇女（持統）は辛亥年の生まれであった。従って元明天皇は、持統の一〇歳年下の妹ということになる。そして草壁皇子は壬申年の生まれであった。元明天皇は夫の草壁皇子よりも一一歳年上となる。やはり元明天皇は草壁皇子の妃たりえない。許嫁でさえもない。一六歳一〇カ月で亡くなった草壁皇子が、一一歳も年上の許嫁の阿閇皇女との間に子をもうけていたとは考えられない。草壁皇子が一六歳の年には、阿閇皇女は二七歳である。阿閇皇女がその歳まで独身であったとは考えられないからである。

元明天皇（阿閇皇女）は亡くなって葬られるときに、草壁皇子の墓には合葬されてはいない。福山敏男氏はそれを不審としている。以下の記述である。

ただなぜ元明太上天皇がその夫君であった草壁皇子（日並知皇子）の真弓丘墓に合葬されなかったかという点に問題があるが、天平宝字二年に草壁皇子に岡宮御宇天皇の尊号を追贈し、その墓を陵と称することになった時より以前であるので、皇子は墓、天皇は陵という格差が、推古天皇をその御子竹田皇子の墓に合葬した時代とは違って、このころは問題にされ、支障となったのか

図5　天武から聖武に至る系譜（1）

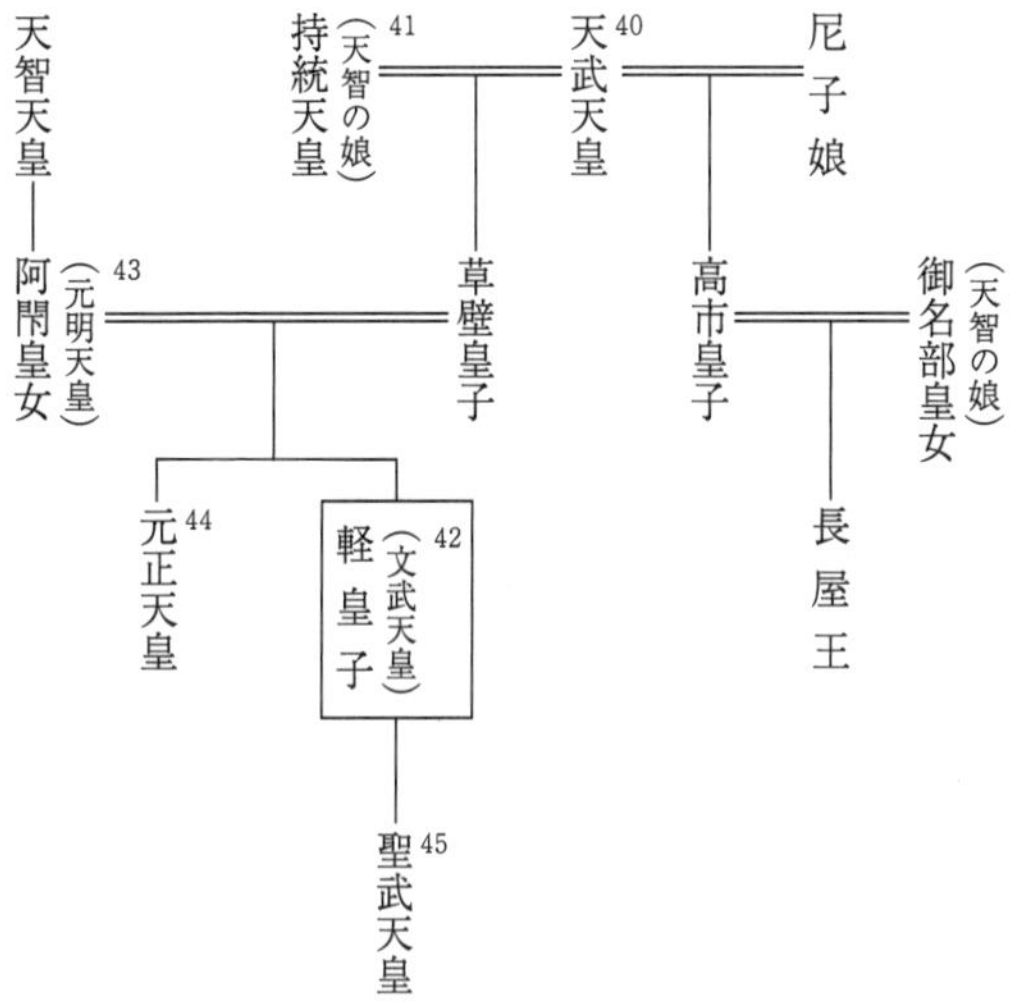

図6　天武から聖武に至る系譜（2）

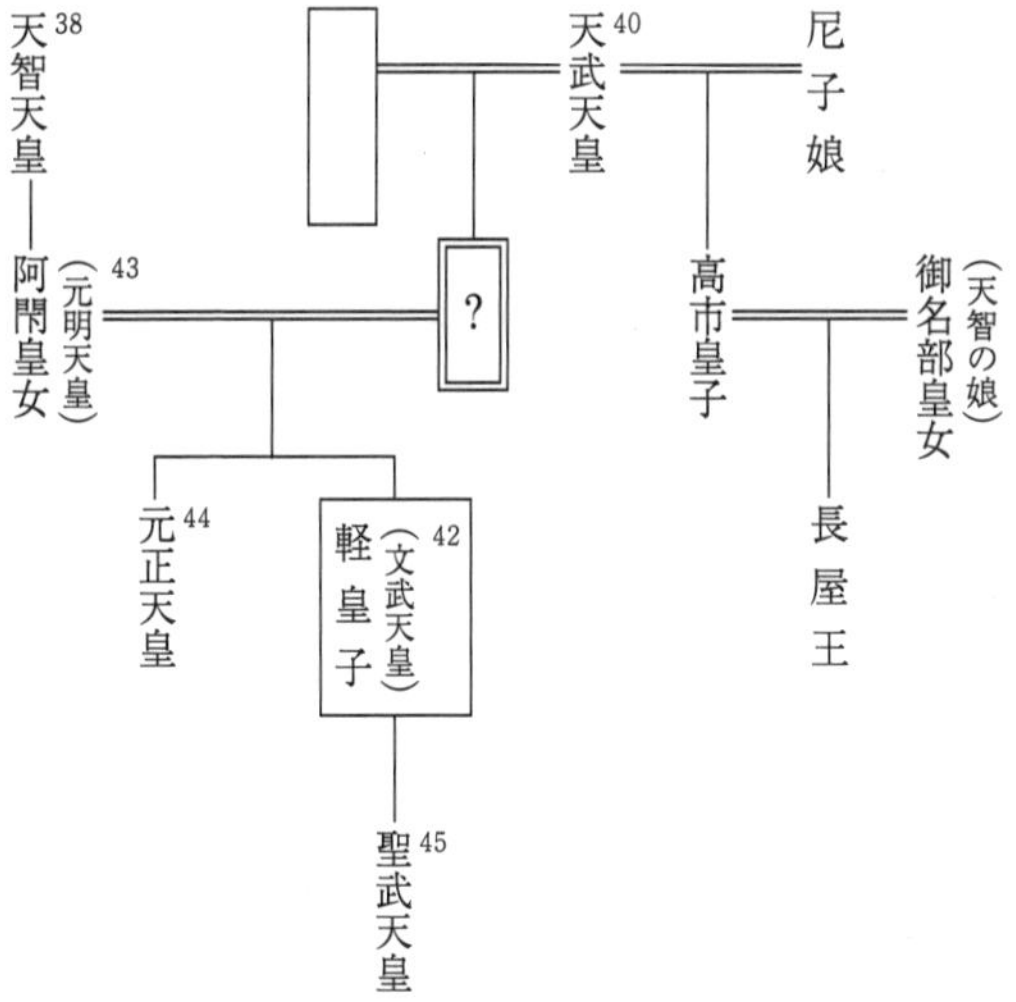

図7　天武から聖武に至る真実の系譜

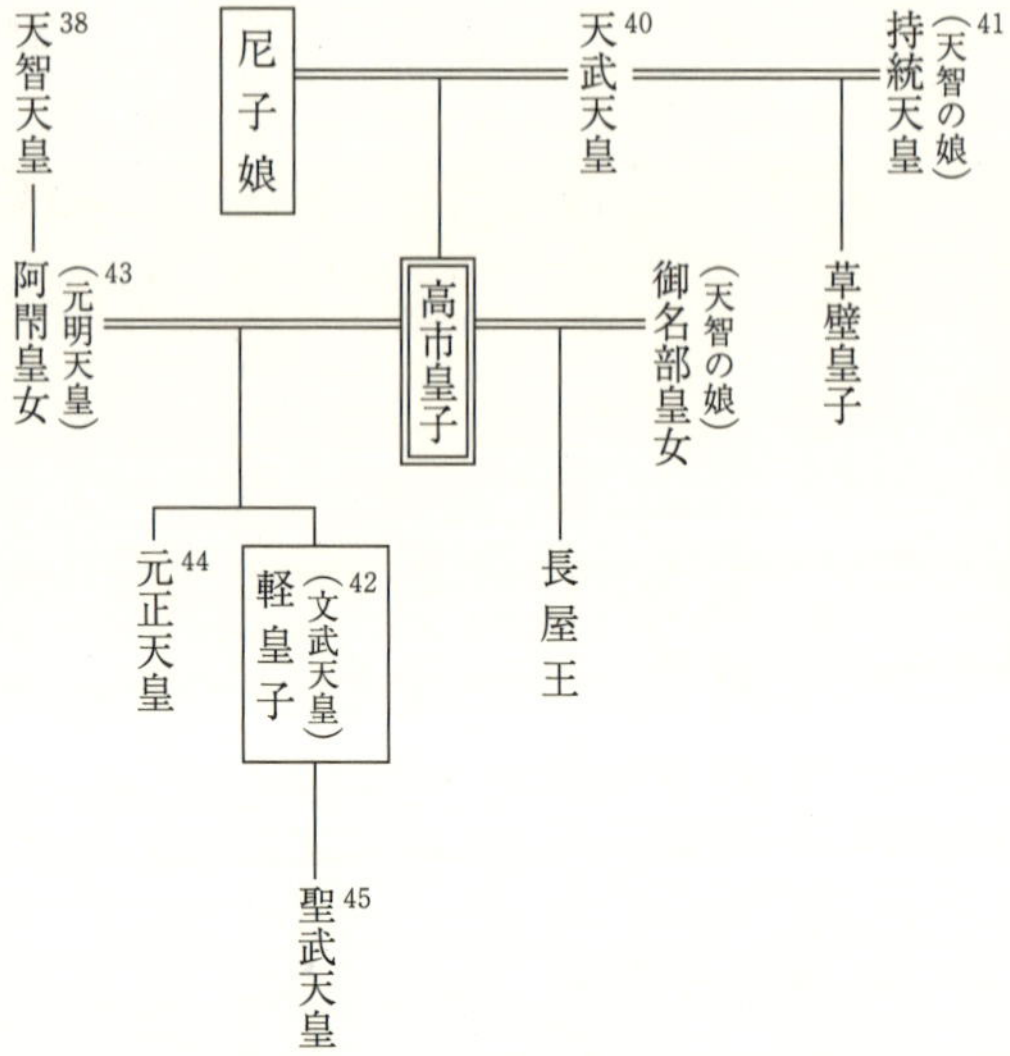

も知れない。
（福山敏男著作集6『中国建築と金石文の研究』中央公論美術出版、一九八三年、二六四ページ）

元明天皇は草壁皇子の妃ではなかったのであるから、草壁皇子の墓に合葬されなかったのは当然のことなのである。

それにも拘わらず「阿閇皇女は、草壁皇子との間に軽皇子（後の文武天皇）と氷高皇女《ひたかのひめみこ》（後の元正天皇）及び吉備内親王をもうけた」とされている。阿閇皇女が三人の子をもうけたことは疑えないようである。とすると阿閇皇女の真実の夫は誰なのか。軽皇子（後の文武天皇）の父親は誰なのか。

草壁皇子以外で、その子が天皇になってもおかしくない男は誰なのか。

それに該当するのは、天武自身かあるいはその皇子のうちの誰かである。図4に天武天皇のすべての皇子を示そう。

軽皇子（後の文武天皇）の父親は、草壁皇子と大津皇子を除いたこの中の誰かである。天武の妃の出自について見れば、持統天皇・大田皇女・新田部皇女・大江皇女の四名は天智の娘である。太蕤《おおぬの》娘《いらつめ》は蘇我赤兄大臣の娘、五百重《いおえ》娘は藤原鎌足の娘、榖媛《かじひめ》娘は宍人臣大麻呂の娘、尼子娘は胸形君徳善の娘である。高市皇子は大海人皇子の九州時代に生まれた子であり、天武の男児の中では最年長である。

また、日本書紀・続日本紀の記述している軽皇子（文武）の系譜を示すと図5のようになる。長屋王の系譜をも合わせて記載しておく。

しかしこの図の中で、軽皇子（後の文武天皇）の父親は「草壁皇子」ではないことは何度も述べた。すなわち図5は、図6の様に書き変えなくてはならない。

この図6の中の［?］の中に入りうる人物は誰であろうか。草壁皇子と大津皇子ではないことだけは確かである。

壬申の乱の時、文武の母親・阿閇皇女は一二歳。高市皇子は二九歳である。天武六年の丁丑年には阿閇皇女は一七歳、高市皇子は三四歳である。私は図6の［?］中の人物は高市皇子だと思う。すなわち、図5は、図7のように訂正せねばならないと思う。

9　「長屋親王」という木簡の意味すること

一九八八年に、平城京の長屋王の邸宅跡から、「長屋親王宮鰒大贄十編」と墨書された木簡が出土した。「親王」という言葉は、中国においては隋の時代から皇帝の男児の意味で使用されるようになったものである。そして八世紀初頭から中ごろの日本においては、親王という呼称は「天皇の兄弟か、あるいは天皇の男の子」に限られた呼称のようである。七世紀までは皇子と表記されている。それが八世紀に入ると天皇の男の子は親王、天皇の女の子は内親王と表記されるようになるのである。従って出土した木簡から、長屋王が、実は長屋親王であるならば、その父親の高市皇子は天皇だったことになる。しかし、長屋親王と墨書された木簡、同時代資料が出土したにも拘わらず、現在のところ、日本史の通説・定説では「高市皇子は天皇だった」とは認められてはいない。長屋王は、真の親王だったとは考えられていないのである。朝尾直弘・宇野俊一・田中琢編『新版・日本史辞典』(角川書店、一九九六年)の、「ながやおうもっかん　長屋王木簡」の項には、長屋親王と墨書された木簡が出土したということすら記述されていない。同時代史料の「長屋親王木簡」は、それまでの日本古代史を何ら変えてはいないのである。日本古代史の世界は、実に不思議な世界である。親王とは天皇の男の子の意味であり、長屋親王と墨書された同時代の木簡が出土したのであるならば、現在、長屋王と呼び習わされている人物は天皇の男の子でなければならない。そしてその父親は天皇でなければならない。ということは高市皇子は天皇だったということなのである。そうせねばならない。しかし日本古代史の世界は、奇妙な論理を駆使してそれを認めない。

前段において、高市皇子は甲辰年に生まれており、壬申の乱の時には二九歳である、ということを述べた。そして六六三年の癸亥年の倭・百済連合軍の白村江における大敗北後、父・大海人皇子とともに、九州王朝の都・筑紫から近畿大和へ逃れてきた。癸亥年には高市皇子は二〇歳である。すなわち高市皇子は少なくとも二〇歳までは、筑紫の都で育っているのである。その筑紫の都は、おそらく都城制に基づいた都であったであろう。この筑紫の都とはおそらく大宰府である。従って大宰府都府楼跡を掘り起こせば、そこには六〇〇年代初頭以前の都城制の遺構が出てくるはずである。そのために、高市皇子は近畿大和で、持統四年に天皇位に即いたとき、筑紫の都に模して藤原宮の建設を始めたのである。藤原宮建設の動きは持統四年十月二十九日が初出である。

（持統四年十月甲辰の朔）壬申（二十九日）に、高市皇子、藤原の宮地を観《みそなは》す。公卿百寮従《おほみとも》なり。

この日の高市皇子の視察行に対して、「公卿百寮従なり」という表現が使用されている。「公卿百寮従なり」という表現は、付き従うべき人が天皇の場合に用いられる表現なのではなかろうか。皇子ではあっても天皇ではない場合は、「公卿百寮従なり」という表現は使用しないのではなかろうか。「公卿百寮従なり」という表記が使用されている高市皇子は天皇だったのではなかろうか。藤原宮の造営は高市天皇によって始められたものだと思う。

持統十年七月条には、「後皇子尊《のちのみこのみこと》」の記述がある。この「後皇子尊」とは、高市皇子のことと考えられている。

（持統十年七月辛丑の朔《ついたち》）庚戌（十日）に、後皇子尊薨《みう》せましぬ。

そして翌年の持統十一年三月条に、次の記述がある。

三月の丁酉の朔《ついたち》甲辰（八日）に、無遮大会《かぎりなきをがみ》を春宮《みこのみや》に設《まう》く。

「無遮大会」という聞き慣れない言葉が出現している。しかし実は無遮大会は、日本書紀・持統即位前紀においてすでに出現・使用されている。日本書紀にみられる無遮大会をすべて抜き出してみよう。

①持統即位前紀十二月条

十二月の丁卯の朔《ついたち》乙酉（十九日）に、天渟中原瀛真人天皇《あまのぬなはらおきのまひとのすめらみこと》（天武天皇）の奉為《おほみため》に、無遮大会《かぎりなきをがみ》を五つの寺、大官・飛鳥・川原・小墾田豊浦・坂田に設《まう》く。

②持統二年春正月条

（持統二年春正月の庚申の朔）丁卯（八日）に、無遮大会を薬師寺に設く。

③持統七年五月条

五月の己丑の朔に、吉野宮に幸《いでま》す。乙未（七日）に、天皇、吉野宮より至《かへりおは》します。癸卯（十五日）に、無遮大会を内裏に設く。

④持統七年九月条

九月の丁亥の朔に……。丙申（十日）に、清御原天皇《きよみはらのすめらみこと》（天武天皇）の為《おほみため》に、無遮大会を内裏に設く。

⑤持統十一年条

三月の丁酉の朔甲辰（八日）に、無遮大会を春宮《みこのみや》に設く。

坂本太郎ほか校注『日本書紀（下）』では、①に記述されている「無遮大会」について、次のように解説している。

国王が施主となり、僧俗貴賤上下の区別なく供養布施する法会。この日がいわゆる百か日にあたる。

天武の崩御は、六八六年の丙戌年の九月九日である。従って、その年の十二月十九日はいわゆる「百か日」である。「百か日の法会に際して、無遮大会をおこなうことがあった」ということは確かに言えるであろう。そしてその無遮大会が法事とは関連のないような持統二年正月にもおこなわれていることからすれば、無遮大会とは、坂本太郎氏らが解説しているように、四十九日や百か日などの日にちの決まった法会とは関係なしに、「国王が施主となり、僧俗貴賤上下の区別なく供養布施する法会」ということでもあるのであろう。

その次の無遮大会は、持統七年の五月と九月に開催されている。「持統天皇の七年」である。九月の無遮大会に対しては、明確に「清御原天皇の為に」と説明されている。従ってこの二つの無遮大会は、天武の七周忌に関連した無遮大会であろう。ただし本来ならば、天武の七周忌は持統六年でなければならない。それなのに日本書紀では、七周忌と思われる無遮大会が持統七年（八周忌の年）に挙行されている。これは、おそらく「歳次干支」の錯誤から生じたものであろう。日本書紀・持統八年三月の条に記述されている「ここに七年の歳次癸巳を以て、云々」である。本来は「（持統称制）七年、歳次癸巳の年に挙行された」という記述だったのであろう。これは、さらに「持統称制七年、癸巳の前年、すなわち壬辰年」である。この年ならば、ぴったり天武の七周忌の年である。日本書紀編纂のときに、「癸巳の前年、すなわち壬辰年」の意味の歳次癸巳を癸巳年と解釈してしまったために、持統称制七年に七周忌として挙行された無遮大会が、持統天皇七年（八周忌）の無遮大会として記述されることになったのである。

無遮大会とは「国王が施主となり、僧俗貴賤上下の区別なく供養布施する法会」である。「国王が施主となり執りおこなう法会」とは、誰を供養する法会なのであろうか。国王（天皇）がこのような形で供養をおこなう人は、前天皇か皇太后であろう。それ以外では聖徳太子のような特別な人だけであろう。

そのように理解した上で、持統十一年三月条に出ている無遮大会を考えると、どうなるであろうか。それまで天武のために毎年のように無遮大会を開いていたという記述は存在しない。天武のための無遮大会は、天武崩御後二年目におこなったあとは持統七年の七周忌だけである。草壁皇子の亡くなったのは八年前である。草壁皇子のために無遮大会をおこなったという記述も存在しない。そして持統十一年三月条の無遮大会の直前の死亡記事は、高市皇子の死亡記事なのである。持統十一年三月条の無遮大会とは、高市皇子のためにおこなわれた無遮大会であったと考えた方が良いであろう。無遮大会がおこなわれるのは、前天皇か皇太后、それ以外では聖徳太子のような特別な人だけである。とすると高市皇子は、「天皇ではないが聖徳太子のような特別な人」と考えるべきか、あるいは「天皇であった」とするべきかなのである。高市皇子を、「聖徳太子のように特別にすばらしい人、偉大な人物」とする説話類は存在しないと思う。高市皇子の王子・長屋王のことを長屋親王と墨書した木簡も出土している。従って「高市皇子は天皇であった」と考えた方が良いのである。

10　持統天皇の頻回の吉野行幸の謎

持統三年（己丑年）の四月癸未の朔《ついたち》の乙未（十三日）、草壁皇子が一六歳と一〇カ月で亡くなった。そのとき、歴史は大きな動きを見せた。それを契機に鸕野讃良皇女（持統）は称制位から降り、その翌年の庚寅年に高市皇子が高市天皇として即位した。高市天皇の在位は、庚寅年から日本書紀が「高市皇子、薨去」としている持統十年、西暦六九六年の丙申年までのあしかけ七年間である。

すると、今度は何故、日本書紀は高市天皇を抹殺したのか？　という疑問が浮上することになる。日本書紀は何故、高市天皇の在位を抹殺し、それを持統の在位中のことに改変したのか。何故、高市天皇の皇子である軽皇子（文武天皇）を、草壁皇子の子と改変したのか。大きな謎であるが、今のところその理由は不明である。

ただ、これにより、これまで謎とされてきた持統の頻回の吉野行幸の謎が一挙に解決することになる。持統の吉野行幸を纏めて列記すると表6のようになる。加えて、行幸に出発した日、宮に帰り着いた日および往復日数をも計算して併記しておく。

三一回の吉野行幸の中で往復日数の明らかなものは二三回である。その中での最短日数の吉野行幸は二日、逆に最長日数の吉野行幸は持統六年七月の一九日である。この月は、月のうちの三分の二を吉野で過ごしたことになる。ちなみに往復日数の明らかな二三回の吉野行幸の平均日数は六・九日である。このような行幸を連続した月でおこなったり、あるいは一月おきにおこなったりしている。時には一〇日間、一九日間という行幸もある。

この持統の吉野行幸を、日本書紀の記述するように、持統が真に天皇であったとした上での行幸とすると、ものすごくおかしなことになる。これだけの日数を時の権力者が留守にしたのでは、政治そのものが成り立たないと思う。確実に、政治に混乱を来したと思う。しかし日本書紀の記述では、この間、「決裁ができずに混乱した、困った」というような雰囲気は皆無である。持統の度重なる吉野行幸を非難する記述はまったく見られない。

これを、そのとき、持統は天皇ではなかった、と考えれば、謎でもなんでもなくなる。その時の持統は「もと皇后」である。行動を拘束されるような政務は何も無い。持統の吉野詣での目的は、おそらく若くして亡くなった最愛の息子の草壁皇子を偲び、その草壁皇子を授かった思い出の地、吉野へ何度も足を運んだのである。

表 6　持統の吉野行幸

	年	出発―帰還	往復日数	特記事項
1	持統 3 年	正月 18―21 日	3	
*		4 月 13		草壁皇子薨去
2		8 月 2―？日	?	
3	4 年	2 月 17―？日	?	19 日に内裏《おほうち》に設斎《をがみ》す
4		5 月 3 ？日	?	15 日に内裏にして安居講説す
5		8 月 4―？日	?	
6		10 月 5―？日	?	
7		12 月 12―14 日	2	
8	5 年	正月 16―23 日	7	
9		4 月 16―22 日	6	
10		7 月 3―12 日	9	
11		10 月 13―20 日	7	
12	6 年	5 月 12―16 日	4	
13		7 月 9―28 日	19	
14		10 月 12―19 日	7	
15	7 年	3 月 6―13 日	7	
16		5 月 1― 7 日	6	
17		7 月 7―16 日	9	
18		8 月 17―21 日	4	
19		11 月 5―10 日	5	
20	8 年	1 月 24―？日	?	
21		4 月 7―34 日	?	
22		9 月 4―？日	?	
23	9 年	閏 2 月 8―15 日	7	
24		3 月 12―15 日	3	
25		6 月 18―26 日	8	
26		8 月 24―30 日	6	
27		12 月 5―13 日	8	
28	10 年	2 月 3―13 日	10	
29		4 月 28―5 月 5 日	7	
30		6 月 18―26 日	8	
*		7 月 10 日		高市皇子薨去
31	11 年	4 月 7―14 日	7	

天智の末年、権力の奪取を目論んでいるのではないかという天智の疑惑の眼を逸らすために、大海人皇子は出家する。出家した大海人皇子と鸕野讚良皇女（持統）が吉野に赴くのは、天智十年十月の十九日である。その日から、翌年の草壁皇子が生まれる壬申年の六月二十五日までは八カ月と四〜五日である。草壁皇子は、早産・未熟児産だった可能性が高い。妊娠九カ月あたりで生まれている可能性がある。とすると、鸕野讚良皇女が、草壁皇子を身籠もったことを自覚するようになったのは吉野に入ってからだと考えてもよいであろう。鸕野讚良皇女にとっては、吉野は、結婚五年目にして初めての、そして唯一の子を授かり、胸に抱くことのできた忘れえぬ地なのである。

日本書紀の持統紀には、持統の吉野行幸と同じくらい不思議な記述がある。広瀬大忌神と龍田風神をたびたび祭らせていることである。持統四年四月以降持統十一年七月までに一七回を数える。吉野行幸は計三一回、広瀬大忌神と龍田風神を祭ること、一七回。広瀬大忌神と龍田風神を祭らせるのは、だいたい吉野行幸の前後である。持統四年七月条には次の記述がある。

別《こと》に皇太子（亡くなった草壁皇子）の為《みため》に、三寺の安居《あんご》の沙門、三百二十九に奉施《おくりまだ》したまふ。癸巳（十八日）に、使者を遣《つかは》して、広瀬大忌神と龍田風神とを祭らしむ。

広瀬大忌神と龍田風神とを祭るのは、亡くなった我が子・草壁皇子のためなのである。吉野行幸の際、二回のうち一回は、だいたい相前後して広瀬大忌神と龍田風神とを祭らせている。持統の吉野行幸も、やはり亡くなった我が子・草壁皇子を偲んでのことであろう。そしてその吉野行幸は天皇としての行動ではなかった。「もと皇后」としての身分での吉野詣でであった。そのころは高市皇子が天皇として君臨していた。持統の広瀬大忌神と龍田風神の祭祀を表7に示す。

持統が、初めて広瀬大忌神と龍田風神を祭ったのは、持統四年四月三日である。その前に広瀬大忌神と龍田風神が出現するのは、天武十五年（朱鳥元年）七月十六日のことでしかない。次の記述である。

秋七月……「天下の事、大小を問《い》はず、悉に皇后及び皇太子に啓《まう》せ」とのたまふ。是の日に、大赦す。甲寅（十六日）に、広瀬・龍田の神を祭る。（傍線筆者）

表7　持統による広瀬大忌神と龍田風神の祭祀

＊	3年4月13日	草壁皇子、薨去
1	4年4月 3日	
2	7月18日	
3	5年4月11日	
4	7月15日	
5	6年4月19日	
6	7月11日	
7	7年4月17日	
8	7月12日	
9	8年4月13日	
10	7月15日	
11	9年4月 9日	
12	7月23日	
13	10年4月10日	
14	7月 8日	
＊	7月10日	高市皇子、薨去
15	11年4月14日	
16	7月29日	

草壁皇子の亡くなる前に、広瀬・龍田の神を祭るのは天武十五年七月でしかない。持統は、以前からしょっちゅう、広瀬・龍田の神を祭っていたのではないのである。とすると、持統が広瀬・龍田の神を祭らせたのは、自分自身の趣味や信仰からではなく、ひたすら〝草壁皇子のため〟であったことになる。そしてこの

間、天皇は高市皇子であった。……　理由がわかった！　天武崩御から文武即位までの真実の経過がわかった。

11　高市皇子の謀略と持統の呪い

ここまで辿ってきて、天武崩御から文武即位までの真実の経過がわかった。高市天皇が抹殺された理由がわかった。高市天皇は持統により、呪い殺され、そして抹殺されたのである。

天武崩御後を取り仕切ったのは高市皇子なのである。天武末年における皇位継承権の第一位は草壁皇子、第二位は大津皇子、そして第三位が高市皇子である。高市皇子は大津皇子の一八歳年上であり、草壁皇子の二八歳年上である。高市皇子は皇位継承権上位の二人よりも、はるかに年上なのである。その高市皇子は皇位継承権で言えば第三位であった。しかしこれは年齢の面からだけみても、いかにも不自然である。

高市皇子の祖父は胸形君徳善と記述されている。胸形君、これは筑紫の宗像の君である。胸形君は九州王朝においては有力氏族の一人であったであろう。高市皇子は、その胸形君出身の女性を母にもち、しかも天武の最年長の皇子である。壬申の乱においても、天武の皇子達の中では、唯一、近江朝廷軍と戦い武勲をあげた皇子である。本来ならば高市皇子の方が皇位継承権第一位でなければならない。

しかし、ここは近畿大和である。そして筑紫の九州王朝は、朝鮮の白村江の戦いで全精力を使い果たした上に唐・新羅連合軍に壊滅的な大敗北を喫し、瓦解寸前である。九州王朝の皇子・大海人皇子（後の天武）は、唐・新羅連合軍が攻めてくるのを恐れて筑紫から近畿大和へ逃げてきた。近畿大和の人びとにとっては、大海人皇子がいくら由緒ある九州王朝の皇子ではあってもよそ者である。いかな天武といえども、近畿大和の在地勢力との融和を図らざるをえなかったであろう。そのために、最年長ではあったが純粋九州王朝系の高市皇子の皇位継承権を第三位とし、天智の娘である持統皇后との間の息子・草壁皇子を皇位継承権第一位とした。天武が天智の娘を四名も妃に迎えたのも近畿大和の勢力と強く結びつくためだったのである。あるいは天智の娘が大和出身の豪族に嫁ぐと、そこに天智系を標榜する勢力が復活しかねない。反天武勢力の復活をおそれ、それを未然に防いだものなのであろう。

天武が亡くなったとき、というよりも、それが現実のことになりつつあったとき、高市皇子の胸のうちを去来するのはどのようなことであったであろうか。高市皇子の胸中は、倭国の支配者である九州王朝の正統な後継者は自分である、という気持ちだったのではなかろうか。皇位継承権第二位の大津皇子は九州筑紫の生まれではあるが、その母親（天智の娘の大田皇女）は、九州王朝の者の眼からみれば「片田舎の近畿大和の卑しい女」にすぎない。ましてや皇位継承権第一位の草壁皇子は、その母親は「片田舎の近畿大和の卑しい女（天智の娘の鸕野讃良皇女）」にすぎない上に、九州筑紫の生まれでもない。その上、自分よりも二八歳も年下なのである。生粋の倭国の支配者の血筋である自分が、何故このように遙かに年下で、「片田舎の卑しい血筋の異母兄弟」の後塵を拝せねばならないのか？この気持ちだったのではなかろうか。

それでは、高市皇子がそのように考えていたとすれば、高市皇子はどのような行動に出たのであろうか。実に予想外であった。天武の崩御直後に、皇位継承権第二位であり、成人していた大津皇子を、「謀叛を企んでいる」と讒言して亡き者にしたのは高市皇子である。そして暫く時間をおいて、ほとぼりがさめたころ、皇位継承権第一位の草壁皇子をおもむろに攻め滅ぼした。天武崩御の年には、草壁皇子はまだ一五歳であり、未成年である。成人している大津皇子や自分（高市皇子）を差し置いて、天皇に即位するわけにはいかない。従って成人するまでには、まだ間がある草壁皇子をば、時間をかけてゆっくり料理すればよかった。しかし大津皇子はそういうわけにはいかない。そのとき、大津皇子はすでに成人している。二五歳だ。皇位継承権では第二位であり、自分よりも上位である。大津皇子の母親の大田皇女は天智の長女であるので、大津皇子には有力な血縁者も多い。最も手強い相手、最大の邪魔者である。そこで、天武が亡くなって動揺している鸕野讃良皇女（持統）に、高市皇子は絶妙のタイミングで「大津皇子は謀叛を企んでいる」と讒言した。思惑どおり、鸕野讃良皇女は高市皇子の企みにひっかかった。大津皇子を謀叛の罪で捕らえ、自殺に追い込んだのである。

そしてその三年後、すなわち日本書紀の記す持統三年（持統称制四年目）の四月、高市皇子は満を持して、即位目前の草壁皇子を攻め滅ぼした。

最愛の息子・草壁皇子を殺され、鸕野讃良皇女は悲嘆にくれた。そして追い打ちをかけるように、高市皇子により称制位をも剝奪された。というよりも持統の称制は、「皇位継承権第一位の草壁皇子が天皇に即位するまで」という限定つきであったのであろう。その草壁皇子がいなくなれば、持統称制の根拠は消滅する。

しかし、そのときの鸕野讃良皇女には、称制位とか天皇位とかは、もうどうでもよかったであろう。持統が女の身で称制として頑張ったのは、ひとえに息子の草壁皇子のためであった。草壁皇子が成人するまで（二〇歳になるまで）自分が頑張れば、そのときは息子の草壁皇子は堂々と天皇に即位することができる。その思いであったであろう。その草壁皇子が高市皇子に殺されてしまった。

こうして高市皇子は、日本書紀の記す持統四年に高市天皇となった。しかし、持統は最愛の息子・草壁皇子を殺した高市天皇を恨み続けた。呪い続けた。結婚五年目にして初めて身籠もった最愛の子・草壁皇子、その草壁皇子を身籠もった吉野、そしてその草壁皇子を出産し胸に抱くことのできた吉野、吉野は草壁皇子とともに忘れえぬ地である。持統は草壁皇子を偲ぶために、その吉野にたびたび出かけた。そしてそのたびごとに高市天皇を呪ったのである。それが持統が異常なくらい、しばしばと広瀬大忌神と龍田風神を祭った理由なのである。

そしてその祈りと呪いが成就された。日本書紀が持統十年としている丙申年に、高市天皇が五三歳で急死したのである。持統十年七月八日、持統は広瀬大忌神と龍田風神を祭らせている。そして日本書紀は、その二日後にあたる持統十年七月十日に、高市皇子薨去と記述している。持統は「祈りが通じた」と思ったことであろう。

そしてその時、皇太后の鸕野讃良皇女は欣喜雀躍、乗り出した。今こそ、最愛の息子・草壁皇子の恨みを余すところ無く晴らす時だ！　どのように恨みを晴らそうか？　吾が子・草壁皇子は天皇になるはずだった。しかし高市皇子は、その草壁皇子を殺すことで「将来の草壁天皇」を抹殺した。そう、草壁皇子の恨みを晴らすためには高市天皇という存在を抹殺しなければならない。高市天皇は天皇ではなかったことにせねばならない。そうしなければ、吾が子の霊は浮かばれない。高市天皇の在位期間は、すべて自分の称制の続きとしよう。高市天皇の即位は、自分（鸕野讃良皇女）が即位したことにしよう。そのようにすれば高市天皇は存在しなかったことになる。単なる高市皇子になる。

実力者の高市天皇が亡くなった今は、天武の后であった鸕野讃良皇女に楯突くことのできる人間は誰もいない。高市天皇の后である阿閇皇女は、自分（鸕野讃良皇女すなわち持統）の一〇歳年下の異母妹である。もう一人の高市天皇の妃・御名部皇女（長屋王の母親）も天智の娘であり、自分の異母妹である。高市天皇が亡くなった今、現王朝の始祖（天武天皇）の皇后であった自分に楯突くことのできる人間は誰もいない。

そこで鸕野讃良皇女は命じた、高市天皇を抹殺せよ、高市天皇の事績はすべて自分（持統）の事績とせよ、軽皇子（文武）の父親を高市皇子から草壁皇子と書き改めよ、軽皇子は草壁皇子の子、すなわち自分の孫とせよ。

日本書紀は、持統の最後の吉野行幸を持統十一年の四月と記している。四月は草壁皇子の亡くなった月である。この時、吉野において持統は心のなかで呟いたであろう。「息子よ、安らかに眠れ。あなたの仇は討ったから」と。そして感謝の念をこめて同年七月の例祭において、広瀬大忌神と龍田風神を祭ったのである。

春過ぎて　夏来《きた》るらし　白たへの　衣干《ころもほ》したり　天の香具山

万葉集二八番歌、持統天皇の歌として、あまりにも有名な歌である。しかし古田武彦氏は『古代史の十字路　万葉批判』（東洋書林、二〇〇一年）において、「この歌は持統天皇の歌ではない」と論じておられる。ＮＨＫでは、実験により「香具山に真っ白な衣を干したとしても、藤原宮からは、それはとても見えるものではない」ということを放送したことがあるようである。しかしこの歌は必ずしも藤原宮から見て詠んだとしなければならないものでもあるまい。日本書紀が鸕野讃良皇女を持統天皇としているすべての年月は、持統は天皇ではない。もと皇后である。その「もと皇后」の身分で、頻々と吉野に出かけたのである。藤原宮の外に出ているのである。そんな初夏のある日、香具山の側を通りかかった。その香具山には真っ白な衣がずらっと干されていた、ということも充分にありうることである。その情景を詠んだ歌なのであろう。持統天皇は非常に感性の豊かな女性であったように思われる。

第三章　怨霊となる天皇

1　龍田大社と広瀬神社（大忌神《おほいみのかみ》）

何故、持統は高市天皇を呪うための神社として龍田大社と広瀬神社を選んだのであろうか。龍田大社と広瀬神社はどのような神社なのであろうか。『大日本百科事典』（小学館、一九六九年）で龍田大社・広瀬神社を見てみよう。

竜田大社（担当・鎌田純一）

奈良県生駒《いこま》郡三郷町に鎮座。天御柱命《あめのみはしらのみこと》と国御柱命を祭る。祭神は竜田神・竜田風神ともよばれており、延喜式祝詞《えんぎしきのりと》によると、崇神《すじん》天皇のとき、凶作に悩まれた天皇が夢のなかで、この神を祭ると豊作になるとのお告げをうけ、祭られたという。のち天武天皇のときから風神祭としてこの神を祭るようになり、広瀬神社の大忌祭《おおいみ》とともに国家的な大祭として後世に伝えられた。以後朝廷のあつい崇敬をうけ、二十二社の一つに数えられた。もと官幣大社。例祭四月四日のほか、六月二八日から七月四日までの風鎮祭が知られる。

広瀬神社（担当・鎌田純一）

奈良県北葛城《きたかつらぎ》郡河合《かわい》村に鎮座。若宇迦売命《わかうかのめのみこと》を主神とする。若宇迦売命は宇迦之御魂《うかのみたま》神・大忌神《おおいみのかみ》・広瀬川合神とも呼ばれる。社伝では崇神《すじん》天皇のときの創建といい、六七五年（天武天皇四年）広瀬の河曲《かわわ》で大忌神を祭ったのが広瀬大忌祭の初めで、竜田大社（生駒《いこま》郡三郷町）の風神祭とともに水風の安全、農耕祈願の国家的祭祀《さいし》とされ、以後二十二社の制に加えられて朝廷の厚い崇敬をうけた。旧官幣大社。例祭四月四日。二月一一日の御田植祭は有名な特殊神事の一つとして知られる。

龍田大社と広瀬神社の創建は、いずれも崇神天皇の時とされている。岡田米夫著『日本史小百科1神社』には「広瀬神社・龍田神社」として一緒に記述されている。

広瀬神社
龍田神社
　併称される水の神と風の神
　　広瀬神社と龍田神社とは、古来併称して広瀬龍田の神といい、五穀の豊穣を掌る神として崇《あが》められてきた。

（中略）

また、書紀の記事に、「大忌神」とあるのは、祭神名を忌み慎んで称したものである。以後、広瀬の大忌祭は、龍田の風神祭と併せて、毎年四月と七月とに行われた。いま広瀬神社の例祭は四月四日に行われ、大忌祭は八月二十一日に行われて、古来の伝統を受け継いでいる。

（岡田米夫『日本史小百科1　神社』九版、近藤出版社、一九八五年）

龍田大社と広瀬神社は、風の神と水の神、一対の神社として尊崇されていた。龍田大社をお参りすれば、必ず広瀬神社をもお参りする。広瀬神社をお参りすれば同じく、龍田大社をもお参りする。どちらか一方を欠いてはいけない。そのような関係の神社である。後でわかるが、これには理由がある。そして『大日本百科事典』によれば、「広瀬神社を大忌神《おおいみのかみ》として祭ったのは天武天皇が初めてである」とのことである。何故、天武は天水神であった広瀬神社に大忌神の性格をも付与したのであろうか。

日本書紀・天武紀にも、この「龍田の風神・広瀬の大忌神を祭る」という文言が頻出する。天武四年四月条が初出である。

癸未（十日）に、小紫美濃王《みののおほきみ》・小錦下佐伯連広足を遣《まだ》して、風神を龍田の立野に祠《まつ》らしむ。小錦中間人連《はしひとのむらじ》大蓋・大山中曾禰連《そねのむらじ》韓犬を遣《まだ》して、大忌神《おほいみのかみ》を広瀬の河曲《かはわ》に祭らしむ。

この記事を初出とし、天武天皇は天武十五年七月までに合計一九回も龍田の風神・広瀬の大忌神を

表8　天武天皇の龍田・広瀬の神を祭ること

①	四年四月十日
②	五年四月四日
③	五年七月十六日
④	六年七月三日
⑤	八年四月九日
⑥	八年七月十四日
⑦	九年四月十日
⑧	九年七月八日
⑨	十年四月二日
⑩	十年七月十日
⑪	十一年四月九日
⑫	十一年七月十一日
⑬	十二年四月二十一日
⑭	十二年七月二十日
⑮	十三年四月十三日
⑯	十三年七月九日
⑰	十四年四月十二日
⑱	十四年七月二十一日
⑲	十五年七月十六日

祭らせている。これを全て拾い出してみよう（表8）。

龍田大社・広瀬神社の社伝では、両社は「崇神の時に創建された」とあるようである。しかし日本書紀崇神紀には、龍田大社・広瀬神社両社の創設の記述は存在しない。しかも日本書紀の記述で、「龍田の神・広瀬の神」という記述が出現するのは天武紀の記述が初めてなのである。天武以前の天皇は、誰も「龍田の風神、広瀬の神を天武のように特別に祭らせる」ということをしていないのである。ということは、天武が特別に「龍田の風神・広瀬の大忌神を祭らせた」ということになる。再び問う。何故であろうか？

日本書紀には、「天武が龍田の風神・広瀬の大忌神を祭る理由」と同じことに起因しているのではないかと思われる記述が二つほどある。

その一

（天武）七年の春正月戊午の朔甲戌に……。是の春に、天神地祇《あまつかみくにつかみ》を祭らむとして、天下悉に祓禊《おほみはらへ》す。斎宮《いつきのみや》を倉梯《くらはし》の河上に堅つ。

夏四月の丁亥の朔《ついたち》に、斎宮に幸《いでま》さむとして卜《うらな》ふ。癸巳（七日）、卜《うら》に食《あ》へり。仍《よ》りて平旦《とら》の時を取りて、警蹕《みさきおひ》既に動きぬ。百寮列を成し、乗輿《きみ》蓋《おほみかさ》命《め》して、以て未だ出行《おは》しますに及《いた》らざるに、十市皇女《とをちのひめみこ》、卒然《にはか》に病発《やまひおこ》りて、宮中に薨《みう》せぬ。比に由《よ》りて、鹵簿《みゆきのつら》既に停《とど》まりて、幸行《おはしま》すこと得ず。

天武七年正月、天武は天神地祇を祭るために倉梯の河上に斎宮を建設した。坂本太郎ほか校注『日本書紀（下）』の解説では、「倉梯川は大和川の一支流」としている。この大和川は広瀬神社を経て龍田大社のそばを通り、大阪の藤井寺・堺市を経て大阪湾へ注ぐ川である。従って、「倉梯の河上に堅てられた斎宮」とは、広瀬神社を祭るための斎宮であろう。そして四月の吉日を選び、いよいよ天神地祇の祭祀を執りおこなうために斎宮へ出発しようとした。そのとき、天武の長女の十市皇女が急死した。驚いた天武は天神地祇を祭るための行幸を取りやめた。この一連の記述の中で、天武は何かを恐れているように見える。天神地祇を祭るために、先に祓禊をおこない、斎宮を建設した。出発の時刻まで、卜《うらない》によって決められている。それくらい何かを忌《いむ》でいる。

その二

（天武十年十月）是の月に、天皇、広瀬野に蒐《けみ》したまはむとして、行宮構《かりみやつく》り訖《をは》り、装束《よそひ》既に備へつ。然るに車駕、遂に幸《いでま》さず。唯し親王より以下及び群卿、皆軽市に居《はべ》りて、装束《よそひ》せる鞍馬を検校《かむが》ふ。小錦より以上の大夫、皆樹の下に列《つらな》り坐《はべ》れり。大山位より以下は、皆親《みづか》ら乗れり。共に大路の随《まま》に、南より北に行く。新羅の使者、至《まう》でて告《つ》げて曰《まう》さく、「国の王薨《みう》せぬ」とまうす。

天武十年にも広瀬野への大がかりな行幸を準備しておきながら、自分一人だけ出かけずに家臣団のみを広瀬野に行かせているようである。ここの記述は、いかにも「天武は出発しかけていた。しかし何等かの突発事情が生じて出発できなかった」という感じに記述されている。しかしそうではないであろう。天武は最初から、出かけるつもりはなかった。ただ、家臣団の手前、広瀬野への行幸を執りおこなうそぶりは示さなければならなかった。そのために行幸の準備はさせた。しかし、いざ出発という段階になって、なんやかやと理由をつけて出かけなかったのである。それが天武七年の記事であり、天武十年の記事であると思う。

天武は何かに怯え、広瀬には行かないようにしている。天武は、おそらく怨霊に怯えていたのである。その怨霊は誰であろうか？　それは大友皇子ではあるまい。大友皇子をば、正真正銘の戦争により、その戦いで打ち負かして滅ぼした。大友皇子は武運拙く負けた結果として亡くなったのである。正式な戦いであるから、大友皇子は怨霊にはならない。それでは誰が怨霊なのかといえば、それは天智である。

井沢元彦氏は、その著『逆説の日本史2　古代怨霊編』(小学館文庫、一九九八年)において、「天智は大海人皇子に暗殺された」という説を展開している。その根拠は、

①書紀では、天智は近江宮で亡くなった(病死した)とされている。しかし平安末期の天台宗の高僧・皇円著の『扶桑略記』には、「一云」として「天智は山階(山科)に馬で遠乗りに出かけたあと失踪した。山階の林の中をくまなく捜索したが落ちている履沓がみつかったのみであった。そこでやむなくその地を陵墓とした」ということが記されていること。

②書紀には天智の陵墓がどこにあるか記されていない。書紀において陵墓の所在地が不明の天皇は

天智のみである。日本書紀は当代一流の学者達を総動員して編纂されたはずである。天智が近江宮で病死したのであるならば、その陵墓の所在地を書き漏らすなどということは考えられない。

③天智の皇后である倭大后《やまとのおほきさき》は万葉集の中で「天智の霊が山科の木幡の山の上をさまよっている」と歌っていること。天智が近江の宮殿で亡くなろうとしているのであるならば、その霊体が山科の木幡の山のあたりをさまよっているというのは解せない。

などである。詳しくは井沢元彦著『逆説の日本史2　古代怨霊編』をお読みいただきたい。

井沢元彦氏の天智暗殺説を念頭において天智をみてみると、確かに天智の没年齢はおかしいのである。日本書紀によれば、天智は舒明崩御年の辛丑年に一六歳である。従って天智は丙戌年生まれである。その天智の没年は辛未年である。すると天智の没年齢は四六歳となる。いくら六七〇年ころのことだとは言っても、亡くなるには若すぎる年齢である。第十代の崇神は二〇〇年ころ、四八歳で亡くなっているが、二〇〇年ころの近畿大和の人びとでさえも、その崇神を「命短くましましき」と表現している。天智はその崇神よりも二歳ほど若くして亡くなっている。天智は、それこそ「命短くましましき」天皇なのである。天智没年に、疫病が流行していた様子はない。天智は老衰でもなく、病死でもない。従って天智は井沢元彦氏の説くように、天武により大和との境に近い山科の木幡山において暗殺されたと思われる。

そのために天智は怨霊となりうる。そしてそのために天武は、天智の霊の怨霊化を恐れたのである。その天智の怨霊の大和侵入を遮るために、大和の北方において、あたかも暗殺の地・山科から飛鳥への道を扼するかのように（怨霊の進入を防ぐ門のような感じで）、道を挟んで東西に位置して存在する龍田大社と広瀬神社を天智の怨霊鎮めの神社として祭ったのである（図8）。そのとき、それまで天水の神でしかなかった広瀬神社に大忌神としての性格が付与されたのである。

龍田大社と広瀬神社は天智の怨霊鎮めの神社となった。すなわち、内密に天智が祭られているので

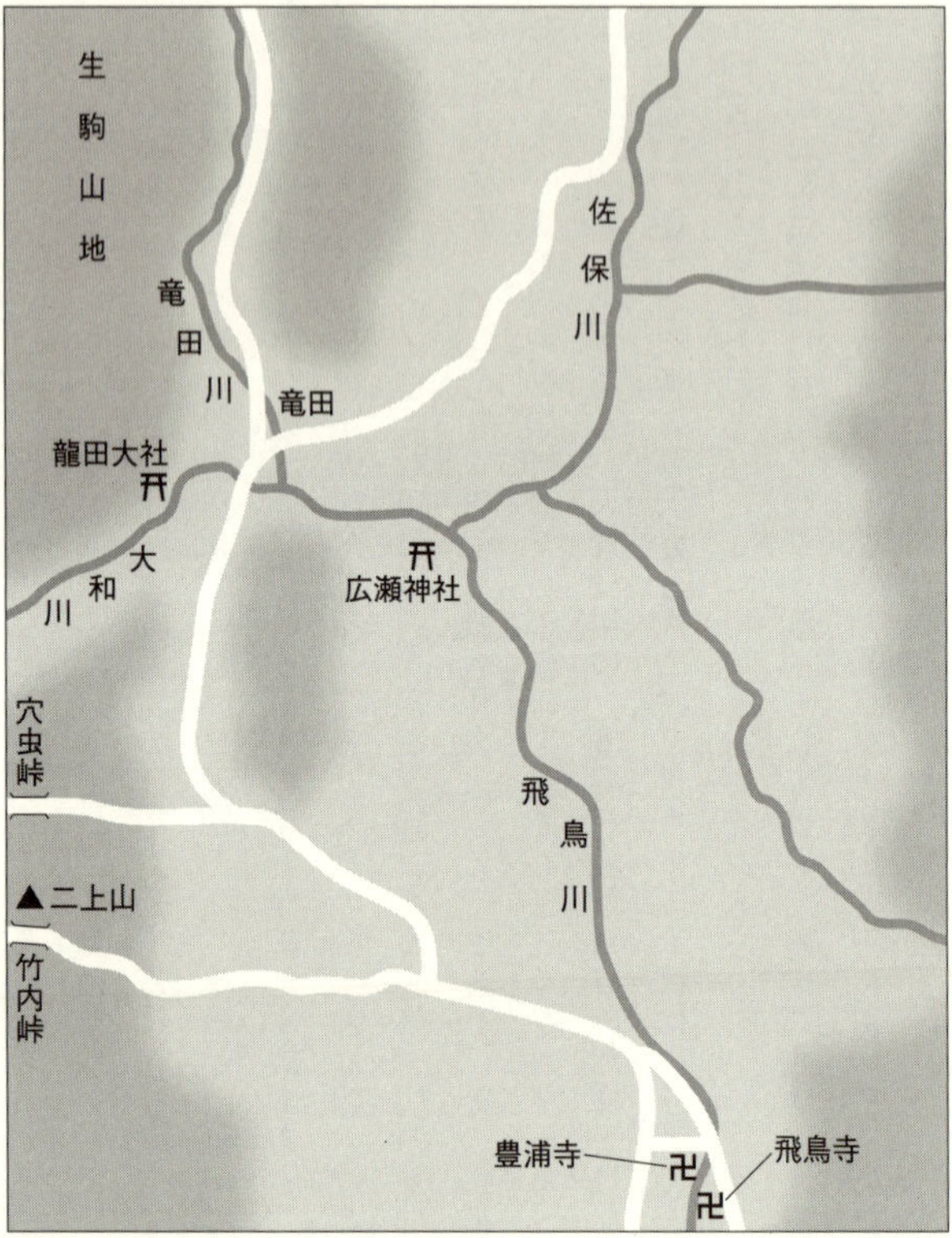

図8　龍田大社と広瀬神社の位置

ある。すると、天智を父とする持統が、我が子・草壁皇子を殺した高市天皇を呪うために祈り祭る神社は、龍田大社と広瀬神社でなければならない。持統が、異常とも思えるほど、しばしば龍田大社と広瀬神社を祭ったのは、このような理由からであった。

天武は、天智の霊の怨霊化を龍田神社と広瀬神社を祭ることだけで間に合わせようとしたのではなかった。天智の在位年数は、何故、即位した年の戊辰からの四年と記述されずに、斉明没年の翌年すなわち踰年にあたる壬戌年を元年とする一〇年と記述されたのか。拙著『古代天皇実年の解明』のI部第一章で出てきた疑問であった。

実は、これも怨霊の鎮魂であろう。天智の在位を四年、あるいは六年の在位と記述するよりも一〇年の在位と記述してあげた方が天智の霊は喜ぶだろう。霊が喜べば、その分、怨霊の怒りも軽くなる。怨霊化が防止できるかもしれない。

2　怨霊としての崇峻天皇

井沢元彦氏の怨霊説は、真実のようである。そして意外といろいろなところに顔を出している。日本書紀編纂者は、何故、四年でしかない崇峻の在位を六年となるように改変したのだろうか。日本書紀は、崇峻を「用明の没年に即位し、その翌年（踰年）を元年とする五年の在位」と記述している。在位五年に、即位年の分の一年を加えると実質的には崇峻の在位は六年になる。しかし古事記によれば崇峻の在位年数は四年なのである。在位年数が一・五倍に延長されていることになる。私はこの件については、最初、次のように考えていた。

日本書紀編纂者は儒教思想の観点から「二年近い期間、皇位を廻って争いが続いた」とは記載したくなかったのではなかろうか。そのために「崇峻は、用明の没年に即位した」と改変した。そして崇峻元年はその翌年、すなわち用明没年の踰年となるように設定した。しかし、真実の崇峻即位は二年遅れの己酉であった。そのために当時の伝承を生の姿で伝える古事記では、その在位は己酉から壬子までの四年なのである。日本書紀は体裁を取り繕うために、崇峻の即位を二年早めて用明没年の丁未と改変し、崇峻元年は踰年元年の条件を満たす戊辰へと改変した。

しかしこれは間違いであろう。日本書紀の記述する、この用明から崇峻への皇位継承が「儒教思想の影響で、皇位に空白は存在しなかったかのように改変された」というのであるならば、日本書紀の中には皇位に空白のある皇位継承記述はゼロでなければならない。しかし、事実はそうではない。日本書紀の記述の中には、皇位の空白の存在する皇位継承が五回記述されている。神武→綏靖、懿徳→孝昭、成務→仲哀、応神→仁徳、反正→允恭の皇位継承の五回である。従って日本書紀が崇峻の即位を癸酉から丁未に改変し、その結果として崇峻の在位があしかけ四年から六年に増幅された理由は儒教思想によるものではない。儒教思想では説明できない。

これはおそらく「怨霊鎮魂のため」である。「崇峻は怨霊である」という考えについては、井沢元彦著『逆説の日本史2　古代怨霊編』の七八ページ以降に詳しく述べられている。最初は、単なる

〝面白い発想〟と思っていた。しかし「日本書紀は、何故、崇峻の即位年を二年も早めたのか？　そして四年でしかない在位を、六年在位となるように改変したのか？」その理由を考えている時、儒教思想を含めてぴったり説明できる考えが思い浮かばなかった。その時、井沢元彦氏の説を思い出した。怨霊の鎮魂こそ、その理由としてぴったりである。五年にも満たない四年という短い在位を六年に延長してやれば、崇峻の霊は喜ぶだろう。霊が喜べば怨霊化が防げる。

井沢元彦氏は、さらに『逆説の日本史2　古代怨霊編』の八七ページにおいて、崇峻の没年齢を「二四、二五歳だったと思う」と述べておられる。おおまかに言えば藤ノ木古墳の二人の被葬者の推定年齢は、一人が一七〜二五歳であり、もう一人は二〇〜四〇歳とされていることと、異母姉の推古の年齢から崇峻の年齢を割り出すと、崇峻の没年齢は「二四、二五歳になる」という論証である。私は、「崇峻の没年齢は二四歳だった」と断言できる。それは、井沢元彦氏の『逆説の日本史2　古代怨霊編』の八五ページで、「南北朝時代、後醍醐天皇の側近だった公家北畠親房の『神皇正統記』にも、「崇峻天皇は七十二歳まで生きた」と書かれている」と教えていただいたからである。『神皇正統記』の崇峻天皇の項をみてみよう。

天下を治給こと五年。七十二歳おましましき。　（岩佐正校注『神皇正統記』岩波文庫、一九八三年）

井沢元彦氏は、「若死にした崇峻天皇だったからこそ、長命であったかのように記述することで崇峻の霊を慰めたのだ」としておられる。確かにそうではあるが、「長命だった」というために、何故、七二歳としたのか？　実際は長寿ではなかったものを「長寿であった」というためであるならば、「古来稀なり」の「古稀＝七〇歳」でもいいはずだ。何故、七二歳という年齢が選ばれたのか、その説明が必要である。私はそれに対して答えることができる。それは、七二歳という年齢が、真実の没年齢を三倍した年齢だからなのである。没年齢を三倍に延ばすことで崇峻の霊を慰めたのである。日本書紀において、允恭・仁徳・神功・崇神の在位年数が三倍されたのと同じように、崇峻の寿命は三倍されたのである。従って崇峻の真実の没年齢は二四歳であったということが断言できるのである。

なお、『神皇正統記』は武烈天皇の寿命を五八歳としている。これも数字あそびからつくられた寿命である。私は拙著『古代天皇実年の解明』のII部第五章において、武烈は亡くなった時、一二〜一三歳であろうと述べた。『神皇正統記』の記す武烈の寿命の五八を分解すると、五と八になる。このうち、八は在位年数の八である。そして残りの五は、おそらく五歳で即位した、という意味であろう。武烈は五歳で即位し八年在位した。この五と八を繋ぎ合わせて『神皇正統記』の記す武烈の寿命の五八歳が作成されたのである。従って亡くなった時（暗殺された時）の武烈の真実の年齢は一二歳であろう。

3　怨霊としての孝徳天皇

実力者の中大兄皇子は孝徳天皇崩御のあと、何故、すぐに天皇として即位しなかったのであろうか。何故、譲位した母親の皇極天皇を前例のない重祚という形で斉明天皇として即位させたのであろうか。

孝徳崩御のすぐあとに、二九歳の中大兄皇子が天皇として即位しなかったのは、孝徳の怨霊による報復を恐れてのことだったと考えればつじつまがあう。孝徳は晩年、実力者の甥の中大兄皇子に、ないがしろにされて憤死した。孝徳の在位の後半は、中大兄皇子が実権を掌握していた。孝徳九年（白雉四年）、中大兄皇子は都を難波から旧都の大和へ遷すよう献策した。しかし孝徳はそれを許可しなかった。それにも拘わらず、中大兄皇子は皇祖母尊《すめみおやのみこと》（舒明の后の皇極天皇、すなわち天智の母、後の斉明のこと）、そして皇弟等・群卿大夫・百官のみならず、自分の妹ではあるが孝徳天皇の皇后の間人皇后を含めたほとんどすべての人びとを引き連れて倭飛鳥河辺行宮に移った。この時、孝徳は難波の都とともども捨てられたのである。皇后との間も引き裂かれた。日本書紀は、その時の孝徳について次のように記述している。

白雉四年条末尾
　是に由りて、天皇、恨みて国位を捨《さ》りたまはむと欲《おもほ》して、宮を山碕に造らしめたまふ。

「中大兄皇子を恨んで天皇位から降りようと思って……」と記述している。そして翌年十月に、孝徳は崩御する。孝徳は中大兄皇子を恨んで死んでいったのである。ここで孝徳の次の天皇として中大兄皇子が即位したとする。すると孝徳の霊はどのように思うだろうか。「おのれ、恨み重なる中大兄皇子め」と怨霊化するであろう、と中大兄皇子は考えた。そこで中大兄皇子は、天皇に即位することをしばし見合わせたのである。母親に重祚してもらい、間にクッションをおくことにした。こうして斉明天皇が誕生した。間にクッションをおけば、いくらかは霊の怒りを和らげることができるであろう。

4　天武の即位年「癸酉」は「死穢思想」による改変
――真実の天武即位年は壬申年である

天武の在位年数は、即位年（癸酉）から勘定すれば一四年であるのに、何故、即位年の前年（壬申）を元年とし、在位一五年とされているのか？　拙著『古代天皇実年の解明』Ｉ部第一章で提起された疑問である。この理由がまだ不明である。天武の場合は、即位年からの在位年数だけでも一四年もあるので、それを一五年に増幅しても、さほどありがたみが増すわけではない。従って怨霊としての天武を鎮魂するために、天武の在位年数は一五年とされたのではない。天武は怨霊ではない。日本書紀は、何故、壬申の乱の年を天武の在位年数のうちにいれたのであろうか。これを考えてみよう。

壬申の乱は壬申年の六月二十二日に勃発した。大友皇子は、戦いに敗れて七月二十三日に縊死する。そして日本書紀は天武の即位の日を、翌年（癸酉年）の二月二十七日と記述している。すると大友皇子が自決してから、天武が即位の大典を挙行するまでには七カ月もあることになる。戦いに決着がついてから即位するまでの期間としてはあまりにも長すぎるように思う。拙著『古代天皇実年の解明』のＩ部第二章で述べたように、日本書紀においては争乱時の即位は没年即位であった。即位にグズグズしていると、他の人物が天皇位を狙って動き出さないとも限らない。争乱時には、争乱を収束させたらすぐさま即位するにしくはないのである。すると天武は壬申年に即位していた可能性があることになる。壬申年に即位していたのであるならば、壬申年は日本書紀の記述するとおり、天武の元年で良いわけである。もしもそうだとすると、天武の場合は逆に即位の年を一年遅らせて記述されていることになる。日本書紀は、天武の即位を壬申年ではなく、その翌年の癸酉年と記述しているからである。天武の即位の年は壬申年なのであろうか。あるいは日本書紀の記述するとおり、その翌年の癸酉年なのであろうか。はたしてどちらなのであろうか。

「薬師寺東塔檫記」という金石文がある。奈良市西ノ京町にある薬師寺の東塔に刻されている金石文である。塔の心柱（これを檫というようである。刹と記す場合もある）の頂上を銅板で被い、その銅板に薬師寺創建の由来が刻されている。その「薬師寺東塔檫記」の出だしは次のようになっている。

維清原宮馭宇
天皇卽位八年庚辰之歳建子之月以
中宮不悆創此伽藍而鋪金未遂龍駕
騰仙大上天皇奉遵前緒遂成斯業
照先皇之弘誓光後帝之玄功道濟郡
生業傳曠劫式於高躅敢勒貞金
（以下略）

ここには「天武天皇即位八年、庚辰の年」と刻されている。するとこれによれば天武の即位年は癸酉年ということになる。同時代史料の金石文と思われるだけにこれは無視できない。水戸光圀により編纂が始められた『大日本史』もこの「薬師寺東塔檫記」により、天武の即位年を癸酉年とし、その前年の壬申年は大友皇子が天皇であったと断定しているようである。「薬師寺東塔檫記」の作成が日本書紀成立よりも先であるならば、その可能性は非常に高いことになる。「薬師寺東塔檫記」が先か、あるいは日本書紀成立が先か、これは極めて重要なことである。そこで薬師寺そのものについて調べてみよう。薬師寺縁起には次のように記述されている。

爰弟元明天皇、和銅元年戊申即位、同三年庚戌遷都奈良平城京、譲位於飯高天皇、太上皇養老二年戊午、移伽藍於平城京、……

薬師寺縁起には「養老二年（七一八）に伽藍を平城京に移す」とされている。そのとき、薬師寺東塔も移築されたのであるならば、それが初めて建立されたのは七一八年以前ということになる。すると「薬師寺東塔檫記」の作成は七二〇年成立の日本書紀よりも先ということになる。もしもこの薬師寺縁起が真実ならば金石文たる「檫記」の記す「天武即位八年庚辰」も真実の可能性が高くなり、天武即位年は癸酉年ということになる。

しかしこの薬師寺縁起には疑問が提出されている。喜田貞吉氏は『扶桑略記』の記述から、薬師寺東塔は天平二年（七三〇）に新築されたものとして次のように述べている。

余が研究によれば、此の東塔は古く普通に認むる如く、明かに聖武天皇の天平二年に於て平城新京の今の地に建築せられたるものなり。一切の記録悉く之を証す。先づ扶桑略記に曰く、

天平二年三月廿九日、始建㆓薬師寺東塔㆒

と。こゝに『始めて』の文字最も注意すべし。而して之を以て旧寺より移建せりとは為さざるなり。元亨釈書、一代要記、七大寺年表等の記する所亦之に同じ。

（喜田貞吉「三たび薬師寺東塔の建築年代について」『夢殿』白鳳史之研究・上、一九三二年）

足立康氏も『古代建築の研究（上）』（中央公論美術出版、一九八六年）所収の論文「薬師寺東塔建立年代考」において、薬師寺東塔は天平二年に新築されたものとしている。ここで『大日本百科事典』（小学館、一九七一年）の薬師寺の項を見てみると次のように記述されている。

薬師寺（担当・平井俊栄）

奈良市西ノ京町にある法相《ほっそう》宗大本山。西京寺ともいう。南都七大寺の一つで、六八一年（白鳳九）天武天皇が皇后（のちの持統天皇）の病気平癒を祈願して薬師如来像をつくり、一寺を建立しようと発願されたのが起原。像の鋪金《ほきん》が完成しないうちに天皇崩御のため、持統天皇が先帝の遺志を継いで藤原宮に創建したのにはじまる。これが本《もと》薬師寺である。七一〇年（和銅三）平城京遷都とともに、諸大寺は新京に移され、七一八年（養老二）当寺も新京の右京六条二坊に移った。これが現在地である。七三〇年（天平二）東塔が落成し、翌年行基《ぎょうき》が文殊堂を造建して、自

作の文殊像を安置した。（以下略）

小学館『大日本百科事典』は喜田貞吉氏や足立康氏の説により、薬師寺東塔は天平二年（七三〇）に新築されたとしている。そしてこれが現在の通説なのであろう。

すると薬師寺東塔の落成が七三〇年であるから、「薬師寺東塔檫記」も七三〇年ころに作成されたと考えなければならない。すると七二〇年成立の日本書紀の方が先なのである。「薬師寺東塔檫記」は日本書紀の記述を見て「天武天皇即位八年、庚辰の年」と刻したと考えられるのである。

日本書紀は天武の即位年を癸酉年としている。従ってそれで勘定すれば、即位八年は確かに庚辰年である。しかしまた日本書紀は天武の元年を壬申年としている。一方、古事記は「即位年＝元年」の観念で記述されている。古事記のこの観念を逆に見れば「元年＝即位年」である。すなわち、ここから天武元年の壬申年は実は天武の即位年なのではないかという疑いが出てくるのである。はたして真実の天武即位年はどちらなのであろうか。

仮に天武は壬申年に即位していたとする。すると日本書紀の天武即位の記述（癸酉年の二月即位という記述）は改変されたものであるということになる。もしもそうであるならば、何故、日本書紀編纂者は、「正月に即位の式を挙行した」と改変しなかったのであろうか。壬申の乱の年に即位していたものを、その翌年（踰年）に即位したと改変するのであるならば、どうせなら、二月などという中途半端な月ではなく、めでたい正月に即位したと改変するものではなかろうか。癸酉年の正月は、壬申の乱終結の半年後である。従って天武の即位を「癸酉年の正月即位」に改変した場合でも、乱終結後半年も経過しているのであるから、その即位を「めでたい」と表現してもよいであろう。しかし天武の即位の月は「めでたい正月」にはなっていない。従って天武の即位の月をあえて「二月」と記述している日本書紀の記述は改変によるものではないということになる。「天武の即位の月は二月」ということは真実であろう。

とすると次に問題になるのは、天武の即位した「二月」は、壬申年の二月なのか、あるいは癸酉年の二月なのかということなのである。もちろん、日本書紀は「癸酉年の二月に天武は即位した」としている。しかし実際には、天武は壬申年の二月に即位していたのではなかろうか。

日本書紀天武元年（壬申年）五月条に次の記述がある。

> 是の月に、朴井連《えのゐのむらじ》雄君《をきみ》、天皇に奏して曰《まう》さく、「臣、私《わたくし》の事有るを以て、独り美濃に至《まか》る。時に朝庭、美濃・尾張、両国司に宣《おほせこと》して曰《のたま》はく、『山陵造らむが為に、予《あらかじ》め人夫を差し定めよ』とのたまふ。則ち人別に兵を執《と》らしむ。臣以為《おも》はく、山陵を為《つく》るには非《あら》じ、必ず事有らむと。若し早に避《さ》りたまはずは、当《まさ》に危《あやふ》きこと有らむか」とまうす。或いは人有りて奏して曰《まう》さく、「近江京より、倭京に至るまでに、処処に候《うかみ》を置けり。亦菟道《うぢ》の守橋者に命《おほ》せて、皇大弟の宮の舎人の、私粮《わたくしのくらひもの》運ぶ事を遮《た》へしむ」とまうす。

大海人皇子は、壬申年の五月の時点で天皇と表記されている。この文に続いて、さらに次のように記述されている。

天皇、悪《はばか》りて、因《よ》りて問ひ察《あきら》めしめて、事の已《すで》に実《まこと》なるを知《さと》りたまひぬ。是に、詔して曰《のたま》はく、「朕、位を譲り世を遁《のが》るる所以は、独り病を治め身を全《また》くして、永《ひたぶる》に百年を終《を》へむとなり。然るに今、已《や》むこと獲《え》ずして、禍《わざはひ》を承《う》けむ。何ぞ黙《もだ》して身を亡《ほろぼ》さむや」とのたまふ。

やはり壬申年の五月には、大海人皇子自身も自分のことを「朕」と自称している。森博達著『日本書紀の謎を解く』（四版、中公新書、二〇〇〇年）には、

①日本書紀は巻別に作成年代が異なること

α群（持統時代の作成）：十四～二十一巻、二十四～二十七巻

β群（文武時代の作成）：一～十三巻、二十二巻、二十三巻、二十八巻、二十九巻

②α群の述作者は中国人、β群の述作者は日本人。

ということが述べられている。そして拙著『古代天皇実年の解明』のI部第二章において、私は次のことを明らかにした。

日本書紀のα群では、天皇に即位する前から天皇と表記されるが、β群（特に三～十三巻、二十二巻、二十三巻）では、即位後でないと決して天皇とは表記されない。

β群の著述者は日本人である。日本人著述者は、決して即位式を挙げるまでは天皇とは表記しな

いのである。そうするとβ群に属する二十八巻、二十九巻も同じであると考えるべきである。二十八巻は天武紀の上巻、二十九巻は天武紀の下巻である。従って二十八巻において天皇と表記される時点には、大海人皇子はすでに天皇に即位していたと考えるべきであろう。その大海人皇子は壬申年の五月には天皇と表記されているのである。従って大海人皇子は、壬申年の五月までには即位していたと思われる。そして日本書紀は「天武は二月に即位の式を挙行した」と言っている。この「二月」は「癸酉年の二月」ではなく、「壬申年の二月」であろう。

ところで日本書紀は大友皇子を天皇とは記していないが、「大友皇子は天智のあとに天皇として即位していた」とする説が多い。朝尾直弘・宇野俊一・田中琢編『新版・日本史辞典』（角川書店、一九九六年）で「大友皇子」を見てみる。

大友皇子
六七一（天智一〇）太政大臣となるが、天智没後、大海人皇子（天武天皇）と皇位継承を争い、壬申の乱に敗れて自害した。『日本書紀』に即位の記事はないが、のちの『扶桑略記』等は即位を認める。一八七〇（明治三）明治政府は在位を認め、弘文天皇と追謚した。

また、笠原英彦著『歴代天皇総覧』（一四版、中公新書、二〇〇二年）には次のように記述されている。

弘文天皇　六四八～六七二（在位六七一―六七二）

天智天皇の崩御後、壬申の乱（六七二）が起こり、大海人皇子率いる吉野側が勝利したため、その即位が疑問視され、在位を認めない見解もある。少なくとも『日本書紀』は弘文天皇紀を記しておらず、天皇を一代とみなしていない。

しかし、『水鏡《みずかがみ》』や『扶桑略記《ふそうりやっき》』などでは、天智天皇崩御の二日後に皇位を継いだとされている。徳川光圀も『大日本史』でほぼ同様の見解を示している。同天皇の即位に並々ならぬ関心を寄せた伴信友《ばんのぶとも》は弘文天皇即位を立証しようと『長等《ながら》の山風』を執筆した。それによると、元来『日本書紀』にも同天皇紀は存在していたが、同紀の編纂にあたった舎人《とねり》親王が父、天武天皇による皇位簒奪《さんだつ》の印象を拭い去ろうと大友皇子即位を省いたとされる。天智天皇崩御後、皇子が近江《おうみ》朝廷にあって実権を握り、事実上皇位にあったとする見解が有力視されている。

大友皇子は天皇であったとする説が多く存在する。井沢元彦氏も次のように述べている。

「正史」である『日本書紀』には、天智の死後大友は即位せずに皇子のままでいたことになっている。もちろん、そんなことは有り得ない。天智が死んだのは六七一年の十二月であり、壬申の乱によって大友「皇子」が死んだのは六七二年の七月である。この間七か月もある。政権の動揺を抑えるためにも、大友は即位して天皇になったはずだ。

（井沢元彦『逆説の日本史2　古代怨霊編』小学館文庫、一九九八年、三五四ページ）

井沢元彦氏も大友皇子は天皇に即位していたとしている。私も大友皇子は天皇であったと思う。明治政府から弘文天皇と追諡されているが、ここでは「弘文天皇」ではなく、「大友天皇」と呼んだ方が適当な感じがする。

すると壬申年の二月二十七日（天武の即位の日）から七月二十三日（大友皇子が戦いに負けて縊死するまで）の期間は、北には大友皇子の近江朝、南には大海人皇子の吉野朝が並立する南北朝時代、すなわち日本史上最初の南北朝時代だったことになる。

大海人皇子は壬申年の二月に即位していた。このために日本書紀は天武の元年を壬申年としているのである。それにも拘わらず、日本書紀は天武の即位の日を癸酉年の二月二十七日と改変した。天武の即位を一年遅らせているのである。これは何故であろうか。何故、天武の場合は、即位の年を一年遅らせて記述されたのであろうか。

この日本書紀の天武即位の記述も、怨霊思想の一つなのではなかろうか。怨霊思想と表裏一体の死穢の思想である。すなわち壬申年は大友天皇の没年である。そうすると、天武は大友天皇の死穢で穢れた壬申年に即位していることになる。天武はこれを嫌ったのだと思う。天武は怨霊とか祟りをものすごく恐れている。龍田神社や広瀬神社を年に二度ずつ祭っているのはその表れである。天智の在位年数を四年（日本書紀天智紀の『或本』によれば六年の在位）とせずに一〇年の在位に増幅してあるのも天智の怨霊鎮魂のためである。従って、天武には死穢という観念もあったであろう。天武は、自分の即位が大友天皇の死穢で穢れた壬申年に挙行されたというように記述されることを嫌ったのだと思う。あるいは「大友天皇の没年に即位した」とあからさまに記述すると、大友天皇の霊の怨霊化を促すことになると恐れたのかもしれない。そのために即位の大典は壬申年の翌年、癸酉年に挙行したと改変されたのではなかろうか。

この章を終わるにあたって天武の即位年を壬申年とする史料を二つ示しておこう。一つは七六〇年ころ成立の『藤氏家伝』。上巻と下巻で著者が異なり、上巻は藤原仲麻呂（恵美押勝）の著、下巻は僧延慶の著である。なお上巻の著者・藤原仲麻呂は藤原鎌足の曾孫である。その『藤氏家伝』の下巻・武智麻呂伝の項に「天武天皇即位九年歳次庚辰」とある。天武即位九年が庚辰年というのであるから、すなわちこれは「天武の即位年は壬申年である」と言っているのと同じである。私の論証と合致する。

二つ目。菅原道真の長谷寺縁起（『新訂増補　国史大系　巻三十　本朝文集』新装版、吉川弘文館、二〇〇〇年、一一七ページ）には、「于時天武天皇即位四年乙亥歳」とある。乙亥年が天武の即位四年目というのであるから、即位年は壬申年となる。菅原道真も「天武の即位は壬申年である」と言っているのである。

第四章　上代特殊仮名遣い消滅の理由

1　国語音韻の変遷と上代特殊仮名遣い

国語学の中の一分野である国語音韻史には、「大いなる不思議」が存在する。しかも日本の歴史そのものが文字による記述の時代に入ったそのスタート直後の時点においてである。その国語音韻史の「大いなる不思議」とは、奈良時代のごく初期までは清濁合わせて八八音で構成されていた音韻が、八十数年後の平安朝初期までには一気に六八音に減じてしまうということである。

現代日本語の音韻は、清音濁音の合計で見ると六二音である。しかし、奈良時代初頭以前の日本語には清濁合わせて八八の音韻が存在した。そのことは、江戸時代末の本居宣長《もとおりのりなが》により初めてその先鞭がつけられ、その弟子の石塚龍麿《いしづかたつまろ》により一通りの解明を得たのち、明治の橋本進吉氏によってほぼ完璧に証明された「上代特殊仮名遣い」の存在により初めて判明したものである。しからば「上代特殊仮名遣い」とはなんぞや？　そして「上代特殊仮名遣い」はどのように日本古代史に関係してくるのか。

日本語の基本的な音韻の数は、一般には「清音」と「濁音」の数で表される。そして現代日本語の

あ	い	う	え	お
か	き	く	け	こ
さ	し	す	せ	そ
た	ち	つ	て	と
な	に	ぬ	ね	の
は	ひ	ふ	へ	ほ
ま	み	む	め	も
や	（い）	ゆ	（え）	よ
ら	り	る	れ	ろ
わ	（い）	（う）	（え）	を
ん				

図9　五十音図

清音は五十音図に網羅されている。図9は、平成十四年度の小学一年生の教科書に掲載されていた五十音図である。このうち、最後の「ん」は「撥音」であり、「清音」ではないので、結局、現代の日本語の清音は「あ」から「を」までの文字で表される音韻ということになる。

なお、「や行」の「い」「え」および「わ行」の「い」「う」「え」の五文字は、「あ行」のそれぞれの文字と同一である。従って現代の五十音図には、清音を表すための文字としては四五の文字が存在するのである。さらに「わ行」の「を」は、現在、「あ行」の「お［o］」とまったく同じ音に発音する。従って現代日本語の清音としては四四の音が存在するのである。

「清音」と双璧をなすもう一つの基本的な日本語の音韻の「濁音」については、それを表記するための文字としては図10の二〇文字がある。

ただし、現代では「じ」と「ぢ」はまったく同音であり、この両者は別の音韻として区別することはできない。さらに「ず」と「づ」も同音である（これら「じ」「ず」「ぢ」「づ」をまとめて「四つ仮名」という）。従って濁音を表す文字としては二〇種類の文字があるが、現代の濁音は音韻上は一八種類である。すると現代日本語の基本的な音韻は六二音である。

〔現代の音韻〕　清音＋濁音＝44＋18＝62

以上のように現代日本語の基本的な音韻は六二音であるが、昔から六二音であったのかと言えば、そうではない。現代は「かな文字」の修得のために五十音図を手本として使用しているが、江戸時代の末までは「かな手本」として「いろは歌」が使用されていた。「いろは歌」の制作者は不明のようであるが、その作成年代については橋本進吉氏は『文字及び仮名遣の研究』(橋本進吉博士著作集第三冊、改版、岩波書店、一九七〇年)の二七六ページで「天禄永観前後の頃」としている。従って橋本進吉氏の説によれば、「いろは歌」は九七〇〜九八四年前後のころ(平安中期)に作成されたもののようである。

「いろはにほへと　ちりぬるを　わかよたれそ　つねならむ　うゐのおくやま　けふこえて　あさきゆめみし　ゑひもせす」

この「いろは歌」の中には、四七の異なる文字が使用されている。現代の五十音図と異なる点は「ゐ」と「ゑ」の文字が存在することである。そしてこの「ゐ」「ゑ」は五十音図の「わ行」の「い」「え」に相当する文字であり、実際に昭和三十年代初頭までの五十音図には「わ行」の「い」「え」の段に記載されていたのである。橋本進吉博士著作集第四冊『国語音韻の研究』(岩波書店、一九五〇年、六七ページ)によれば平安時代の中ごろまでは「ゐ」は[wi]＝ウィ、「ゑ」は[we]＝ウェと発音されていたとのことである。「わ行」の音は、本来は[w]という子音と

が	ぎ	ぐ	げ	ご
ざ	じ	ず	ぜ	ぞ
だ	ぢ	づ	で	ど
ば	び	ぶ	べ	ぼ

図10　現代の濁音表記用文字

[a] [i] [e] [o] の母音が合体した音なのである。しかし「ゐ」＝[wi]＝ウィ、「ゑ」＝[we]＝ウェの音は平安時代の中ごろから末期に移るころに「あ行」の「い」「え」と同音に発音するようになった（橋本進吉著『国語音韻の研究』二六六ページ）。なお現在、「あ行」の「お」とまったく同音に発音している「わ行」の「を」も、もともとは[wo]＝ウォと発音されていたが、これが現在のように[o]と発音されるようになったのは、橋本進吉著『国語音韻の研究』（二六八ページ）によれば江戸時代初頭のころからである。

従って平安時代中ごろには「ゐ」＝[wi]＝ウィ、「ゑ」＝[we]＝ウェ、「を」＝[wo]＝ウォという清音が存在したのである。すると平安時代中ごろの清音は現代よりも三音多い四七音である。

さらに平安時代には「じ」「ず」「ぢ」「づ」の「四つ仮名」もすべて別の音として発音していた。「じ」と「ぢ」、「ず」と「づ」が各々同音になったのは江戸時代の初期と考えられている。平安時代には濁音として二〇音が存在したのである。従って平安時代中ごろの清音と濁音を合わせた基本的な音韻は六七音である。

〔平安時代中期の音韻〕　清音＋濁音＝47＋20＝67

さらに、その少し前の平安時代初期には、「あ行」の「え」と「や行」の「え」も別の音として区別されていた。江戸時代の文政十二年（一八二九）に奥村栄実《てるざね》は『古言衣延弁《こげんええべん》』で平安時代初期までは「あ行」の「え」の音は[e]であり、「や行」の「え」は[ye]＝イェであったと論述している。これは明治四十年代になり大矢透氏の『古言衣延弁證補』で再確認されている（両書を一冊にまとめたものが勉誠社から一九七七年に出版されている）。従って平安時代初期には日本の音韻としては六八の音韻が存在した。

〔平安時代初期の音韻〕　清音＋濁音＝48＋20＝68

2　奈良時代以前の日本語音韻

それではその前、奈良時代以前の日本語の音韻はどのような音韻だったのであろうか。

幸いにもそれを究明しうる史料が日本には存在する。奈良時代には日本の最古の文献である古事記・日本書紀・風土記そして万葉集が作成されている。これらの中には、漢字の音を借りて日本語を表記したものがある。固有名詞や形容詞あるいは和歌などである。独自の文字を持たなかった倭人は、日本語を記述するために漢字を使用してこれを記述した。

漢字には「意味要素」と「音要素」の二つの要素がある。たとえば「阿」という漢字の音は「あ」である。そしてその意味は「おか」とか「くま（山や川の曲がって入りこんだ所の意味）」であり、動詞の場合は「おもねる」という意味である。漢字の持つこの「意味要素」の方は無視し、「音要素」のみを使用して日本語を記述したのである。たとえば「あ」の音の表記には既出の「阿」の外に「安」「吾」「我」などを使用し、「い」の音の表記には「伊」「已」「異」「移」などを使用した。また「き」の音の表記には「紀」「枳」「企」「伎」「吉」「岐」が使用され、「み」の音の表記には「美」「弥」「未」「味」「瀰」「民」などが使用された。これらを使用してたとえば「君《きみ》」を表記するのに「岐美」「伎弥」「吉民」などと書いたのである。

図11　万葉仮名における二種類の「こ」

「こ」
- 「子（こ）」、「彦（ひこ）」「壮士（をとこ）」などの「こ」──→「古」を使用
  ＊その他に「古」とまったく同じように使用される文字として、故、胡、姑、固などがある
- 「心（こころ）」の「こ」──→「許」を使用
  ＊その他に「許」とまったく同じように使用される文字として、居、巨、去、己などがある

このような漢字の使用法は一種の仮名と同じであり、万葉集に数多く用いられているところから、これを万葉仮名と呼んでいる。そしてそれぞれの音を表記するのにどのような漢字が万葉仮名として使用されているのかを調べた時、そこにおもしろい事実があることが判明した。

これを「こ」という音を表記する場合を例にとって説明しよう。「こ」という音の表記には「古」や「許」の漢字が使用されている。そして「子（こ）」「彦（ひこ）」「壮士（をとこ）」などの「こ」には「古」が使用されているが、決して「許」という漢字は使用されない。逆に「心（こころ）」の「こ」を表記する場合は「許許呂」「許己呂」などのように、「許」「己」を使用しているが、この場合には決して「古」の字を使用しない。まるで二種類の「こ」が存在するかのようである（図11）。

このことに最初に気づいたのは、本居宣長である。本居宣長は『古事記伝』全四十四巻を著した。これは一挙に刊行されたのではなく、寛政二年（一七九〇）に初帙《ちつ》五冊、同四年に第二帙六冊、同九

年に第三帙六冊が順次刊行され、最終巻の刊行は文政五年（一八二二）である。寛政二年に刊行された巻一の末尾近くの「仮字の事」の項において宣長は次のように述べている。

さて又同音の中にも、其ノ言に随ひて、用フる仮字異《コト》にして各《オノオノ》定まれること多くあり。其例をいはゞ、コ。の仮字には、普《アマネ》く許古《ココ》ノ二字を用ひたる中に、子《コ》には古ノ字をのみ書て、許ノ字を書ることなく【彦壮士《ヒコヲトコ》などのコ。も同じ。】メ。の仮字には、普く米売《メメ》ノ二字を用ひたる中に、女《メ》には売《メ》ノ字をのみ書て、米《メ》ノ字を書ることなく【姫処女《ヒメヲトメ》などのメ。も同じ。】キ。には、伎岐紀《キキキ》を普く用ひたる中に、木城《キキ》には紀《キ》をのみ書て、伎岐《キキ》をかゝず。ト。には登斗刀《トトト》を普く用ひたる中に、戸太問《トフトトフ》のト。には、斗《ト》刀《ト》をのみ書て、登《ト》をかゝず。ミ。には美微《ミミ》を普く用ひたる中に、神《カミ》のミ。木草の実《ミ》には、微《ミ》をのみ書て、美《ミ》を書ず。モ。には毛母《モモ》を普く用ひたる中に、妹百雲《イモモヽクモ》などのモ。には、毛《モ》をのみ書て、母《モ》をかゝず。ヒ。には、比肥《ヒヒ》を普く用ひたる中に、火《ヒ》には肥をのみ書て、比《ヒ》をかゝず。生《オヒ》のヒ。には、斐《ヒ》をのみ書て、比肥をかゝず。ビ。には、備毘《ビビ》を用ひたる中に、彦姫《ヒコヒメ》のヒ。の濁りには、毘《ビ》をのみ書て、備《ビ》を書ず。ケ。には、気祁《ケケ》を用ひたる中に、別《ワケ》のケ。には、気《ケ》をのみ書て、祁《ケ》を書ず。辞《コトバ》のケリのケ。には、祁《ケ》をのみ書て、気《ケ》をかゝず。ギ。には、藝《ギ》を普く用ひたるに、過禱《スギネギ》のギ。には、疑《ギ》ノ字をのみ書て、藝《ギ》を書ず。ソ。には曾蘇《ソソ》を用ひたる中に、虚空《ソラ》のソ。には、蘇《ソ》をのみ書て、曾《ソ》をかゝず。ヨ。には、余与用《ヨヨヨ》を用ひたる中に、自《ヨリ》の意のヨ。には、用《ヨ》をのみ書て、余与《ヨヨ》をかゝず。ヌ。には、奴怒《ヌヌ》を普く用ひたる中に、野角忍篠楽《ヌツヌシヌブシヌタヌシ》など、後ノ世はノ。といふヌ。には、怒《ヌ》をのみ書て、奴《ヌ》をかゝず。右は記中に同ジ言の数処《アマタトコロ》に出たるを験《コヽロミ》て、此レ彼レ挙たるのみなり。此ノ類の定まり、なほ余《ホカ》にも多《オホ》かり。此レは此ノ記のみならず、書記万葉などの仮字にも、此ノ定まりほのぼの見えたれど、其《ソ》はいまだ偏《アマネ》くもえ験《コヽロミ》ず。なほこまかに考ふべきことなり。然れども、此記の正しく精《クハ》しきには及ばざるものぞ。抑此ノ事は、人のいまだ得《エ》見顕《ミアラハ》さぬことなるを、己《オノレ》始メて見《ミ》得《エ》たるに、凡て古語を解《ト》く助《タスケ》となること、いと多きぞかし。

（倉野憲司校訂『古事記傳（一）本居宣長撰』岩波書店、一九四〇年、五九ページ）

宣長はこれにより、古事記の記述には「こ」「め」「き」「と」「み」「も」「ひ」「け」「そ」「よ」「ぬ」の一一の清音と「び」「ぎ」の二つの濁音、合わせて一三の音に「文字（万葉仮名）の書き分けがある」ということを初めて指摘した。

本居宣長のこの指摘を受けて、弟子の石塚龍麿は古事記・日本書紀・万葉集を主とする奈良朝の文献において、いろは四七文字プラス濁音二〇文字の合計六七文字のすべての音について書き分けがあるか否かの調査をおこなった。そしてその分析結果を『仮字遣奥山路《かなづかひおくのやまみち》』に以下のようにまとめた。

（1）「え」「き」「け」「こ」「そ」「と」「ぬ」「ひ」「へ」「み」「め」「よ」「ろ」「ぎ」「ご」「ど」「び」「べ」の一八音においては、それぞれが二種類に分かたれる文字群を使用して表記されている。

（2）古事記においては、これらに加えて「ち」「も」の二文字も二種類にかきわけられている。すなわち古事記では二〇の音に文字の遣い分けがある。

（3）それ以外の文字には書き分けは存在しない。

石塚龍麿は、古事記・日本書紀・万葉集を主とする奈良朝の文献においては、以上の清濁あわせて一八音（古事記においては二〇音）がそれぞれ二つのグループに分けられる漢字群で書き分けられていることを明らかにした。

石塚龍麿の『仮字遣奥山路』は、寛政十年（一七九八）ころには完成していたようであるが、刊行されることはなく、わずかに写本で伝わるのみであった。このためもあってか注目されることもなく、草鹿砥宣隆《くさかどのぶたか》が一八四九年の嘉永二年ころに『古言別音鈔《こげんべつおんしょう》』として解説抄録したものがあるのみで埋没してしまっていた。

明治に入り、東京大学の橋本進吉氏は、明治四十二年（一九〇九）ころから万葉集の文法に関する研究に従事していた。その際、巻十四の東歌《あづまうた》の中に、「我」とあるべき所が「家」となっているのを不審に思い、「家」の使用例を収集した。そこから「け」の音の表記には決して混用されない二種類の漢字のグループが存在することに気づいた。そして同様の調査をその他の音へ拡げ、石塚龍麿と同じように二〇の音についてはそれを表示する万葉仮名に二種類のグループが存在することに気づいた。しかし橋本進吉氏は、ちょうどそのころ、ほとんど同じことが『仮字遣奥山路』に記述されているということを知った。その経緯は、前出の橋本進吉著『文字及び仮名遣の研究』の中の一章「国語仮名遣研究史上の一発見——石塚龍麿の仮名遣奥山路について（一六一ページ）」、同じく橋本進吉著『古代国語の音韻に就いて』（岩波書店、一九八〇年、六八〜七〇ページ）に詳しく述べられている。ただし、石塚龍麿の書は『仮字遣奥山路』である。橋本進吉氏が、これを『仮名遣奥山路』と紹介したために、少しく混乱が続いているように思う。

橋本進吉氏はこれらの研究を押し進め、『仮字遣奥山路』で石塚龍麿が結論したことを以下のように訂正補完した。
（1）石塚龍麿は、「『ぬ』にも二種類の書き分けがある」としているが、これは誤りである。「ぬ」には書き分けは存在しない。そうではなく、これは「の」の音の方が二種類に書き分けられているのである。その二種類の「の」のうちの一方の群が「ぬ」のように見えているのである。
（2）古事記においては、石塚龍麿の述べるように「も」は二種類に書き分けられているが、「ち」には二種類の書き分けはない。
（3）濁音は、「ぎ」「ご」「ど」「び」「べ」のみならず、「げ」「ぞ」も二種類に書き分けられている。
（4）これら二種類の書き分けは、恐らく音韻の違い、それも母音の違いによるものである。すなわち、別の音として区別して発音されていた。

上代（奈良時代）におけるこの一九音（古事記では二〇音）の二類の書き分けが、現在「上代特殊仮名遣い」といわれているものである。そしてこの二類の書き分けを橋本進吉氏の命名により甲類乙類という分類で呼ぶことが習わしになっている。例えば「古」は甲類の「こ」、「許」は乙類の「こ」である。ちなみに筑後山門の「門《と》」は甲類の「と」であり、近畿大和を指す「夜麻登」の「登《と》」は乙類の「と」である。魏志倭人伝に登場する邪馬台国の「台」は乙類の「と」に分類されている文字である。そしてこれが邪馬台国近畿大和説の重要な根拠の一つになっているのである。

本居宣長は先述したように古事記には一一の清音と二つの濁音、合わせて一三の音にそれぞれ二種類の書き分けがあることに初めて気づいた人である。その宣長は、江戸時代中期初頭の元禄年間に契《けい》

沖《ちゅう》の見出した仮名遣い、すなわち「歴史的仮名遣い」については、『古事記伝』巻一の「仮名の事」の中で、

語の音に差別なくば、何によりてかは、仮字を書分ることのあらむ

と述べていて、使用する仮名が異なるのは音韻が違っていたからであると述べている。しかし本人自身が初めてその一部を指摘した「上代特殊仮名遣い」については、それが何に拠るのか言及していない。石塚龍麿は『仮字遣奥山路』の自序で「しか定まれるはいかなるゆゑともしれねども……」と述べ、上代特殊仮名遣いの理由は不明としている。ただし草鹿砥宣隆の『古言別音鈔』に引用された『仮字遺奥山路』には「今の世にては音同《コエ》じきも古言には音異るところ有りて古書には用ひし仮字に差別ありていと厳になん有りけるを」とあるらしく、石塚龍麿も後年には音の違いによるものであろうと考えていたふしがあるらしい（橋本進吉著『文字及び仮名遣の研究』一四一ページ）。

橋本進吉氏は大正六年（一九一七）の『帝国文学』十一月号に発表した『国語仮名遣研究史上の一発見――石塚龍麿の仮名遣奥山路について』で以下のように上代特殊仮名遣いは音韻の違いによるものであると明確に述べている。

さうして此の問題については自分の研究も未だ定説を得るに至らないが、エ音の仮名の両類の別が阿行と也行のエ音の別（即、eとyeの別）に相当するものである事、古言衣延辨や大矢透氏

の研究の結果と対照して明であるのを観ても、此等の仮名の区別が奈良朝又は其以前にあつた音韻上の差別に基くものである事は略疑の無い所である。

（橋本進吉博士著作集第三冊『文字及び仮名遣の研究』改版、岩波書店、一九七〇年、一四二ページ）

さらに昭和二年の大学の講義で、

それでは、この二つの類の間に、どんな音の違ひがあつたかといふと、今までの所では未だこれを決定する事は出来ないけれども、それはアクセントの違ひでもなく、又音節の初めの子音の違ひでもなく、むしろ、母音の違ひによるものではなかつたかと思はれる。

（橋本進吉博士著作集第六冊『国語音韻史（講義集一）』岩波書店、一九六六年、一五七ページ）

と述べている。

上代特殊仮名遣い、すなわち「音韻の違い」について、前述の「こ」の表記の例を使用して私なりの説明を加えてみよう。日本では、「古」は現代でも「こ」と読んでいるが、「許」は「きょ」であり、両者は異なっている。同じように古事記・日本書紀が編纂された八世紀には、漢字の本家である中国でも「古」と「許」を明確に発音しわけていた。その違いを藤堂明保編『学研・漢和大字典』でみてみよう（表9）。なお、秦・漢代のころの音は上古音と呼ばれ、隋・唐代のころの音は中古音と呼ばれている。

これでみると、「古」の系統の漢字は、上古音で［-ag］、中古音では［-o］と発音される漢字である。古・故・姑・固・胡を日本語で「こ」と読むのは中古音に基づく読みであることがわかる。一方、「許」の系統の漢字は上古音で［-iag］、中古音では［-io］と発音される漢字群である。「古」系統の漢字と「許」系統の漢字の発音の違いは、上古音においても、あるいは中古音においてもその中に［-i］の音があるか無いかの違いである。そして中国語ではこれを別音として区別している。万葉仮名の「こ」に関する二類の漢字群による書き分けも、この中国語そのものに存在する音の違いを日本語としても区別していたと考えられるのである。奈良時代までの倭人は、この違いを別の音として言い分け、聞き分け、書き分けていたのである。

表9 「古」グループと「許」グループの漢字の発音の違い

「古」グループの漢字 上古音―中古音		「許」グループの漢字 上古音―中古音	
古	kag—ko	許	hiag—hio
故	kag—ko	居	kiag—kio
姑	kag—ko	巨	giag—gio
固	kag—ko	去	k‘iag—k‘io
胡	hag—ho	己	kiəg—kiei

（藤堂明保編『学研・漢和大字典』より）

橋本進吉氏により再発見された事項を五十音図式に記述すると次ページの図12のようになる。

この図の中にある音韻の総数は六〇である。石塚龍麿は『「ぬ」にも二類の書き分けが存在する』としていたが、一六八ページにも述べたように橋本進吉氏はこれを以下のように訂正されていた。

「ぬ」には書き分けは存在しない。「ぬ」に書き分けがあるように見えるのは「の」の音の方が二種類に書き分けられているのである。その二種類の「の」のうちの一方の群が「ぬ」のように見えているのである。

図12　上代清音図

	あ段	い段	う段	え段	お段
あ行	あ	い	う	え＝［e］	お
か行	か	甲類「き」 乙類「き」	く	甲類「け」 乙類「け」	甲類「こ」 乙類「こ」
さ行	さ	し	す	せ	甲類「そ」 乙類「そ」
た行	た	ち	つ	て	甲類「と」 乙類「と」
な行	な	に	ぬ	ね	甲類「の」 乙類「の」
は行	は	甲類「ひ」 乙類「ひ」	ふ	甲類「へ」 乙類「へ」	ほ
ま行	ま	甲類「み」 乙類「み」	む	甲類「め」 乙類「め」	も
や行	や	□	ゆ	え＝［ye］	甲類「よ」 乙類「よ」
ら行	ら	り	る	れ	甲類「ろ」 乙類「ろ」
わ行	わ	ゐ＝［wi］	□	ゑ＝［we］	を＝［wo］

橋本進吉氏により訂正されたこの図によると、「あ段」と「う段」には甲類乙類と分けられるような音は存在しないということになり、論理がよりシンプルで美しいものとなる。橋本進吉氏の説の正しさを示すものであろう。

次に濁音を図にすると図13のようになる。

この図に存在する濁音の総数は二七音である。従って奈良時代には、〔清音＋濁音＝60＋27＝87〕より、八七音が日本語を構成する音として存在したのである。

〔奈良時代の音韻〕　清音＋濁音＝
60＋27＝87

そして非常に重要なことは古事記に限って言えば、「も」も二種類に書き分けられているから、古事記が撰録された七一二年ころまでは八八音の区別が存在したことになる。

〔古事記の音韻＝奈良時代極初期の音韻〕　清音＋濁音＝61＋27＝88

ところが平安時代に記述された文献や資料を分析すると、奈良時代の文献にみられる「きひみけへめこそとのもよろぎげごぞどびべ」の清濁合計二〇の音の書き分けが存在しなくなるのである。橋本進吉著『国語音韻の研究』には次のように記述されている。

奈良朝時代の諸音の中、二音が後の仮名一つに相当するものは、「え」の仮名にあたるものを除く外は、すべて、平安朝初期に於ては、その一つが他の一つと同音になり、その間の区別がなくなつてしまつた。さうしてその音は、之にあたる仮名の後世の発音と同じ音に帰したらしい（但しその中、「ひ」「へ」にあたるものはフィフェとなつた）。かやうにして、「き」「け」「こ」「そ」「と」「の」「ひ」「へ」「み」「め」「よ」「ろ」「ぎ」「げ」「ご」「ぞ」「ど」「び」「べ」の一つ一つに相当する二音が、それぞれ一音を減じて、これらの仮名がそれぞ

図13　上代濁音図

	あ段	い段	う段	え段	お段
が行	が	（甲類「ぎ」 乙類「ぎ」）	ぐ	（甲類「げ」 乙類「げ」）	（甲類「ご」 乙類「ご」）
ざ行	ざ	じ	ず	ぜ	（甲類「ぞ」 乙類「ぞ」）
だ行	だ	ぢ	づ	で	（甲類「ど」 乙類「ど」）
ば行	ば	（甲類「び」 乙類「び」）	ぶ	（甲類「べ」 乙類「べ」）	ぼ

れ一音を代表するやうになつた。この傾向は奈良朝末期から既にあらはれてゐたが、平安朝にいたつて完全に変化したのである。

（橋本進吉博士著作集第四冊『国語音韻の研究』岩波書店、一九五〇年、八〇ページ）

このように平安時代初期には清濁あわせて一九音が消失している。なお、前後するが同書の七三ページには次のように記述されている。

奈良朝の文献でも、古事記だけに於ては、「も」の仮名にあたる万葉仮名に「母」と「毛」との二つがあり、それを用ゐる語にはそれぞれきまりがあつて決して混同しない（「本」「者」「伴《トモ》」「思ひ」などの「も」には「母」を用ゐ、「百《モモ》」「妹《イモ》」「鴨」「下《シモ》」などの「も」には「毛」を用ゐる）。即ち、古事記に於ては更一つだけ多くの音を区別していたのであつて、すべて八十八音を区別した。……さうして奈良朝でも末期になると、「と」「の」などの仮名にあたる二音の別が次第に失はれたと見えて、之に宛てた万葉仮名の混用が多くなつてゐる事は既に説いた通りである。

奈良時代のごく初期には、日本語には八八音の区別が存在した。それが日本書紀成立の七二〇年ころには、まず最初に「も」の二種類の区別がなくなり、八七音になった。そしてその後、平安時代初期までの約七〇年間に一気に六八音に減じたのである。これがいわゆる「上代特殊仮名遣いの消滅」である。奈良時代の開始は七一〇年とされている。そして平安時代の開始は七九四年の平安遷都の年である。八四年の間に日本語の中から一気に二〇音が消失したのである。なんという不思議であろうか。

従来、この件についてはどのように考えられているかをみてみよう。

（一）『改訂版・日本語の歴史』（土井忠生他、三版、至文堂、一九五九年、一〇六ページ）

音韻と語法とは、語彙に比して容易に変化しない部分であるが、奈良時代と平安時代との間にかような大量の音韻類が減少することは、国語史上の一大劃期で、今まで言い分け、聞き分けて来た基本の音韻がどしどし消滅したわけであるが、これで意義の区別に支障のなかつたものか、不思議な感じがする。

上代仮名遣消滅の理由は、ちよつと、考えると、平安遷都によつて起つたところの、奈良方言と京都方言との差によるものかと思われてくる。しかしこれはにわかには賛成できない。平安時代に入ってからの文献は、みな京都で書かれたわけではなく、南都でも書かれているのである。霊異記（八一〇—八二三）は、南都薬師寺の僧によつて記されたものであるが、すでに大方混乱してしまつて、わずかにへ・コの両類を残しているのみである。

（二）『講座・国語史2　音韻史・文字史』（中田祝夫他、大修館書店、一九七二年、四三ページ）

上代と中古との間に、かなり急速に十数音が消滅したということは、だれにも不審かつ不可解の事実と目されるのではないか思う。つまり同一の言語で、わずかの間にかくも多くの音韻数を減じて行って、それで社会的なコミユニケーションが可能であったのだろうかという点が疑問点とされよう。そこでそのように音韻数が急に減じたのでは、社会的にコミユニケーションが不可能となるから、上代と中古との音韻変化の大差は、一言語内において、時代の推移の間に起こされたのではなく、やはり方言の差異であったはずだというふうに考える人もでるのである。

（三）『琉球語彙史の研究』（中本正智、三一書房、一九八三年、一八ページ）

従来の研究で、奈良朝期の言語と平安朝期の言語の間に大きな落差のあることが知られている。たとえば、奈良朝期の音韻体系における甲類、乙類の別や母音調和の存在などが、平安朝期に入ったところで崩壊したことなどである。奈良と京都という近接地域で言語差の少なかったであろうことを想うと、いかにも尋常でない。この落差が大きいことは奈良朝期の言語に第一中央圏（砂川註・北九州圏域のこと）の支配者層の言語の影響が色濃く残っていたからだと思われる。これら支配者層の言語の影響が畿内の言語に埋没して失われてしまったすがたが、平安朝期の言語ということではなかったか。

例証としては以上で充分であると思う。奈良朝初期から平安朝初期にかけての約八十数年の間に、日本語音韻の中から一挙に二〇音が消失してしまったことは、「大いなる不思議」であり、謎なのである。そしてそれは奈良時代に進行していた。

3　上代特殊仮名遣い消滅の真相

今や、その謎は解明された。大海人皇子（天武天皇）は九州王朝の王子だからである。天武王朝は九州王朝そのものである。そして九州王朝は三世紀の邪馬台国の直系子孫の王朝である。

九州王朝の言葉は早くから中国語の影響を強く受けている。一世紀には、後漢光武帝から倭国の委奴国王に「漢委奴国王」という金印が授与されており、その金印は一七八四年に博多市志賀島から出土している。次いで、三世紀の邪馬台国は魏から「親魏倭王」の金印を授与されている。宋書には五世紀の倭の五人の王のことが記載されている。古田武彦氏は『邪馬台国はなかった』（朝日新聞社、一九七一年）において邪馬台国の所在地は博多であると論証された。さらに『失われた九州王朝』（朝日新聞社、一九七三年）により、七世紀末までの倭国を代表する権力は九州王朝であったということを論証された。古田武彦氏の説によれば、邪馬台国の女王・卑弥呼はもとより「五世紀の倭の五王」は九州王朝の王なのである。その五王の中の最後の王・倭王武の上表文はここにあらためて引用掲載するまでもなく非常に格調高い漢文である。倭王武の王朝は漢文に堪能なのである。平安時代に中国文化が積極的に導入され、それにともない多数の漢語が流入して日本語として使用されるなかで、撥音・促音・拗音など日本語そのものの音韻変化がもたらされたのと同じように、五世紀の倭王武の王朝においても同じ事がおこったであろう。すなわち、音韻の中国語風の変化である。九州王朝の音韻は中国語の影響だけでなく、それよりも遙かに頻繁に交渉が存在した朝鮮語の影響をも受けているであろう。そのために九州王朝の言葉は倭人語の中では、早い時期から大幅な音韻変化が生じていた。

一方、近畿地方は七世紀後半までは倭国の中の一地方にすぎなかった。その当時の倭国の都は筑紫である。従って中国からの使節、朝鮮からの使節の往来は筑紫止まりである。外国からの使節が当時は辺境にすぎない奈良まで出向くものでもあるまい。そのため、近畿地方の言語は中国語・朝鮮語に直接曝されることはなかった。中国語・朝鮮語の影響は非常に微々たるものでしかなく、近畿地方の言葉は七世紀末葉まで、倭人語としての古型を保持していた。それが古事記にみられる八八の音韻の存在である。

天智二年（六六三）の秋八月、白村江の戦いにおいて倭・百済連合軍は唐・新羅連合軍に壊滅的な大敗北を喫した。この時の倭国の本体は九州王朝である。その九州王朝軍の後詰めとして（あるいは物資補給係りとして？）筑紫に留まっていた大海人皇子に、倭・百済連合軍壊滅の報が届いた。朝鮮と筑紫との間は指呼の間である。勝ちに乗じた唐・新羅連合軍が一挙に攻め寄せてくるかもしれない。しかし倭国は、すでに全兵力を白村江に投入していた。それが壊滅してしまった今、もはや筑紫には攻め寄せてくる唐・新羅連合軍を迎え撃つだけの軍隊は存在しないのである。そこで大海人皇子は残存部隊をまとめて近畿大和へ逃げた。あるいは逃げたというのではなく、〝名誉ある撤退〟だったのかもしれない。攻め寄せてくる唐・新羅連合軍を筑紫ではなく近畿大和で迎え撃つとなれば戦線が長くなる。時間かせぎができる。その間に態勢を立て直せる可能性がある。しかし筑紫にいたのではそれは不可能である。筑紫では、唐・新羅連合軍が攻めてきたとき、待ったなしでやられることになる。そのような危険な筑紫からの〝名誉ある撤退〟だったのかもしれない。

私は本章を作成するまで、大海人皇子は己の身内を主とするごく一握りの少人数で近畿大和へ落ちのびてきた、と考えていた。しかし大海人皇子の大和出現後、しばらくの間をおいてから、大和語から上代音韻が大量に消失するということの事実に気がついて考えをあらためた。

大海人皇子は、かなりの人数で近畿大和に移ってきたのであろう。そうでなければ、いくら大海人皇子が天皇になったとはいっても、ひとにぎりの大海人皇子一族だけでは、近畿地方の音韻をこのようにかえてしまうことはできないと思われるからである。その場合には逆に、大海人皇子一族の言葉の方が、近畿大和の言葉に飲み込まれてしまったはずである。そうならなかったのは、大海人皇子は近畿大和の音韻を変容せしめうるだけの人数で大和入りをしたからなのであろう。大海人皇子は、かなりの人数で大和に乗り込んだ。そしてその人たちが天武朝のいろいろな部署の主要な地位についた。そのために倭人語としての古型を留めていた大和語は、天武朝のころから変化しだした。そして奈良時代には、その変化がはっきりした姿をとるようになった。その例が、七一二年成立の古事記には存在する二種類の「も」の書き分けが七二〇年成立の日本書紀では消失してしまっていることである。そして最終的には平安朝の諸文献にみられるような音韻大系に変化したのである。また、そのようなある程度のかなりの人数であったからこそ、大海人皇子は壬申の乱を勝利することもできたのだと思われる。

昭和五十四年（一九七九）一月二十三日、奈良市比瀬町の茶畑から太安万侶《おおのやすまろ》の墓が発見された。それが太安万侶の墓であるということがわかるのは、その墓から太安万侶墓誌が出てきたからである。その墓誌には「太朝臣安萬侶以癸亥年七月六日卒之」と記されている。この癸亥年は七二三年である。

太安万侶の没年齢は不明であるが、これを仮に六〇歳と仮定する。すると太安万侶の誕生年は甲子年となる。この甲子年は六六四年である。これは天智三年であり、大海人皇子が歴史の表舞台に登場した年である。すると太安万侶は、壬申の乱の年にはかぞえで九歳である。太安万侶が九歳になるまでの近畿大和の権力者は、生粋の近畿大和の出自の天智天皇である。従ってもしも太安万侶が九州王朝系の人物ではなく、生粋の近畿大和出身の人であったとしたら、太安万侶の言葉は九歳になるまで聞いて育った大和ことばである。そのために太安万侶は八八の音韻を言い分け、聞き分け、書き分けることができた。この八八音の中には、もちろん、「も」の二類の書き分けも入っている。その太安万侶により撰録記述されたのが古事記なのである。

　古事記が完成した八年後に日本書紀が完成する。ところが日本書紀には「も」の二種類の書き分けは存在しない。同じ大和において、しかもわずか八年の違いでしかないにも拘わらず、「も」を二種類に書き分けることができなくなっている。それはなぜか？

　日本書紀の編纂を主宰したのは舎人《とねり》親王である。舎人親王の母親は天智天皇の娘の新田部《にいたべ》皇女であるが、父親はもちろん、天武天皇である。そして天武天皇は九州筑紫生まれである。九州出身の天武天皇には、「も」を二種類に言い分け、聞き分け、書き分けることができなかった。そのために、その子の舎人親王も、「も」を二種類に言い分け、聞き分け、書き分けることができなかったのである。そのために古事記成立後、わずか八年にすぎないのであるが日本書紀では「も」の二種類の書き分けがなされていないのである。

　天武王朝が、天武の子・孫・曾孫へと受け継がれ、奈良時代として一〇年、二〇年と経過する中で、支配者である天武一族の筑紫なまり（「えきひみけへめこそとのよろもぎげごぞどびべ」の音に二種類の区別が存在しない音韻）が、上品な言葉、雅《みやび》な言葉として尊ばれ、優位を占めるようになっていった。その結果として平安朝に入るころには、これらはすべて一音に統合されるようになった。

中本正智氏は『琉球語彙史の研究』において、次のように述べていた。

この落差が大きいことは奈良朝期の言語に第一中央圏の支配者層の言語の影響が色濃く残っていたからだと思われる。これら支配者層の言語の影響が畿内の言語に埋没して失われてしまったすがたが、平安朝期の言語ということではなかったか。

（中本正智『琉球語彙史の研究』三一書房、一九八三年、一八ページ）

中本正智氏は、奈良朝と平安朝初期の間にみられるこの音韻の落差の源を北九州の言葉と近畿言葉の差に求めた。そしてそれは正しい。ただし中本正智氏は、北九州の言葉（音韻）の方が八八音であり、それが六八音の近畿言葉の中に飲み込まれて消滅していったと考えた。逆である。六八音の北九州の言葉が、近畿大和の言葉（すなわち倭人古来の言葉）である八八音の音韻大系を変化させ、六八音に減じさせたのである。

第五章　古事記の使用した暦

1　古事記の推古崩年月日と中国暦法

これまでほとんど注目されていないが、古事記の記述している推古天皇の崩御年月日は極めて重大な情報を提供しているように思う。古事記は推古天皇の崩御年月日を次の様に記述している。

戊子年三月十五日癸丑

この記述からすれば、古事記は日にちの記述に干支を使用しているのである。従ってこれは、推古没年には近畿大和において中国製の暦が使用されていたことの証拠であるようにみえる。何故ならば日にちを干支で表記するのは中国暦法の一部だからである。

中国では殷の時代から既に日にちを六〇干支で表記している。伊藤道治著『古代殷王朝の謎』には殷時代の亀甲文字による卜辞の例として次のようなものが記載されている。

①癸丑の日に卜《うらな》い、㱿が貞《と》う（六七ページ）
②癸亥の日に卜い、𠱠が貞う（六七ページ）
③乙亥の日に貞う、大庚がたたりせるか（六八ページ）
④辛未の日に卜い、㱿が貞う（七六ページ）
⑤九日甲寅には、酘らざりき、雨ふれり（七六ページ）

（伊藤道治『古代殷王朝の謎』講談社学術文庫、二〇〇二年）

そのほかにも「干支による日にちの記述」について、新城新蔵氏が次のように述べている。

春秋は魯の隠公元年（西紀前七二二年）より哀公十四年（西紀前四八一年）に至る十二公二百四十二年間の歴史で、孔子が魯の宮庭文庫の材料によりて編述されたものといはれて居る。所謂編年体で、年は魯公の即位を元年として数へ、月は正月より十二月までにてそれに春夏秋冬の四時を冠し、日は連続せる六十干支にて記して居る。

（新城新蔵『東洋天文学史研究』復刻版、臨川書店、一九八九年、一三ページ）

以上から明かなように、中国では殷代から六〇干支により日にちを表記・記述している。そして少なくとも魯の隠公元年（西紀前七二二年）以降は「日は連続せる六十干支にて記して居る」のである。
次に中国で作成された暦法を見てみると、漢書律歴志によれば前漢以前には黄帝暦、顓頊《せんぎょく》暦、夏暦、殷暦、周暦、魯暦の六つの暦があったとされている。そのなかの顓頊暦について、新城新蔵氏は『東洋天文学史研究』で次のように述べている（六二二〜六二四ページ）。

顓頊暦は四分暦法の一種で、太初改暦（西紀前一〇四年）の際まで、秦及び漢初に行はれた暦である。

（中略）

顓頊暦が何時頃制定されたものであるかといふことに就ては確かなる論断を下し得べき程の材料がないが、第一には、この暦法の制定された時期は、春秋後期から戦国初期に行はれた所謂周正が再び二ヶ月程還元して、夏正が用ひらるゝ様になつた時期と大体一致しなければならぬであらうといふこと。第二には、漢初に於ける日蝕が多く晦にあるのは、暦法制定後若干の年代を経たがために、暦面の合朔と実際の合朔との間に次第に差を生ずるに至つたのであると見做して、溯つて暦法制定の時代を推算したるものとの二つの理由によりて、私は顓頊暦を以て大体戦国時代の半ば、西紀前三百五六十年頃に制定されたものと推定したいと思ふ。

中国においては戦国時代の半ば、紀元前三六〇〜三五〇年ころには、すでに確固とした暦法が存在した。その中国暦法では、干支で日にちを表記するのである。唐代までのその後の中国古代暦の変遷を示すと表10のようになる。

従って、これらの中国古代暦のうちの一つが推古時代の日本に導入されて使用されていたと考える

表10　大衍暦以前の中国古代暦の変遷

①顓頊暦…四分暦の一種で秦及び前漢の初めころに使用された。
②太初暦…前漢の太初元年（紀元前104）から施行。
③三統暦…前漢末に劉歆が太初暦を増補したもの。
④後漢四分暦…後漢元和２年（85）から施行。
⑤太和暦…魏の太和元年（227）。
⑥景初暦…魏の青龍５年（237、景初元年と同年）から施行。
⑦泰始暦…晋の泰始元年（265）に景初暦を泰始暦と改める。
⑧永初暦…晋の泰始暦を呼び換えただけ。なお、南朝宋の永初元年は420年。
⑨元嘉暦…南朝宋の元嘉22年（445）から施行。何承天の作成。
⑩開皇暦…隋の開皇４年（584）から施行。
⑪大業暦…隋の大業４年（608）から施行。
⑫戊寅暦…唐の武徳２年（619）から施行。
⑬麟徳暦…日本では儀鳳暦と呼ばれた。唐の麟徳２年（665）から施行。
⑭大衍暦…唐の開元17年（729）から施行。

ことは、あながち否定されるべきものではない。加えて法隆寺釈迦三尊像はその光背に刻されている癸未年という造像年から、推古時代に作成された仏像であることは確実である。その光背銘には「推古時代の壬午年の二月二十一日癸酉」という暦日干支が刻されている。これを内田正男編著『日本書紀暦日原典』で確認してみると「推古時代の壬午年の二月二十一日」は元嘉暦で確かに癸酉である。従って推古時代に作成された法隆寺釈迦三尊像の光背銘には元嘉暦、すなわち中国製の暦が使用されているのである。従って古事記の記す推古没年月日の「戊子年三月十五日癸丑」は、元嘉暦によるものか否かは別として中国暦法による暦日表記であると考えるべきであると思う。

　私は暦法についてはまったくの素人であるが、上記の仮定をスタートとして常識で考えられることや自力で調べることのできた範囲内で「古事記は中国古代暦を使用していた」ということを論証しようと思う。幸いにも本書の題名には「平成衡口発」を冠してある。ここではその冠称どおりに思い切り「衡口発」をしてみよう。

2　日本書紀の暦

本章は「古事記の使用した暦」について論じるのであるが、その前に日本書紀の使用した暦についてみておこう。日本書紀に明記されている中国暦は元嘉暦と儀鳳暦である。その名称が出現するのは意外に遅く、持統四年（六九〇）十一月である。次のように記述されている。

（持統四年）十一月の甲戌の朔庚辰に、……甲申に、勅を奉《うけたまは》りて始めて元嘉暦と儀鳳暦とを行ふ。

日本書紀では持統時代（正しくは高市天皇時代）になって、漸く元嘉暦と儀鳳暦の名称が出てくる。暦に関する記述は、それ以前にも散見されるが暦の名称の記述はない。いずれにしろ上記の文は、持統四年十一月には近畿大和において、元嘉暦と儀鳳暦が並行して使用されていたということを述べている。そして、この日本書紀の記述は、奈良県明日香村の石神《いしがみ》遺跡から出土した木簡によって確認された。二〇〇三年二月二十七日の沖縄の新聞に「六八九年の三月と四月の元嘉暦による暦を表裏に墨書した木簡が出土した」という記事が掲載されていた。おそらくこの日、日本全国ほとんどの新聞が第一面のトップでこのことを報じたのではないかと思う。日の干支や「三月節」などの記述から、「表《おもて》

表11　日本書紀月朔干支と儀鳳暦・元嘉暦の月朔干支対照表

日本書紀の月朔干支	西紀	儀鳳暦	元嘉暦
太歳　甲寅　十一月丙戌	前六六六	丙戌	丁亥
戊午　六月乙未	六六二	乙未	丙申
八月甲午	〃	甲午	乙未
十月癸巳	〃	癸巳	甲午
神武　元年　正月庚辰	六五九	庚辰	辛巳
四年　二月壬戌	六五六	壬戌	癸亥
四十二年　正月壬子	六一八	壬子	癸丑
七十七年　九月乙卯	五八三	乙卯	丙辰
安寧　三年　正月戊寅	五四五	戊寅	己卯
懿徳　二年　二月癸卯	五〇八	癸卯	甲辰
孝安三十八年　八月丙子	三五四	丙子	丁丑
崇神　九年　三月甲子	八八	甲子	乙丑
十年　七月丙戌	八七	丙戌	丁亥
二十九年　正月己亥	六八	己亥	庚子
垂仁　十五年　二月乙卯	一四	乙卯	丙辰
二十三年　十月乙丑	前　六	閏十月乙丑	閏十月乙丑
景行　十二年　九月甲子	後　八二	甲子	乙丑
成務　二年　十一月癸酉	一三二	癸酉	甲戌
仲哀　元年閏十一月乙卯	一九二	閏十一月乙卯	閏十二月甲申
九年　三月壬申	二〇〇	壬申	癸酉
仁徳八十七年　十月癸未	三九九	癸未	甲申
履中　五年　九月乙酉	四〇四	閏九月乙酉	閏九月乙酉

は六八九年（持統三年）の三月の暦、裏は同四月の暦」と判断されたとのことである。従って日本書紀の記述する年月日には、確実に元嘉暦が使用されている。そして持統四年からは儀鳳暦も併行して使用されるようになった。同時に二種類の暦を使用するというのは奇妙なことであるが、この件については「年月日を規定する暦法としては元嘉暦を使用し、日蝕や月蝕の予測には新しい暦法（従ってより正確な）儀鳳暦を使用したのであろう」と考えられている。

日本書紀には約九百個の月の朔日の干支が記載されているが、この日本書紀の記述する暦日干支を計算によって得られる元嘉暦や儀鳳暦の暦日干支と比較した研究が存在する。昭和初期

安康	三年　八月甲申	四五六	癸未	甲申
雄略	四年　八月辛卯	四六〇	庚寅	辛卯
清寧	四年　閏五月	四八三	閏六月戊申	閏五月戊寅
安閑	元年閏十二月	五三四	閏十二月己卯	閏十二月己卯
欽明	九年　閏七月庚申	五四八	閏七月庚申	閏七月庚申
	三十一年　三月甲申	五七〇	三月甲申	三月甲申
	四月甲申	〃	閏四月甲申	閏四月甲申
敏達	十年　閏二月	五八一	閏二月辛巳	閏二月辛巳
推古	十年　閏十月乙亥	六〇二	閏十月乙亥	閏十月乙亥
舒明	二年　正月丁卯	六三〇	閏正月丁卯	正月丁卯
皇極	二年(閏七月戊寅)	六四三	八月戊寅	閏七月戊寅
	八月戊申		閏八月戊申	八月戊申
大化	五年　五月癸卯	六四九	甲辰	甲辰
天智	六年閏十一月丁亥	六六七	十二月丁亥（閏十二月丙辰）	閏十一月丁亥

（小川清彦『日本書紀の暦日に就て』の「第三表　月朔及閏月異同対照表」より。内田正男編著『日本書紀暦日原典』所収）

の小川清彦氏の『日本書紀の暦日に就て』という論文である。本論文は内田正男編著『日本書紀暦日原典』に収録されている。小川清彦氏は、日本書紀に記述されているすべての年月日の「月の朔日の干支」を、計算により得られる同年同月の元嘉暦による「月の朔日の干支」、および儀鳳暦による「月の朔日の干支」と比較したのである（表11）。それにより小川清彦氏は驚くべき事実を見いだした。小川清彦氏は、「日本書紀の神武以降履中までの年月日の干支は儀鳳暦に合致しており、安康以降持統までの年月日の干支は元嘉暦に合致している」という事実を初めて指摘した。

日本書紀の記述する履中没年（履中六年）は乙巳であり、これは西暦四〇五年に相当する。そして儀鳳暦は六六五年の成立である。上記の表から分かることは、日本書紀の記述する神武東征出発の時から履中没年までの「月の朔日の干支」は元嘉暦には合致せず、未だ存在しない儀鳳暦に合致しているのである。そこから小川清彦氏は以下のように結論づけた。

史学者ノ研究ニヨルト日本紀ノ年代ノ信ズベキニ到ツタノハ 530 A.D. 頃カラデ神武以降仁徳アタリマデハ伝説ノ時代デアツタラウトイハレル。由来伝説ニハ年代ハナイ。始カラ終リマデ物語ノ連続デアル。Herodotus, Thucydides ガ左様デアリ、古事記モ同様デアル。日本紀モ後ノ部分ニナルト文献モアリ、ソレハ百済ノ暦日ニヨツテ記サレタモノデアラウガ、前ノ部分ニハナカツタ筈デアル。日本紀編纂ノ際、ソレデハ困ルトイフノデ新タニ相談ノ上（相議シテ）旧イ物語――ソレハ主トシテ語部ニヨツテ伝承（?）サレ元来年代ナドノナカツタモノニ新タニ年月日ヲ織リ込ンダモノト想像サレル。従ツテ神武以降、アル時代マデノ月朔ハ当然後カラ推算ニヨツテ組ミ入レタモノト推定シウルワケデアル。

（中略）

要スルニ日本紀ノ暦日ハ神武以降五世紀ニ至ルマデノ分ガ儀鳳暦（経朔）ニヨリ推算サレ、ソノ後ノ分ハ元嘉暦ニヨツテ推算サレタモノト考ヘラレル。而シテ元嘉暦ハ支那ニ於テ元嘉二十二年（445 AD）カラ行用ヲ見タモノデアル事実ヲ参照スルト……ソースルト多分安康元年（454 AD）以降ガ元嘉暦ニヨル推算ニナツタトスベキデアラウ。

（小川清彦「日本書紀の暦日に就て」内田正男編著『日本書紀暦日原典』新装版、雄山閣出版、一九九三年所収）

すなわち小川清彦氏は、日本書紀の年の干支および月の朔日の干支の大部分は、日本書紀編纂時に計算によって得られた捏造された干支としている。そして現在、この説は、一八八ページの表11の持つ説得力により、部分的には定説として認められていると思う。「部分的に」とのことわりが必要であるのは、先述したように奈良県明日香村の石神遺跡から出土した木簡により、日本書紀成立の約三〇年前となる六八九年には、近畿大和において元嘉暦が使用されていたことは確実だからである。従って、日本書紀の記述する年月日の干支のすべてが、日本書紀編纂時の推算によるものではない。中国で元嘉暦が使用されるようになった西暦四四五年から六八九年（持統三年）までの期間の中のある年に、近畿大和で実際に元嘉暦が使用されるようになったのである。これが意味することはいろいろ考えられる。たとえば、

①近畿天皇家にはそれまで暦はなかった。この時はじめて中国製の暦（元嘉暦）を使用するようになった。

②近畿天皇家には倭国製の倭暦があり、それを使用していた。それを元嘉暦にあらためた。

③近畿天皇家はそれまで古い中国暦を使用していたが、その時、元嘉暦にあらためた。

などである。可能性はまだあるのかもしれない。しかしいずれにしても真実の近畿大和における元嘉暦使用の開始時点をxポイントとすれば、神武東征進発の年からxポイントまでの日本書紀の年月日の干支は日本書紀編纂時の推算によるものなのである。

小川清彦氏は、上記論文『日本書紀の暦日に就て』で以下のように述べておられた。

「由来伝説には年代はない。……古事記も同様である。日本紀も後の部分になると文献もあり、それは百済の暦日によって記されたものであろうが、前の部分にはなかった筈である。日本紀編纂の際、

それでは困るというので新たに相談の上（相議して）旧い物語――それは主として語部によって伝承（？）され、元来年代などのなかったものに、新たに年月日を織り込んだものと想像される」

しかし小川清彦氏のこの結論は早急にすぎると思う。確かに日本書紀の記述はそのように見える。日本書紀の安康元年以降持統譲位までの日にちの干支は、元嘉暦による干支に合致しているが、神武東征から允恭没年までの日にちの干支は、元嘉暦による干支には合致せず、允恭以前にはまだ存在しない儀鳳暦による日にちの干支に合致しているからである。従って、日本書紀の記す暦日干支の多くは日本書紀編纂時の推算によるもの、言ってみれば捏造されたものなのである。

ただ、小川清彦氏のこの論述には、古事記の記述する推古の没年年月日の「日の干支」のことが考慮されていない。古事記は神武から推古までの約六七〇年間の出来事を記述している。六七〇年間という長い年月のことを記述するのに、わずか一五カ所しか年月日を記述していないのである。このことは、古事記は「それは何年のことだった」ということを記述するつもりではなかったということを意味する。古事記は、年月日についてはまったく無頓着なのである。その古事記の記述するわずか一五カ所の年月日の記述が、年代のごまかしをおこなうための何等かの作為によるものであるとは考えられない。従って、古事記の記述する年月日は、伝承どおりの年月日であると考えるべきものなのである。日本書紀に見られるような「近畿天皇家の歴史を非常に古いものであると思わせるようにするための捏造された年月日」ではない。その古事記の記述の中に「日の干支」が存在する。わずか一個でしかないが、それでもそれが推古時代には暦法が使用されていたことの証拠だと考えられるのである。小川清彦氏の論述には、この古事記の使用した暦に対する考察が欠落している。

3　推古天皇崩御の日にち

「古事記の使用した暦」について考察を開始しよう。古事記は推古の没年月日を「壬子年三月十五日癸丑」と記述しているが、この末尾の癸丑は「三月一日が癸丑」という意味なのか。それとも「十五日が癸丑」という意味なのか。どちらなのであろうか？　これを確認しておこう。試みに日本書紀をパラッとめくり、そこにある年月日の記述をみてみよう。私がたまたま開いた部分は天智天皇の十年八月であった。そこには、

八月乙丑朔丁卯……

とある。この文の意味は「八月朔日は乙丑で、その丁卯の日に……」という意味である。すなわち末尾の丁卯は「日にちの干支」なのである。

そのほか大谷光男著『古代の暦日』（雄山閣出版、一九七六年）には「日本古代の金石文の暦日」の章があり、多くの暦日が収録されている。その第一例目は「元興寺金銅釈迦仏造像記」の「（推古天皇）十三年歳次乙丑四月八日戊辰」いう暦日である。古事記の推古天皇の没年月日の記述様式とほとんど同じである。内田正男編著『日本書紀暦日原典』により、推古天皇十三年の四月朔を見てみると元嘉暦では辛酉である。なお大谷光男氏によれば、推古十三年（六〇五）当時に隋で使用されていた

開皇暦でも四月朔は辛酉とのことである。朔が辛酉ならば戊辰は八日である。すなわち末尾に記述される干支は朔の干支ではなく「日にちの干支」なのである。

すると、古事記の記述している推古没年月日の「戊子年三月十五日癸丑」の意味は「十五日が癸丑である」ということなのである。そこから必然的に導かれることは、古事記では推古没年（戊子年）の三月朔は己亥であるということである。すると古事記の使用した暦と日本書紀の使用した暦（元嘉暦）の関係は図14のようになる。

図14　推古崩御年月日に関する古事記と日本書紀の相違

	1	2	3	4	5	6	7	8
己亥	庚子	辛丑	壬寅	癸卯	甲辰	乙巳	丙午	丁未
↑古事記による推古没年の三月朔								↑日本書紀による推古没年の三月朔

すなわち古事記の使用した暦は、日本書紀の使用した暦（元嘉暦）よりも月朔干支が八干支後れている暦なのである！　突拍子もないことのようであるが、これが史料の示す事実である。そして日本書紀の使用した暦（元嘉暦）よりも月朔干支が八干支後れる暦日の実例は、第八章で述べる「異種干支紀年法」の提唱者の友田吉之助氏がその例を提示されている。この件については改めて第八章で詳述する。

次は古事記と日本書紀の記述している推古の没年月日は同一の日を指しているのか、あるいはまったく別の日を指しているのかということを検討しよう。日本書紀は推古天皇の崩御年月日を次のように記述している。

三十六年の春二月の戊寅の朔甲辰に、天皇、臥病したまふ。
三月の丁未の朔戊申に……。癸丑に、天皇崩《かむあが》りましぬ。

日本書紀は推古天皇の崩御年月日を「推古三十六年（戊子年）の三月丁未の朔《ついたち》癸丑」としている。丁未が朔ならば癸丑は七日である。すなわち日本書紀は、推古の崩御年月日を「戊子年三月七日癸丑」としていることになる。古事記と日本書紀では推古の崩御年月日について、年月は同一であるが日にちは異なる。そして私がここで検討しようとしていることは、

古事記の記す推古の没年月日と日本書紀の記すそれは同一の日なのであるが、それぞれの使用している暦が異なるので異なる日付になったのか？　それとも古事記の記す推古没年月日と日本書紀の記すそれはまったく別の日であるから異なる日付なのか？

どちらなのかを明らかにしたいのである。

古事記は推古の亡くなった日を「三月十五日」としている。すると古事記の原伝承では、その日は満月だったわけである。何故そう言えるのかといえば、太陰太陽暦では月の満ち欠けは日にちと連動しているからである。朔日は必ず暗闇であり、三日目から漸く月が見え始める。三日月である。そして徐々に満ちていき十五日には満月となる。十五日は必ず満月である。そして満月から今度は逆に徐々に欠けていき二十八、九日には再び暗闇となる。従って古事記の原伝承では「推古は満月の日に

亡くなった」と伝承されていたのである。ところが日本書紀はこれを「三月丁未朔癸丑」としている。丁未が朔ならば癸丑は七日である。七日の月はどう見ても満月と言えるような月ではない。従ってこれが意味することは「推古の亡くなった日は古事記の使用した暦では「三月十五日癸丑」であるが、その同一の日が日本書紀の使用した暦では「三月丁未朔癸丑」となった」、ということではない。日本書紀では推古は七日に亡くなったのであって、満月の日（十五日）に亡くなったのではないからである。古事記と日本書紀の記述する推古の亡くなった日はまったく別の日なのである。

それなのにどうして古事記と日本書紀の記述する推古の亡くなった日の干支は両者とも「癸丑」なのか？　これをどう考えるのかということは非常におもしろいことであり、重要なことでもある。この件については次の段で述べよう。

4　古事記の暦

年の干支は、次の二つの伝承がありさえすれば、遙か後世の時代でも容易に決定することができる。

①各天皇の在位年数の伝承

②次天皇の即位は、前天皇の崩御の後、いつおこなわれたのかという伝承

年の干支のみであるならば、「古事記を撰録する時にこれらの伝承を元にして年の干支を復元した」と考えることも可能である。しかし、「日の干支」は、そういう訳にはいかない。太陰太陽暦での「一年の日数」は何日と決まっている訳ではないからである。太陰太陽暦での「基本的な一年」は、

二九日の月が六回、三〇日の月が六回である。従って太陰太陽暦での基本的な一年の日数は次のようになる。

〈基本的な一年の日数〉＝［(29×6)＋(30×6)］＝354日

すなわち太陰太陽暦の「基本的な一年」の日数は三五四日である。すると太陰太陽暦の「基本的な一年（三五四日）」では、実際に地球が太陽を一周するのに要する日数の三六五日に対して、約一一日の「積み残し」を生じることになる。すると太陰太陽暦による「基本的な一年」のみで三年が経過すると、「積み残し」は合計では三三日となる。このままでは三年後の一月一日は、もとの地球が太陽に対して一月一日にあった位置の三三日後ろに位置することになる。三年前には、まだ十一月の末ころであった位置なのに一月一日となってしまうのである。そこでこの積み残しを解消し、一月一日に「太陽に対する地球の位置」がほぼ常に同じ位置に来るようにするために約三年に一回の割で閏月（三〇日）を挿入し、積み残しを処理する。従って閏月のある年は、一年は三八四日となる。それでもまだ三日の積み残しが残っている。これらの積み残しをほぼ完全に処理し、年ごとの季節をほぼ同じようにするためには結局は一九年につき七回の閏月（三〇日）を入れることが必要となる。これが太陰太陽暦の一九年七閏法である。

また、実際の一太陽年は三六五・二四二二一九九日である。小数点以下の端数の積み重ねから、四年では一日が生じる。このために四年に一回、一日増やさなければならない。これが閏年である。従って太陰太陽暦の一年の日数は次の四通りとなる。

①基本的な一年＝三五四日

②閏年＝基本的な一年（三五四日）＋（一日）＝三五五日

③基本的な一年（三五四日）＋閏月（三〇日）＝三八四日

④閏年（三五五日）＋閏月（三〇日）＝三八五日

このように太陰太陽暦での一年は複雑であり、百年前あるいは二百年前の過去のある日の干支が何であったかを知るためには、暦法に習熟し計算により過去のある日の干支を割り出さねばならない。従って、もしも暦法に習熟しておらず、暦法に則った計算により過去のある日の干支を求めることができないならば、過去のある年のある日の干支を決定することは不可能である。ただし、その当時の暦が残っていたとすれば別である。昔の暦が無くならずにずっと残っていたとすれば、それにより過去のある日の干支を求めることができる。しかし「昔の暦が無くならずにずっと残っていた」ということは考えにくい。従って古事記が記述している推古天皇の崩御年月日の「三月十五日癸丑」という記述、正確に言えば「推古没年（壬子年）の三月己亥の朔、その十五日癸丑」とする記述には次の四つの可能性があることになる。

一、推古天皇の伝承が作成された時に、実際に使用されていた「暦法」による月朔の干支である。

太安万侶はそれを伝承どおりに撰録記述した。

二、古事記撰録の際に、太安万侶が「ある暦法」により、計算から求めた干支である。

三、古事記の原伝承あるいは原本では、推古の没年月日は「三月十五日」となっていた。「日にちの干支」は付いていなかった。しかし後代における古事記書写の際に、日本書紀の推古天皇の没年月日の記述「三月丁未朔癸丑」の日の干支の「癸丑」を取り出して付け加えて「三月十五日癸丑」と改訂した。

四、まるで、でたらめな造作による記述である。

この四つのうちのどれかである。このうち、四は論外である。もしも四が正しいとすると、文献により過去の歴史を復元しようとする試み、すなわち文献史学は無意味なことになり、文献史学は存在しえないことになる。偽造であることが完璧に証明された文献以外についてはこのような考え方は採用すべきではないと思う。従って四は除外しよう。

次、三番目。これが、すなわち前段からの宿題である。これは可能性として確かにありうることである。私はどうにかしてこれを否定することができないものか悩んでいた。しかしこの問題は非常に難しくて論理的に否定することは不可能に近いと思っていた。ところがこれを正しいとする吉村貞司氏の説を読んでいて解決することができた。氏は次のように述べている。

ついでに言っておくが、古事記の崩年月日のうち、推古の場合だけ、戊子年三月十五日癸丑日崩とあって、これに限り日に干支を付している。これも紀によると、戊子年三月の朔日は丁未であるから癸丑は七日で、もし十五日だったら辛酉でなければならない。

（中略）

なぜ癸酉（癸丑のあやまり）がつけ加えてあるかというと、紀が崩日を癸丑日にしているからである。これは明らかに、後世の人が紀を見て書き加えたものである。記が成立したときには、まだ紀は書かれていなかった。（吉村貞司『日本古代暦の証明』六興出版、一九八一年、四三、四四ページ）

この吉村貞司氏の説を読み返すうちに、自然に解答が浮かび上がってきた。すなわち真実は逆であろう。もしも吉村貞司氏の説が正しいのであるならば、古事記の推古没年月日を「戊子年三月十五日」から「戊子年三月十五日癸丑」に改訂した後世のある人は、推古没年月日に対しておこなったことを、何故、用明・崇峻の没年月日についてはおこなわなかったのであろうか？

古事記と日本書紀の記す用明・崇峻・推古の没年月日を表にすると表12のようになる。三天皇の没年月はそれぞれ同一である。そして異なるのは日にちのみなのである。後世のある人が日本書紀の記述を見て、古事記の推古没年月日を「戊子年三月十五日」から「戊子年三月十五日癸丑」に改訂したのであるならば、古事記の記す用明の没年月日は「丁未年四月十五日癸丑」となっているべきものであろう。また崇峻の没年月日については、同じく「壬子年十一月十三日乙巳」となっているべきである。そうはなっていない。

このような操作を推古についてのみおこなわなければならない必然的な理由は、どのように考えてみても出てこない。従って古事記の記す推古没年月日の「戊子年三月十五日癸丑」は、後世の人が日本書紀の記述を見て、「戊子年三月十五日」から「戊子年三月十五日癸丑」に書き換えたものではない。最初から古事記にはそのように記述されていたのである。

私は、これはおそらく次のようなことではなかったかと考えている。日本書紀は、古事記の記述する推古の没年月日の日の干支「癸丑」を取り出し、これを日本書紀の中で使用したのである。幸いにも推古没年の戊子年の三月には癸丑の日が存在する。日本書紀では戊子年の三月朔は丁未であり、癸丑は七日なのである。おそらく日本書紀編纂者は日にちが異なることには構わずに「推古は三月丁未朔の癸丑に亡くなった」としたものであろう。

用明・崇峻については古事記は没年月日の「日の干支」を記述していない。そこで日本書紀編纂者は用明の没年月日を丁未年の四月の適当な日を選んで用明の亡くなった日として設定したのであり、崇峻については崇峻五年（壬子年）の十一月の適当な日を選んで崇峻の亡くなった日として設定したのである。その適当に選んで設定した用明の没年月日が日本書紀の記す「丁未年四月乙巳朔癸丑」であり、崇峻の没年月日は日本書紀の記す「壬子年十一月癸卯朔乙巳」なのである。

日本書紀は、古事記の記している「戊子年三月十五日癸丑」から、日の干支の「癸丑」を取り出し、これを推古の没年月日として使用したのである。元嘉暦では推古没年の戊子年三月には癸丑の日がある。それがたまたま七日だったのであり、日本書紀の記す推古没年月日の「三月丁未朔癸丑（三月七日）」ということなのである。逆に日本書紀編纂者が「十五日、すなわち夜は満月となる日に亡くなった」という方を重視して採用しておれば、日本書紀の推古の没年月日は「三月丁未朔辛酉」となっ

表12　用明・崇峻・推古の崩御年月日

	古事記	日本書紀
用明天皇	丁未年　四月十五日	丁未年　四月乙巳朔癸丑（四月九日）
崇峻天皇	壬子年十一月十三日	壬子年十一月癸卯朔乙巳（十一月三日）
推古天皇	戊子年　三月十五日癸丑	戊子年　三月丁未朔癸丑（三月七日癸丑）

たはずである。日本書紀編纂者は古事記の記す日にちから導き出される満月の日の方ではなく、古事記が指定している干支の方を使用したのである。

三が否定されたので、残るのは一と二である。一と二について考察した場合、「二の方が正しい」とするとおかしなことになる。太安万侶は、いったいどのような計算をおこなって推古天皇の崩御の日を「戊子年三月十五日癸丑」としたのか、それが不明なのである。すでに一八六ページに表10として、唐の大衍暦以前に使用された中国古代暦を示した。この表により、古事記撰録の時（七一二年）に近畿天皇家が使用し得た暦を、新しい方から挙げると儀鳳暦（麟徳暦）・戊寅暦・大業暦・開皇暦そして元嘉暦のどちらかである。一九三〜一九四ページで述べたように、元興寺金銅釈迦仏造像記に刻されている推古十三年四月八日の暦日干支は元嘉暦と開皇暦で同じあった。従って元嘉暦と開皇暦は、ほとんど似たような暦である。さらに内田正男編著『日本書紀暦日原典』を見れば分かるように、元嘉暦と儀鳳暦も月朔干支については、ほとんどが同一干支であり、異なる場合でも干支一つ分異なるだけである。従って、元嘉暦から儀鳳暦（麟徳暦）までの各種暦法による月朔干支は、ほとんど同じなのである。

しかし、古事記の記述する推古没年月日は、日本書紀の没年月日との間に月朔干支で八干支の開きがあった。従って古事記に使用されている暦は、元嘉暦ではない。儀鳳暦でもない。

古事記に使用された暦として可能性の高い中国暦を元嘉暦の前に求めると、それは魏の景初暦か後漢四分暦、あるいは前漢の太初暦である。魏の景初暦については、参考とする資料を収集できなかったので述べることはできないが、元嘉暦に近いものではないかと思う。そしてその前代の後漢四分暦は一太陽年を三六五・二五日としているとのことである。端数が〇・二五、すなわち四分の一なので四分暦と称するようである。前漢の太初暦は四分暦とほとんど同じであるが、一年を三六五日と〇・二五〇二日としているので四分暦ではない（新城新蔵『東洋天文学史研究』復刻版、臨川書店、一九八九年、四三六ページ）。一方、元嘉暦は一太陽年を三六五・二四六七一〇五三日としている。従って元嘉暦による一年は四分暦による一年よりも〇・〇〇三二八九四七日ほど短い。すると［1÷0.00328947≒304］であるから、元嘉暦は三〇四年につき一日ずつ、四分暦系統の暦から後れることになる。あるいは逆に早まることになるのか？　私は、暦法についてまったくの素人なので、どちらが正しいのかが実は判断できない。

陳垣著『二十史朔閏表』（第四次印刷、中華書局、一九九九年）には西暦前二〇六年より西暦後二〇〇一年までの各年各月の朔の干支が記載されている。太初暦が使用されていた天漢二年（紀元前九九）の各月の干支を内田正男編著『日本書紀暦日原典』による元嘉暦の朔日干支と比較してみよう（表13）。

一月から三月までは一致している。太初暦では閏三月があるが元嘉暦には閏三月はない。このため、四月以降の干支が三〇干支ずつずれることになった。六月には逆に元嘉暦の方に閏月が入る。しかし七月以降九月までの朔の干支は両者で干支一つ分ずつずれている。そして十月以降再び同じ干支となる。三〇干支のずれは閏月がどこで入るかの違いによる差なので無視してよい。すると紀元前九九年の太初暦と元嘉暦の月朔干支は「同じであるか、あるいは干支一つ分異なるかのどちらか」なのである。このことは、古事記の使用した暦は太初暦ではないということを意味する。前段で述べたように

表 13　天漢 2 年の各月の朔日の干支

太初暦 (干支番号)			元嘉暦 (干支番号)		
1 月	甲子	0	1 月	甲子	0
2 月	癸巳	29	2 月	癸巳	29
3 月	癸亥	59	3 月	癸亥	59
閏 3 月	癸巳	29	—	—	—
4 月	壬戌	58	4 月	壬辰	28
5 月	壬辰	28	5 月	壬戌	58
6 月	辛酉	57	6 月	辛卯	27
—	—	—	閏 6 月	辛酉	57
7 月	辛卯	27	7 月	庚寅	26
8 月	庚申	56	8 月	庚申	56
9 月	庚寅	26	9 月	己丑	25
10 月	己未	55	10 月	己未	55
11 月	己丑	25	11 月	己丑	25
12 月	戊午	54	12 月	戊午	54

天漢 2 年＝紀元前 99 年の壬午年（グレゴリオ暦では－98 年）

古事記の暦は月朔干支が元嘉暦から八干支後れの暦であるからである。後漢四分暦は太初暦とほとんど同じようであるので、古事記の暦は後漢四分暦でもない。

新城新蔵著『東洋天文学史研究』（復刻版、臨川書店、一九八九年）には、別表として「戦国秦漢長暦図」が付いている。それには西暦前四八一年の一月から西暦前一〇四年の十月までの各月の朔が記述されている。太初暦の直前まで使用された暦は秦始皇帝により使用された顓頊暦と考えられている。顓頊暦も四分暦の一つとのことである。そこで新城新蔵氏の「戦国秦漢長暦図」により、紀元前一二〇年（前漢元狩四年の壬戌年、グレゴリオ暦ではマイナス一一九年）の各月の朔の干支を元嘉暦のそれと比較してみよう（表14）。

これをみると、両者に干支二個のずれがみられる。すなわち二日のずれがある。そしてそれは顓頊暦の方が二日進んでいる。この紀元前一二〇年から推古没年（六二八年）までは七四八年である。元嘉暦と四分暦では一太陽年の差から、三〇四年につき一日のずれが生じた。従って、この期間には両者に二・四日の差が生ずることになる。すると推古没年には［2＋2.4＝4.4］より、四・四日の差となる。すなわち、古事記の使用した暦が顓頊暦であるならば、古事記の「月朔の干支」は、元嘉暦よりも四日ないし五日進んでいなければならない。

表 14　紀元前 120 年の干支

顓頊暦（干支番号）			元嘉暦（干支番号）		
1 月	丁酉	33	1 月	乙未	31
2 月	丁卯	3	2 月	乙丑	1
3 月	丙申	32	3 月	甲午	30
4 月	丙寅	2	4 月	甲子	0
5 月	乙未	31	5 月	癸巳	29
6 月	乙丑	1	6 月	癸亥	59
7 月	甲午	30	7 月	壬辰	28
8 月	甲子	60	8 月	壬戌	58
9 月	甲午	30	9 月	壬辰	28
10 月	癸亥	59	10 月	辛酉	57
11 月	癸巳	29	11 月	辛卯	27
12 月	壬戌	58	12 月	庚申	56

紀元前 120＝前漢元狩 4 年の壬戌年（グレゴリオ暦では－119 年）

しかし、これは古事記の暦と元嘉暦の暦の関係の逆である。古事記の暦は日本書紀の暦（元嘉暦）よりも八日後れていた。従って古事記の暦は顓頊暦でもない。

以上のように古事記の記す推古没年月日の「戊子年三月十五日癸丑」はどのような暦法により算出されたものなのか不明なのである。従って太安万侶は、古事記撰録時にある暦法の計算をおこない、それにより推古の崩御年月日を「戊子年三月十五日癸丑」と記したのではない。古事記の記す推古天皇の崩御年月日は、「そのように伝承されていた」と考えるべきものである。それを太安万侶はそのまま記述したのである。そしてその暦は元嘉暦ではない。太初暦でも顓頊暦でもない。それでは推古末年まで使用されていた古事記の使用した暦はどのような暦なのであろうか？

現在のところ、私に分かるのはここまでである。古事記の暦は元嘉暦ではない。そして前漢の太初暦でもなく、その前代の顓頊暦でもない。そうすると、古事記の暦は顓頊暦の前の時代の暦の可能性がある。

後漢・王充《おうじゅう》の著わした『論衡《ろんこう》』には、次の一文がある。巻八・儒増《じゅぞう》第二十六である。

周の時、天下太平　越裳白雉を献じ　倭人は鬯草を貢す。

『論衡』は西暦八七、八年ころに完成したと考えられている。中国古代においては、白雉を食し、鬯《ちょう》草《そう》を浸した酒を飲むことは吉瑞を招き、国家の安泰と繁栄を招くと信じられていた。周の時代に、その白雉を越裳《えっしょう》（今のベトナム？）が献じ、倭人は鬯草を貢したと記載されている。周の時代に、倭人は中国に朝貢していたのである。同書の巻十九・恢国《かいこく》第五十八には、さらに次のように記述されている。

成王の時、越常雉を献じ、倭人は暢を貢す。

巻八・儒増第二十六の記述と同一の事と思われるが、ここにはその時代が明記されており、倭人の朝貢は周の第二代・成王の時だと記述されている。周・成王の時代と言えば紀元前一〇〇〇年ころである。その古さには思わずびっくりする。はるかなる縄文時代である。その際、倭人はただひたすら貢ぎ物を持っていくだけで、中国からは何も持ち帰らなかったのであろうか？　そうではないと思う。すばらしい中国文化に触れ、感激し、それを我がものにしたいと思ったはずである。文字を取り入れ、暦法を持ち帰ったと思う。それが普通の人間の心の動きであり、行動であるはずである。

古事記の暦は元嘉暦ではないし、太初暦でもない。太初暦より古い顓頊暦でもないようである。従って、それ以前の古い時代の中国暦を修正せずに使用していたために、推古時代には元嘉暦とはかなりの日数の違いが生じるようになっていたのではなかろうか。

本章の最初の方で新城新蔵氏の「中国では戦国時代の半ば、西紀前三百五六十年頃には暦法が完成していた」という説があることを述べた。九州王朝は春秋戦国時代にその中国暦を導入したのであろう。それは顓頊暦以前の古い中国暦である。そして西暦前三六年ころ、九州王朝から分家した神武天皇はその暦を帯同して近畿大和にやって来たのかもしれない。あるいは西暦一七〇年ころに九州王朝から養子として近畿大和に送り込まれた崇神天皇が九州王朝で使用されていた古い中国暦を近畿大和に持ち込んだのかもしれない。あるいは、さらに西暦三百年代の後半に、九州王朝から分家した神功・応神により近畿大和にもたらされたのかもしれない。そのいずれかであろう。それが推古天皇時代までの近畿天皇家の使用した暦である。推古天皇の時代までの近畿天皇家の使用した暦は春秋戦国時代の古い中国暦の可能性がある。あるいは……　周初のころの古い古い中国暦の可能性がある。

第六章　元嘉暦と歳次干支─法隆寺釈迦三尊像

──上宮法皇は聖徳太子ではない

1　「上宮法皇＝聖徳太子」説の根拠

私は第一章第三節において、「法隆寺釈迦三尊像は本来は九州・筑紫にあった釈迦三尊像であり、従って法隆寺釈迦三尊像光背銘の上宮法皇とは聖徳太子のことではない」と述べた。これは古田武彦氏が『古代は輝いていた』（第三巻『法隆寺の中の九州王朝』朝日新聞社、一九八五年）において、すでに指摘されたことである。本章では、古田武彦氏とは異なる視点からそれを論証することにしよう。

本論にはいる前に、何故、これまで上宮法皇は聖徳太子と考えられてきたのかということ、そしてそれにはどのような問題点があるのかということについてみておくことにしよう。

日本書紀は、聖徳太子の薨去年月日を推古二十九年（西暦六二一年の辛巳年）の二月五日と記述している。ところが通説・定説では、聖徳太子の薨去年月日は推古三十年（西暦六二二年の壬午年）の二月二十二日である。たとえば『大日本百科事典』（小学館、一九六九年）の黛弘道氏担当の聖徳太子には、その生涯を「五七四─六二二」としている。また朝尾直弘・宇野俊一・田中琢編『新版・日本史辞典』（角川書店、一九九六年）でも、聖徳太子の生涯を「西暦五七四年―六二二年」としている。西暦六二二年は、壬午年であり推古三十年である。

　聖徳太子の薨去年月日は、何故、日本書紀の記述する推古二十九年ではなく、推古三十年なのか。それは法隆寺釈迦三尊像光背銘という聖徳太子薨去翌年の同時代金石文と、そして天寿国繡帳《てんじゆこくしゆうちょう》という聖徳太子薨去の数年後には作成されていたと思われるもう一つの一級史料があるからである。この二つの一級史料のうち、法隆寺釈迦三尊像光背銘は「上宮法皇」の崩御年月日を壬午年の二月二十二日としている。天寿国繡帳の方は「等已刀弥々乃弥己等《とよとみみのみこと》」すなわち聖徳太子の薨去年を壬午年の二月二十二日としている。「上宮法皇」の崩御年月日と「等已刀弥々乃弥己等」の薨去年月日が一致している。従って「上宮法皇」とは聖徳太子のことであり、聖徳太子の薨去年は日本書紀に記述されている推古二十九年（西暦六二一年の辛巳年）ではなく、推古三十年（西暦六二二年の壬午年）が正しいとされているのである。

　しかし古田武彦氏は、一九八五年に『古代は輝いていた』を著わし、その第三巻『法隆寺の中の九州王朝』でこれに異議を唱え、聖徳太子の薨去年月日は日本書紀の記述する推古二十九年（西暦六二一年の辛巳年）の二月五日の方が正しいとされた。そして、

①法隆寺釈迦三尊像光背に刻されている上宮法皇とは聖徳太子のことではない。

②法隆寺釈迦三尊像は飛鳥で造られたのではなく、筑紫で造られた筑紫仏である。

という驚天動地の説を唱えられた。おそらく古田武彦氏以前には、このような説は一度として唱えられたことはないであろう。はたして真実はどこにあるのであろうか？　私も法隆寺釈迦三尊像光背銘

に直接あたり、それを考究することにしよう。

法隆寺釈迦三尊像光背名

法興元卅一年歳次辛巳十二月鬼
前太后崩明年正月廿二日上宮法
皇枕病弗悆干食王后仍以勞疾並
著於床時王后王子等及與諸臣深
懐愁毒共相發願仰依三寶當造釋
像尺寸王身蒙此願力轉病延壽安
住世間若是定業以背世者往登浄
土早昇妙果二月廿一日癸酉王后
即世翌日法皇登遐癸未年三月中
如願敬造釋迦尊像幷俠侍及荘嚴
具竟乗斯微福信道知識現在安隠
出生入死随奉三主紹隆三寶遂共
彼岸普遍六道法界含識得脱苦縁
同趣菩提使司馬鞍首止利佛師造

〔読み下し文〕

法興元三十一年、歳次辛巳（六二一）十二月、鬼前太后崩ず。

明年（六二二）正月二十二日、上宮法皇、枕病して悆《よ》からず。

干食王后、仍《よ》りて以て労疾し、並びに床に著《つ》く。

時に王后・王子等、及び諸臣と与《とも》に、深く愁毒を懐《いだ》き、共に相発願す。

「仰《あお》いで三宝に依り、当《まさ》に釈像を造るべし。尺寸の王身、此の願力を蒙り、病いを転じ、寿を延べ、世間に安住せんことを。若し是れ定業《じょうごう》にして、以て世に背かば、往きて浄土に登り、早く妙果に昇らんことを」と。

二月二十一日、癸酉、王后、即世す。

翌日（二月二十二日）、法皇、登遐す。

癸未年（六二三）、三月中、願の如く、釈迦尊像幷びに挟侍及び荘厳の具を敬造し竟《おわ》る。

斯の微福に乗ずる、信道の知識、現在安穏にして、生を出で死に入り、三主に随奉し、三宝を紹隆し、遂に彼岸を共にせん。六道に普遍する、法界の含識、苦縁を脱するを得て、同じく菩提に趣かん。使司馬・鞍首・止利仏師、造る。

（原文、読み下し文ともに古田武彦『古代は輝いていたⅢ』「法隆寺の中の九州王朝」朝日新聞社、一九八五年、二三〇ページより）

この法隆寺釈迦三尊像光背銘を要約すれば次のようになる。

①上宮法皇の母・鬼前太后は歳次辛巳の十二月に薨去された（日にちの記載なし）。
②その翌年の一月二十二日、上宮法皇は病となった。
③上宮法皇の病気平癒を祈り、上宮法皇に似せて仏像の作成を開始した。
④上宮法皇の后・干食王后は、看病疲れで「歳次辛巳」の翌年の二月二十一日の癸酉の日に亡くなり、その翌日（二月二十二日甲戌の日）、上宮法皇も亡くなった。
⑤釈迦三尊像は脇侍仏などを含め、翌年（癸未年）の三月に完成した。

光背銘の主人公は上宮法皇である。省略形で法皇とも記述されている。そして④と⑤から、法隆寺釈迦三尊像光背銘は上宮法皇の同時代史料であることがわかる。一方、上宮法皇の母は鬼前太后と記述されており、后は干食王后と記述されている。その他には、造仏者の鞍首の止利仏師以外には人名は記述されていない。

以上からわかるように、法隆寺釈迦三尊像光背銘には、聖徳太子（廐戸皇子又は廐戸豊聡耳皇子）と結びつくような名前は一切記述されていない。日本書紀・推古天皇元年条によれば、聖徳太子の母は穴穂部間人皇女《あなほべのはしひとのひめみこ》である。また聖徳太子の妃は、日本書紀敏達天皇五年条に菟道貝鮹皇女《うぢのかひだこのひめみこ》又の名菟道《うぢの》磯津貝皇女《しつかひのひめみこ》と記述されている。聖徳太子の妃として日本書紀に記述されているのは、この女性一人だけである。以上のように聖徳太子に関連する人物は一人として出現しないにも拘わらず、法隆寺釈迦三尊像光背銘の上宮法皇は聖徳太子のことであると考えられている。

法隆寺釈迦三尊像光背銘の記す上宮法皇は、何故、聖徳太子なのか？　それは、もちろん聖徳太子信仰の中心・法隆寺の本尊である釈迦三尊像の光背に「上宮法皇に似せてこの仏像を造った」と刻まれているからなのであるが、それ以外にも次に記す三つの根拠によるのだと思う。

①聖徳太子は日本書紀において上宮太子とも記述されている。法隆寺釈迦三尊像光背銘の上宮法皇とは、「上宮」で一致している。

（イ）日本書紀推古天皇元年四月条

父の天皇（用明天皇）、愛《めぐ》みたまひて、宮の南の上殿に居《はべ》らしめたまふ。故、其の名を称《たた》へて、上宮廐戸豊聡耳太子《かみつみやのうまやとのとよとみみのひつぎのみこ》と謂《まう》す。

（ロ）日本書紀推古天皇二十九年二月条

是の月に、上宮太子を磯長陵《しながのみささぎ》に葬《はぶ》る。

＊この条には、そのほか「上宮皇太子」「上宮豊聡耳皇子」の記述もある。

日本書紀では、聖徳太子は「上宮の……」と表現されている。従って「聖徳太子を上宮法皇とも言った」という可能性はありうる。

②『上宮聖徳法王帝説』

『上宮聖徳法王帝説』という聖徳太子に関する文献がある。『大日本百科事典』（小学館、一九六九年）には、『上宮聖徳法王帝説』について黛弘道氏の担当で次のように記述されている。

上宮聖徳法王帝説：聖徳太子の伝記を中心とした古記録。撰者と撰述年代は明らかでないが、法隆寺の僧が記紀以前に編纂したものともいわれる。内容は太子前後の皇室系譜、太子の事跡、薬師・釈迦像および天寿国繡帳（てんじゅこくしゅうちょう）などの銘文、四天王寺や仏教興隆、上宮王家の滅亡、蘇我氏の誅滅などの経過をしるし、……。法隆寺勧学院文庫から出た知恩院本が最古の写本。

また、朝尾直弘・宇野俊一・田中琢編『新版・日本史辞典』（角川書店、一九九六年）には次のように記述されている。

聖徳太子の伝記。著者不詳。一巻。七C中頃以後の史料を編集し、平安中期に集大成したもの。聖徳太子の系譜・伝説・金石文集よりなる。記紀とは異なる系統の古い所伝を多くふくむ。

その『上宮聖徳法王帝説』（本書では以下これを『法王帝説』と略する）には、法隆寺釈迦三尊像光背銘の上宮法皇を聖徳太子とし、鬼前太后を聖徳太子の母・穴穂部間人皇女であると解釈して、次のように記述されている。

鬼前大后者・即聖王母・穴太部間人王也・云鬼前者此神也・何故言神前皇后者此皇后同母弟・長

谷部天皇。石寸神前宮治天下若疑其姉・穴太部王即其宮坐故稱神前皇后也。言明年者即壬年也。
二月廿一日关酉王后即世者此即聖王妻膳大刀自也。二月廿一日者壬午年二月也。

〔読み下し文〕

鬼前大后《かむさきノおほきさき》トいふは、即《すなは》ち聖　王《ひじりノおほきみ》ノ母《みはは》、穴太部間人王《あなほべノはしひとノおほきみ》ソ。鬼前《かむさき》ト云《い》ふは、比神《コれかミ》ソ。何《なに》が故《ゆゑ》にソ鬼前大后《かむさきノおほきさき》ト言《い》ふトならば、此《こ》ノ皇后《おほきさき》ノ同母弟・長谷部天皇《はつせべノすめらみコト》、石寸神前宮《いはれノかむさきノみや》に天下《あメノした》治《しらしめ》したまひしかばソ。若《も》し疑《うたが》はくは、其《ソ》ノ姉《いロね》・穴太部王《あなほべノおほきみ》、即《すなは》ち其《ソ》ノ宮に坐《いま》ししが故に、鬼前大后《かむさきノおほきさき》ト称《ま》也《を》ししか。明年《くるつトし》ト言ふは即ち壬（午）ノ年《トシ》ソ。二月廿一日癸酉《くゐいう》ノひに、王后《きさき》即世《うせま》しぬトいふは、此《これ》即《すなは》ち聖　王《ひじりノおほきみ》ノ妻《め》、膳《かしはでノ》大《おほ》刀《と》自《じ》ソ。二月廿一日トいふは、壬午《じむご》ノ年ノ二月ソ。

（家永三郎他校注　日本思想大系2『聖徳太子集』岩波書店、一九七五年、「上宮聖徳法王帝説」より）

法隆寺釈迦三尊像光背銘の鬼前太后は聖徳太子の母・穴穂部間人王であるとしており、その穴穂部間人王が、何故、鬼前太后と表記されることになったのかについての編者の推測を述べている。「穴穂部間人王の同母弟・崇峻天皇の宮を神前宮と言ったのであろう。穴穂部間人王は弟の崇峻天皇の宮にいたのであろう。そのために穴穂部間人王を神前皇后と言ったのであろう。そのために鬼前太后という表記になったのであろう」としている。そしてまた、法隆寺釈迦三尊像光背銘の「(干食）王后」とは、聖徳太子の后の一人・膳《かしはでの》大《おほ》刀《と》自《じ》であるとしている。

③天寿国繡張銘

天寿国繡帳は法隆寺に隣接して存在する中宮寺に所蔵されている国宝である。そして法隆寺釈迦三尊像光背銘と双璧をなす飛鳥時代の根本史料とみなされている。もともとの天寿国繡帳は二帳であり、二丈六尺または二丈ともいわれるような大きなもので、仏堂に掛けられていたらしい。その天寿国繡帳の四囲に一〇〇匹の亀の図柄が刺繡されていて、一つの亀の甲羅に四文字が繡出されていた。四文字かける一〇〇であるから四〇〇字の文である。これが天寿国繡帳銘である。しかし現存する天寿国繡帳は、小学館『大日本百科事典』によれば八八・八×八×八二・七センチの断片のみであり、中村元責任編集『日本の名著2・聖徳太子』（中央公論社、一九八三年、四八八ページ）によれば、「間人公」「天下生名」「于時多至」「皇前曰啓」「仏是真玩」「利令者椋」をもつ亀甲が残るだけでしかないようである。しかし本来の全文と思われるものが前述の『法王帝説』に引用されて伝えられている。それには「等已刀弥〻乃弥己等《とよとみみのみこと》」と記載されており、明らかに聖徳太子を主人公として記述されている。なお、『法王帝説』に引用掲載されている天寿国繡帳銘の全文は二七八ページに掲載する。そして登場人物の蘇我稲目や豊聡耳皇子を表記する漢字の使用法などから、天寿国繡帳銘は法隆寺釈迦三尊像光背銘とは別個の独立した根本史料と考えられている。その天寿国繡帳銘の記述する聖徳太子の薨去年月日は、法隆寺釈迦三尊像光背銘の記す上宮法皇の崩御年月日とまったく同じである。

以上の三つの事項から、法隆寺釈迦三尊像光背銘の上宮法皇は聖徳太子のことであると考えられているのだと思う。法隆寺釈迦三尊像は上宮法皇の同時代史料である。少なくとも上宮法皇の亡くなったその翌年に作成されている。そこには、「上宮法皇が亡くなったのは壬午年の二月二十二日」と記述されている。一方、日本書紀は聖徳太子薨去の約百年後に成立したものである。その日本書紀は、「聖徳太子は辛巳年の二月五日に亡くなった」と記述している。聖徳太子の薨去年月日について、同時代史料（法隆寺釈迦三尊像光背銘）と百年後の史料（日本書紀）で違いがあることになる。どちらを信じるべきか？　もちろん、信じるべきは同時代史料の方でなければならない。

こうして聖徳太子の薨去年月日は、日本書紀の記す辛巳年ではなく、法隆寺釈迦三尊像光背銘、そして天寿国繡帳銘の記す壬午年（推古三十年、〈六二二〉）と考えられているのである。

しかし、それでも法隆寺釈迦三尊像光背銘や『法王帝説』、天寿国繡帳銘について、次のような疑問もあげられている。まず江戸時代後期の考証学者・狩谷棭斎《かりやえきさい》。

狩谷棭斎著『古京遺文』釈迦仏造像記の項
而厩戸皇子之妣其謂之鬼前未詳

〔訳〕而して厩戸皇子の母を「鬼前」と呼ぶ謂われは未詳である
（日本古典全集『狩谷棭斎全集第九　古京遺文』日本古典全集刊行会、一九二八年）

次に家永三郎氏も法隆寺釈迦三尊像光背銘の「鬼前太后」について以下のように述べておられる。

釈迦銘には「鬼前大后」の「鬼前」のように説明のつかない文字もあるが、「干食王后」は、上宮記逸文に他文献が「膳」としているのを「食」とし、(続日本紀天平宝字三年条にも「食朝臣」がみえる)、金史撤高喝伝に「固不敢干渉」(『字源』による)とあるように「干」にあずかるという意味があるから、「干食王后」を「カシハデノキサキ」と読むことに少しも不自然はない。

(市民の古代研究会編『家永三郎・古田武彦:聖徳太子論争』新泉社、一九八九年、九ページ)

家永三郎氏も『法王帝説』の述べる「鬼前太后」の説明を「「鬼前」のように説明のつかない文字もあるが」と述べており、納得できるものとは考えておられない。しかしそれにも拘わらず上宮法皇を聖徳太子と考えておられる。

福山敏男氏の法隆寺に関する数々の指摘は非常に重大である。福山敏男氏は法隆寺釈迦三尊像について、「法隆寺釈迦三尊像光背銘は聖徳太子の同時代史料ではない可能性がある」として次のように述べておられる。

先づ「上宮法皇」又は「法皇」の語である。前述の如く、推古朝当時は未だ「天皇」の語はなく、専ら「大王」の語のみが行はれてゐたらしいから、聖徳太子を「法王」と呼び申すことは有り得るであらうが、「法皇」と書いたとは考へ難い。「法皇」の語は恐らく後世になつて「天皇」の語が普通に用ひられるやうになつてから、それに準じて書かれたものであらう。……しかして「法皇」の語のうちには「仏法界に於け(る)天皇」の意味が含まれてゐるから、寧ろ推古朝当時のことゝするよりも、後世になつて太子信仰が隆盛になつてから云ひ始められた語とした方が穏当ではあるまいか。

（中略）

かくの如く、釈迦像の銘文も推古朝当時のものとするよりも、寧ろやゝ降つた時代に於いて、推古朝当時の状態に擬して書き記されたものと考へる方が妥当であるやうに思はれる。

（福山敏男「法隆寺の金石文に関する二三の問題」『夢殿』第十三冊、一九三五年六月号所収）

また梅原猛氏も次のような疑問を提出されておられる。

ところが、王后とは、天皇の第一夫人である。第一夫人が太子には何人もいたのであろうか。後年、光明子が皇后になるとき、聖武帝はわざわざ異例の詔勅を出している。皇后とは皇族出身の人間に限られるという制限を破るためであるが、后という言葉はどんなに重みをもった言葉であるかが分かる。王后が二人も三人もいるはずはない。……『上宮聖徳法王帝説』は、この王后を膳大刀自というが、はたして皇族にあらざる膳大刀自が第一夫人の位置を占めることが出来たであろうか。

（梅原猛『隠された十字架―法隆寺論―』新潮社、一九七二年、二九五ページ）

各人各様、問題点を挙げてはいるが、しかし「上宮法皇とは聖徳太子のことである」という結論は結局は変わることはない。

何故、上宮法皇は聖徳太子なのか。その最大の根拠は、「日本の支配者は万世一系の天皇家である」ということであろう。日本においては、大王といえばそれは近畿天皇家の天皇以外には存在しない。これは証明する必要のない自明の事項である。従って、内外の史料に登場する人物で、近畿大和の人物としては該当する名がない場合でも、その当時の近畿天皇家の誰かに当てはめれば良いのである。一番もっともらしい説明をつけられる人物がその人である。推古天皇の時代に、上宮法皇といってもおかしくない人物は、聖徳太子しかいない。だから母親の名は違っていても、そして正妃の名が違っていても上宮法皇とは聖徳太子のことなのである。

同じことが、隋書俀《たい》国伝に登場する「俀国王・阿毎多利思比孤」についても言える。隋の煬帝と同じ時代の「俀国王・阿毎多利思比孤」は、「日出づる処の天子、書を日没する処の天子に致す、恙《つつが》なきや云々」という対等国書を隋の煬帝に送りつけ、煬帝を激怒させた人物として有名である。隋の煬帝の時代は日本でいえば推古天皇の時代である。推古天皇の時代及びその前後の時代には、近畿大和には阿毎多利思比孤という男性の王は存在しない。王というのみならず阿毎多利思比孤という皇族すら存在しない。「厩戸皇子（聖徳太子）を阿毎多利思比孤とも言った」とする文献や同時代史料は皆無なのである。しかしそれにも拘わらず従来の日本史ではこれを聖徳太子としている。家永三郎・黒羽清隆共著『新講・日本史 増補版』には次のように記述されている。

とくに六〇七年には、大礼・小野臣妹子《おののおみいもこ》を主席とする使節団を送り煬帝にあてて国書をゆだねた。その国書には「日出づる処の天子、書を日没する処の天子に致す、恙無きや」とあり、対等の立場で対隋外交を展開しようとする太子の外交感覚をよく表わしている。

（家永三郎・黒羽清隆『新講　日本史　増補版』三省堂、一九七六年、五一ページ）

また直木孝次郎氏は、『古代国家の成立』において、次のように述べておられる。

『日本書紀』にはみえないが、『隋書』によると、この年、倭《わ》国の使者が隋にいっており、隋の役人の質問にたいして、倭王は姓は阿毎《あめ》（天）、名は多利思比孤（帯彦《たらしひこ》・足彦《たらしひこ》）と答えている。オキナガタラシヒヒロヌカ（息長足日広額）が舒明天皇の称号、アメトヨタカライカシヒタラシヒメ（天豊財重日足姫）が皇極天皇の称号であることからも、タラシ（帯・足）は天皇を意味する語と考えられる。またヒコ（彦）は男性を意味する語であるから、タラ（リ）シヒコは男性の天皇のことであって、推古天皇をさす語ではありえない。したがって皇太子である廐戸皇子のことと解してよかろう。

（直木孝次郎『古代国家の成立』中公文庫、日本の歴史シリーズ2、一九七三年、六四ページ）

そして、何故、聖徳太子が隋書において「俀国王・阿毎多利思比孤」と記述されることになったのか、その点については、直木孝次郎氏は別稿で次のように述べておられる。

倭王はほんとうは推古であったのだが、その通りに隋の宮人に伝えると、女帝の立ったことのない中国の慣例からして、隋の朝廷の侮蔑を買うおそれがある。倭の使者はそういうことを顧慮して推古につぐ地位にあった廐戸を倭王として隋に伝えたのではあるまいか。

（直木孝次郎「聖徳太子伝」『歴史と人物』中央公論社、一九七九年十二月聖徳太子特集号）

また、梅原猛氏は次のように述べておられる。

天皇が女性であることを隠した。天皇が女性だったら、中国では野蛮国と思われる。天皇が女性だとはいえないのでかえってトンチンカンな答になって、日本の使は大恥をかいて帰ってきた。

（梅原猛「聖徳太子」『聖徳太子鑽仰』総本山四天王寺、一九七九年）

俀《たい》国の最高権力者は女性であるということが隋の煬帝に知られると恥ずかしいので、聖徳太子を俀国王としたとの説である。

しかし、隋書は次のようにも記述している。

王妻號雞彌後宮有女六七百人

〔訳〕王の妻をキミと言い、その後宮には六七百人の女性がいる。

俀国の都には、六七百人の女性が詰めている後宮があったのである。しかし推古天皇の宮殿には、そのような後宮はなかったであろうし、また聖徳太子の住居（斑鳩宮）にもそのようなものはなかったのである（図15）。

現在の法隆寺夢殿は、かつての聖徳太子の斑鳩宮のあった地所に建てられているようである。昭和の法隆寺東院修理の際に、その一帯の発掘調査がおこなわれ、大小八棟ほどの長方形の建物跡と井戸二箇所が発見されたようである。しかし六七百人の女性を収容するような建物址が存在した様子は見受けられない。阿毎多利思比孤と聖徳太子は名前も異なるし、付随する背景もまったく異なる。それにも拘わらず阿毎多利思比孤が聖徳太子であるのは、「この日本においては、支配者は万世一系の近畿天皇家のみである」からなのである。

「日本の支配者は万世一系の天皇家のみである」、これは思いこみである。この思いこみは、一九七三年に出版された古田武彦氏の『失われた九州王朝』（朝日新聞社）により、木端微塵にうち砕かれた。古田武彦氏は、「日本には近畿天皇家以前に九州王朝が存在した」ということを、歴代の中国史書に記述されている倭国を丁寧に辿ることにより明解に論証された。

古田武彦氏は、さらに『古代は輝いていた』（全三巻、朝日新聞社、一九八五年）を著し、その第三巻『法隆寺の中の九州王朝』において、九州王朝は七世紀末まで存在したこと、法隆寺釈迦三尊像は九州王朝の王・上宮法皇を象って造られたものであること、そしてこの上宮法皇とは、隋書・俀《たい》国伝に登場する「俀国王・阿毎多利思比孤」であることを論証された。

古田武彦氏が「法隆寺釈迦三尊像光背銘の上宮法皇は聖徳太子のことではない」とする論点は、大

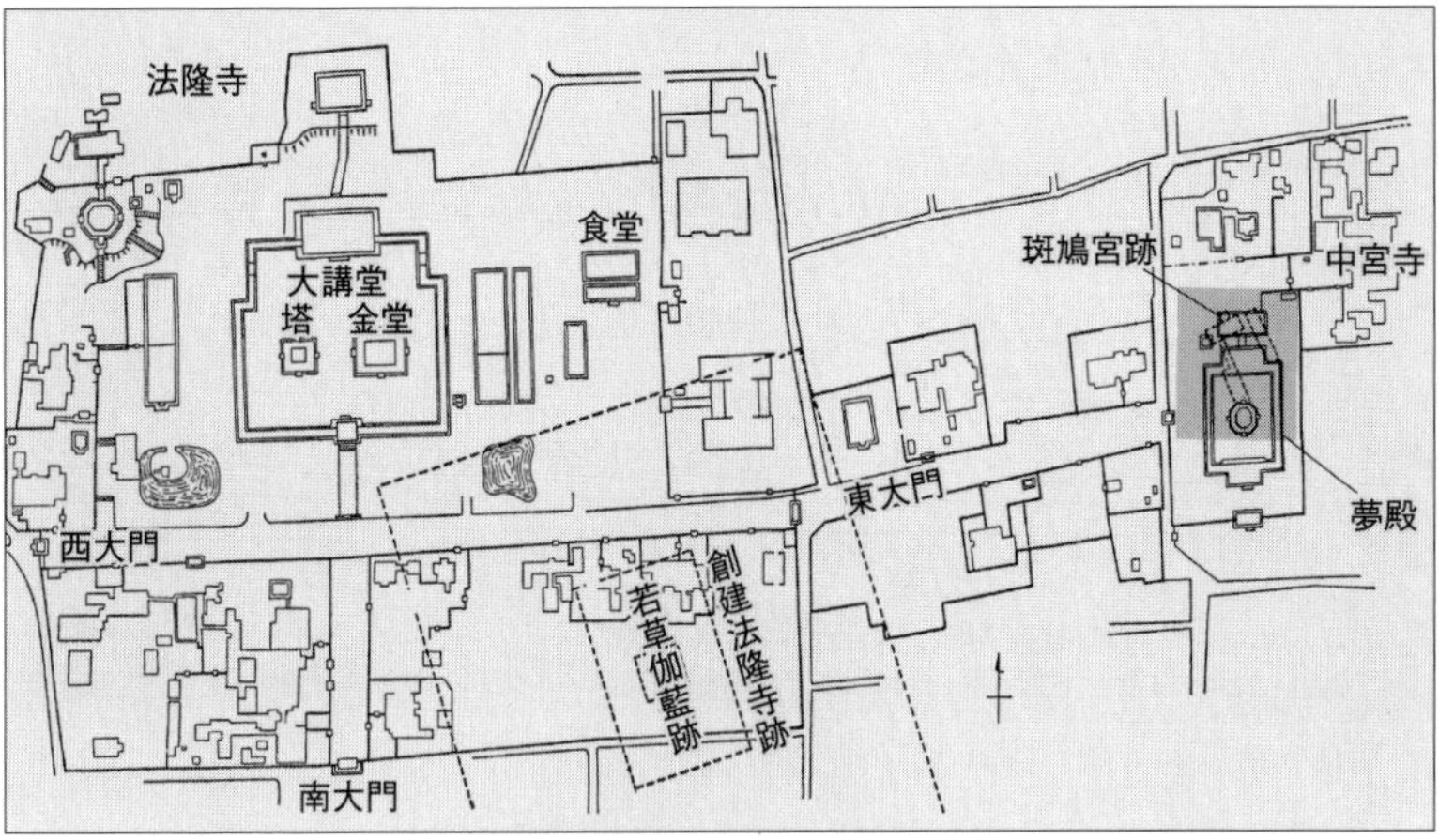

若草伽藍と斑鳩宮の位置

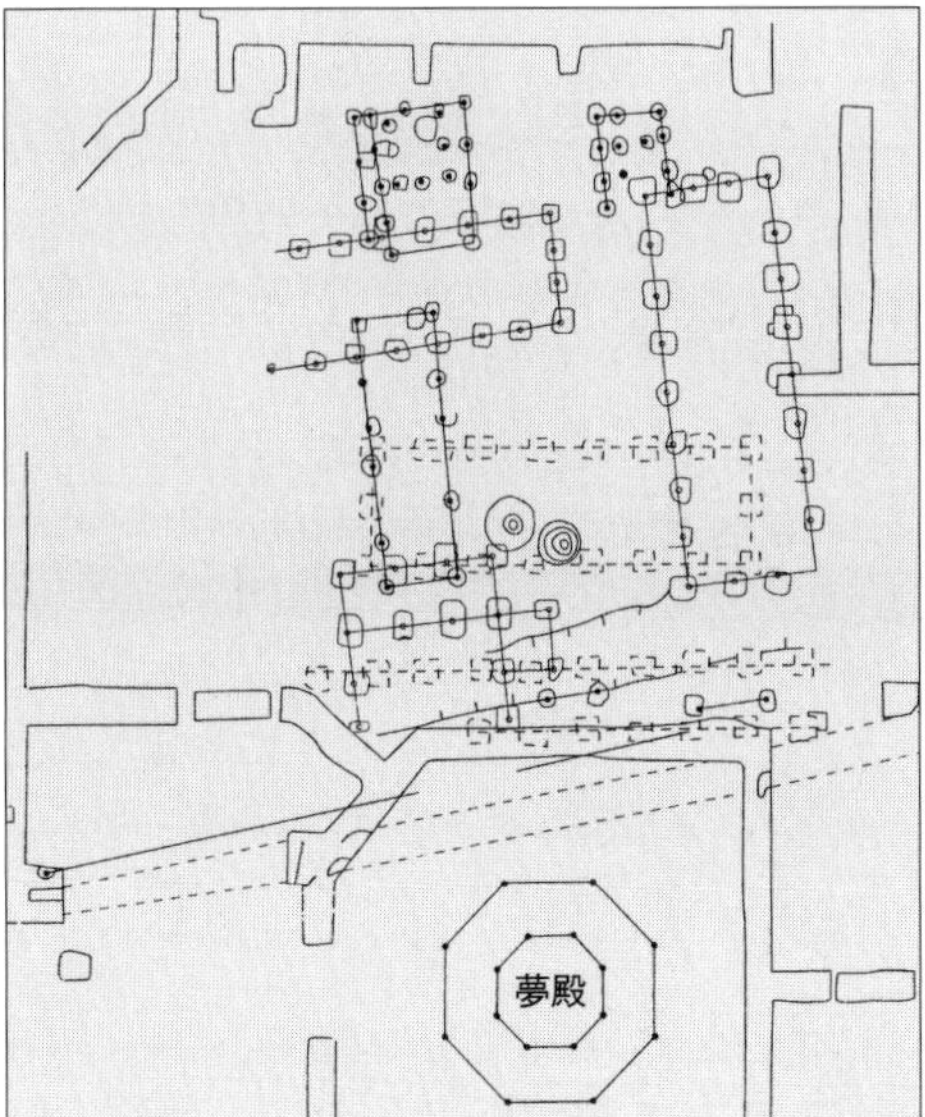

斑鳩宮遺構図

図 15　斑鳩宮の発掘図

まかに言えば次のとおりである。

①「法皇」とは、「仏法に帰依した天子」を指す造語であろう。上宮法皇の母親を「太后」と表現している。これも上宮法皇を天子とみなしている表記である。「太后」とは「天子の母」の意味だからである。聖徳太子は終生、太子であり、ナンバー2であった。従って聖徳太子は「法皇」には該当しない。

②「法皇の名は『上宮』であるから、この法皇は聖徳太子のことである」、と断定することはできない。何故なら、阿蘇山にも「上宮」「下宮」があり、太宰府竈門神社にも「上宮」「中宮」「下宮」がある。いろいろなところに「上宮」は存在する。したがって、「上宮」だから聖徳太子であるというわけにはいかない。「関白とあれば、それはすべて豊臣秀吉のことである」ということではないのと同じことである。

③上宮法皇の没年月日と日本書紀の記す聖徳太子の没年月日がちがう。「聖徳太子」と尊崇されるような偉大な人物の薨去年月日を、没後、わずか百年でしかない時代に、国史書としての日本書紀を編纂するために集められた当代有数の学者達が間違えるはずがない。

④法隆寺釈迦三尊像光背銘には「法興元」という年号が使用されている。近畿天皇家の年号としては存在しないが、九州年号としては「法興」という年号が存在する。

⑤日本書紀天智九年四月条には法隆寺が火災に遭ったことが記述されている。

法隆寺に災《ひつ》けり。一屋《ひとつのいへ》も余《あまること》無し。

この時、法隆寺は仏像も含めてすべて焼失したのである。従って再建された現在の法隆寺に本尊として祭られている法隆寺釈迦三尊像は消失前の法隆寺にあったものではない。日本書紀によれば、法隆寺は天智九年に「一屋も余無し」という大火災に見舞われている。それにも拘わらず、「法隆寺釈迦三尊像は聖徳太子の薨去の翌年に完成した仏像である」というのが通説である。ということは、従来は「法隆寺は全焼した。ただし釈迦三尊像は、大火災の中、運び出されて無事だった」と解釈していることになる。しかし古田武彦氏は、「一屋も余無し」という日本書紀の表現は、「この時、法隆寺は本尊の仏像も含めて全焼した」の意味であるということを鋭く指摘した。従って、現在、法隆寺釈迦三尊像と呼称されている仏像は、もとから法隆寺にあったものではなく、後世になって再建された法隆寺に、どこからか持ち込まれたものであると論断された。

なお、「法隆寺は天智九年の火災により仏像を含めて全焼した」とする説は古田武彦氏のみではない。古田武彦氏自身がこの説の提唱者の一人として、上原和氏をあげておられる。上原和氏は次のように述べておられる。

なお、現在、法隆寺金堂の本尊である廐戸等身の釈迦像については、それが廐戸追福のための釈迦像であるところから、私たちは、ともすればこの像が、罹災以前からずっと法隆寺金堂に安置されてきたような錯覚をもちやすいが、それは誤りで、法隆寺金堂に安置されていなかったからこそ、災禍からまぬかれえたのである。今日なお、火事のなかを搬出したと考えている学者も少くはないが、一屋モ余ルコトナシ、という未明の大火のなかで、釈迦三尊像が搬出されたとは考え難いのである。光背や脇侍の菩薩像を別にして、釈迦坐像一つかかえるだけでも数人の力を要したことは、戦時中にこの像が疎開のため金堂から搬出された際にすでに経験ずみである。私自身確かめえたところでも、火を浴びた形跡は、尊像・光背・台座いずれにも見当たらない。……やはり、釈迦三尊像は、もともと罹災した法隆寺金堂には安置されてはいなかったとみる方が、無理がなさそうである。

では、廐戸等身のこの釈迦像は、どこから再建の法隆寺金堂へ移坐されたのか。私は、法輪寺を考えている。（上原和『斑鳩の白い道のうえに―聖徳太子論』朝日選書、一九七五年、二八五ページ）

上原和氏も「法隆寺は本尊もろとも全焼した」との説である。さらに、『隠された十字架―法隆寺論―』の著者・梅原猛氏も「法隆寺は仏像を含めて全焼した」との説である。次のように述べておられる。

天智九年に法隆寺は「一屋も余すことなく焼けた」はずである。この薬師像は、その火災のときすでに造られていたはずである。そうすると、どうなるのか。

私は、この二体の像は、焼けた法隆寺の本尊ではないと思う。なぜなら若草伽藍が太子がつくった寺であるとすれば、太子自らが太子の等身大の仏像を祭るはずはないからである。やはり、かつての斑鳩寺《いかるがでら》は『書紀』がえがくように一屋も余さずに灰燼に帰したのであろう。そして新しい本尊が、再建法隆寺の建造と共にどこからか移されてきたにちがいない。どこからと断定することは出来ないが、多分、橘寺からではないかと思う。

（梅原猛『隠された十字架―法隆寺論―』新潮社、一九七二年、二九七ページ）

ごく当たり前の感覚で読めば、「法隆寺に災《ひつ》けり。一屋《ひとつのいへ》も余《あまること》無し」の意味は、法隆寺は何もかもすべて焼けてしまったということである。一人の人間が走って逃げる時に手に持って運び出せるようなもの以外はすべて焼き尽くされたと考えるべきものであろう。

古田武彦氏は、これらの理由から「法隆寺釈迦三尊像は飛鳥仏にあらず」と論断された。法隆寺釈迦三尊像は筑紫で作成された〝筑紫仏〟であり、そして隋書俀国伝の阿毎多利思比孤こと九州王朝の上宮法皇を象って造られたものであると論証された。私もそう思う。私の場合は、

①使用されている「暦」
②「太后」の使用
③「歳次干支」の使用法

の三点から、法隆寺釈迦三尊像は近畿大和で作成されたものではないこと、上宮法皇は聖徳太子ではないことを論証することができた。

2　法隆寺釈迦三尊像光背銘は元嘉暦で記述されている

「法隆寺釈迦三尊像光背銘の上宮法皇は聖徳太子ではない」、その証拠の一は、古事記の使用した暦と法隆寺釈迦三尊像光背銘の使用した暦は異なるということである。法隆寺釈迦三尊像光背銘には、

干食王后の薨去年月日は「鬼前太后の亡くなられた年（歳次辛巳）の翌年の二月廿一日の癸酉」と記されている。拙著『古代天皇実年の解明』のⅠ部第一章において、歳次干支には「干支の年」以外の意味も存在することを述べた。歳次干支には、三種類の使用法があるのである。従って、必然的に法隆寺釈迦三尊像光背銘の歳次干支は、それがどちらの意味の歳次干支なのかをよく考えてみなければならないのである。歳次辛巳を「辛巳年」と解釈した場合は、「歳次辛巳の明年」とは壬午年のことになる。この場合の干食王后の薨去年月日は、「壬午年の二月廿一日の癸酉の日」となる。内田正男編著『日本書紀暦日原典』で確認してみると、推古時代の壬午年の二月廿一日は元嘉暦では確かに癸酉である。因みに元嘉暦での「壬午年の前年（辛巳年）」の二月二十一日は己酉であり、また元嘉暦での「壬午年の翌年（癸未年）」の二月二十一日は丁卯である。従って法隆寺釈迦三尊像光背銘は、「歳次辛巳」を「辛巳年」とした上での元嘉暦によって記述されているのである。

しかし近畿天皇家は、推古天皇の没年までは元嘉暦を使用していないことは確実である。このことは前章ですでに述べた。少し補足させていただければ、拙著『古代天皇実年の解明』による論証により、古事記の記述は説話の部分では改変も見られたが、干支による紀年や寿命の記述は原伝承に忠実であり、真実であった。他方、日本書紀の方は寿命や在位年数にさまざまな改変を施してあり、加えて神武東征発進以降、允恭没年までの暦日を当時は存在しない儀鳳暦で記述していた。日本書紀に記述されている年月日の多くは日本書紀編纂時の推算によるものなのである。そのような事実の中で、日本書紀の記す推古天皇の没年年月日は元嘉暦によるものであり、古事記の記述はそれとはまったく異なる日付で記述されている。月朔の干支でみても両者は八干支も離れている。これからすれば古事記の使用した暦は元嘉暦ではないと考えなければならない。そして推古没年までの近畿天皇家の使用した暦は元嘉暦ではないと考えなければならない。

第五章の一八七ページですでに述べたように、六八九年（日本書紀の持統三年）の近畿大和においては元嘉暦が使用されていたことは確実である。そして古事記の記述からすれば、近畿天皇家では推古没年（六二八年）にはまだ元嘉暦を使用していない。この二つのことから導かれることは、近畿天皇家は推古没年の翌年（六二九年の己丑年）以降のある年、すなわち舒明元年以降のある年から元嘉暦を使用するようになったということなのである。近畿天皇家は、この六二年間の中のある年から元嘉暦を使用するようになった。ところが法隆寺釈迦三尊像光背銘は元嘉暦で記述されている。従ってこれから考えられることは、次の二つのうちのどちらかである。

一、法隆寺釈迦三尊像は舒明元年以降のある年に作成されたのであり、その記述に使用されている年月日および日の干支は、日本書紀と同じように元嘉暦による推算から得られたものである。

（もしもこれが真実ならば法隆寺釈迦三尊像は上宮法皇の時代からかなり隔たった後世に造られたものであるということになる。）

二、法隆寺釈迦三尊像光背銘は上宮法皇の崩御直後、すなわち推古天皇の時代に造られた同時代金石文である。

（逆にこちらの方が真実であるならば、法隆寺釈迦三尊像は推古天皇の時代に元嘉暦を使用していた勢力圏で作成されたものということになり、近畿大和で作成されたのではないことになる。）

果たして真実はどちらなのであろうか？

それでは日本書紀そのものは暦についてどのように記述しているのであろうか？　それをみてみよう。

①欽明十四年（五五三）六月条

六月に、内臣名を闕《もら》せり。を遣して、百済に使せしむ。……別に勅したまはく、「医博士・易博士・暦博士等、番《つがひ》に依りて上《まうで》き下《まか》れ。……又卜書《うらのふみ》・暦本・種種の薬物、付送《たてまつ》れ」とのたまふ。

②欽明十五年（五五四）二月条

百済、……を遣《まだ》して、救《すくひ》の兵を乞《まう》す。……別に勅を奉りて、易博士施徳王道良・暦博士固徳王保孫・医博士奈率王……を貢《たてまつ》る。皆請《まう》すに依《よ》りて代ふるなり。

③推古十年（六〇二）条

冬十月に、百済の僧観勒来《まうおもぶ》けり。仍《よ》りて暦の本及び天文地理の書、并《あはせ》て遁甲方術の書を貢る。……陽胡史《やごのふひと》の祖玉陳《たまふる》、暦法を習ふ。

これらの記述の中で、①の「暦博士等、番に依りて上き下れ」は重要である。坂本太郎ほか校注『日本書紀（下）』の解説では、「交代制で勤仕すること。上下は参上退下」とある。とすると五五三年ころの倭国には百済から暦博士が交代で派遣されているのである。暦博士が交替で派遣されていたということの意味は、毎年毎年の「暦」の新調であろう。現在でも「太陰太陽暦の暦」は、誰にでも作成できるというものではない。「太陰太陽暦の暦」の作成にはどうしても「暦」の専門家が必要なのである。毎年毎年の暦の新調のために「交代制で勤仕すること」が義務づけられたのだと思う。従って、五五三年当時の倭国は百済と同じ暦を使用していた。百済が何時から元嘉暦を使用したのかについては寡聞にして知らないが、少なくとも百済は六世紀初頭から滅亡の年（六六三年）までは元嘉暦を使用している。大谷光男著『古代の暦日』に次のように記述されている。

当時の百済は『周書』異域・百済の条に「陰陽五行を解し、宋の元嘉暦を用い、建寅の月を以て歳首と為す。……」とあるから、宋の元嘉暦を続いて用いていたことがわかる。

（中略）

百済が滅亡の豊王三（六六三）年まで元嘉暦を用いたのは、一つに百済が中国から弧立していたがためであると同時に、南朝梁との関係が考えられる。すなわち、梁は武帝天監八（五〇九）年まで元嘉暦を用いており、……。いわゆる両国の友好関係がしからしめたと思われる。

（大谷光男『古代の暦日』雄山閣出版、一九七六年、七〇ページ）

そして西暦一九七一年には、韓国忠清南道公州市において武寧王の墓が発見された。武寧王は五〇一年から五二三年まで在位した百済の王である。その武寧王の墓誌には、

寧東大将軍百済斯麻王年六十二歳癸卯年五月丙戌朔七日壬辰崩（以下略）

〔読み下し文〕

寧東大将軍の百済斯麻王、癸卯の年の五月、丙戌の朔の七日壬辰に六二歳で没す。（以下略）

と記述されている。西暦五二三年の癸卯年は、継体十七年の癸卯年に一致する。内田正男編著『日本書紀暦日原典』で確認すると、西暦五二三年の癸卯年の五月朔は丙戌である。百済武寧王の墓誌は、確かに元嘉暦により記述されている。従って上記①および②のころの百済は元嘉暦を使用しているのである。そのころの百済から交代で倭国に派遣された暦博士が倭国に教授したのは、元嘉暦であったはずである。従って、西暦五五〇年ころの倭国は元嘉暦を使用していると考えねばならない。

しかし古事記の記述する推古天皇の没年月日とその「日の干支」でみれば、近畿天皇家では推古没年までは元嘉暦は使用されていない。ということは西暦五五〇年ころ、百済が毎年のように暦博士を送り込んでいた倭国というのは近畿天皇家のことではない。近畿天皇家は五五〇年ころの倭国の王者ではないのである。この①と②の記述は、五五〇年ころの九州王朝と百済のやりとりであったものを、あたかも五五〇年ころの百済と近畿天皇家のやりとりででもあったかのように換骨奪胎した記述なのである。九州王朝のその歴史上の事実を大海人皇子が九州から携えてやってきたので日本書紀はそれを近畿天皇家のこととして記述することができたのである。

それを証明する史料が存在する。『元興寺《がんごうじ》伽藍《がらん》縁起《えんぎ》并《ならびに》流記《るき》資財帳《しざいちょう》』である。竹内理三編『寧楽遺文・中巻』（訂正八版、東京堂出版、一九九七年）に収録されている。以降、これを『元興寺流記資財帳』と略する。この『元興寺流記資財帳』は、その末尾に「天平廿年（七四八）」と記述されているので、そのころまでには作成されていたことになる。そしてこの『元興寺流記資財帳』には、「元興寺露盤銘」が引用掲載されている。「露盤」そのものは現存せず、「それに刻されていた」とされる銘文が『元興寺流記資財帳』に引用・記載されているのみである。「露盤銘」の出だしの部分は次のようになっている。

大和國天皇斯歸斯麻宮治天下名阿末久爾意斯波羅岐比里爾波彌己等之（世）奉仕巷宜名伊那米大臣時百濟國正明王（以下略）

〔読み下し文〕（私案）

大和国の天皇、斯帰斯麻宮に天下治《あめのしたしら》しし名阿末久爾意斯波羅岐比里爾波弥己等（欽明天皇）の世、巷宜《そがの》名伊那米大臣、仕へ奉る。時に百済国正明王（以下略）

出だしに「大和国天皇」と記述されている。これはもちろん、「大和国の天皇」であるが、はたしてこの意味は「関東から九州にいたる当時の日本国全体の支配者としての天皇」の意味であろうか。それとも「（奈良県の領域を意味する）大和国の天皇」の意味なのであろうか。この時代には、日本全体を指す意味では、「倭国」を使用したのではなかろうか。ここに見える「大和国」は、播磨国とか常陸国等のような日本の中の一領域としての大和国のようにみえる。戦国時代には、山城国・播磨国・常陸国等のすべての国をあわせると日本全体では六六カ国だったようである。その六六カ国の中の一国としての大和国のように私には見えるのである。日本全体の支配者としての天皇を表現する場合には、「倭国天皇」か、あるいは「大和坐天皇」であるべきだと思う。従って、露盤銘冒頭の「大和国天皇」の「大和国」は日本全体という意味ではないであろう。奈良県の領域を意味する大和国であろう。従ってここでいう天皇も、大和国一国の支配者としての天皇である。吉備国天皇や常陸国天皇と書いてみればその意味がより明瞭となる。欽明天皇の時代の近畿天皇家は東日本の一領域の支配者に過ぎなかったという数少ない証拠の一つだと思う。

3　法隆寺釈迦三尊像光背銘の「太后」

論証その二。法隆寺釈迦三尊像光背に刻されている鬼前太后の「太后」は重要である。これまで多くの論者が、「大后」と「太后」を同じものと考えてきたのではないかと思う。この考えは、古くすでに『法王帝説』にみられる。『法王帝説』は法隆寺釈迦三尊像光背銘を引用掲載しているが、それを次のように記述している。

鬼前大后者．即聖王母．穴太部間人王也．云鬼前者此神也．何故言神前皇后者此皇后同母茀．長谷部天皇．石寸神前宮治天下若疑其姉・穴太部王即其宮坐故稱神前皇后也．（以下略）

＊読み下し文は二一六ページを参照

『法王帝説』は、釈迦三尊像光背銘が「太后」としているところを「大后」と記述しているのである。さらにご丁寧にも「鬼」は「神」のことであるとした上で、「鬼前大后」とは「神前皇后」のことであるとしている。いつの間にか「太后」が「大后」に変わり、それがさらに「皇后」に置き換えられている。

古田武彦氏も『古代は輝いていた』の第三巻において次のように述べておられる。

なぜなら、この人物をめぐる用語、それがすべて天子の用語なのだ。
大后＝太后――天子の母をいふ。秦の昭王から始まつた称（諸橋『大漢和辞典』）
文帝、太后と之を言う。（『史記』張釈之伝）
霊帝崩じ、少帝即位す。……太后、従わず。（『三国志』董卓伝）
右の事例のしめすように、「太后」は〝天子の母〟だ。
（古田武彦『古代は輝いていた III』「法隆寺の中の九州王朝」朝日新聞社、一九八五年、二三一ページ）

古田武彦氏の引かれた諸橋『大漢和辞典』で「大后」をみてみると次のように記述されている。

大后：タイコウ　おほきさき。太皇太后又は皇太后。太后を見よ。

「太后を見よ」となっている。そこで「太后」をみると、

太后：タイコウ　天子の母をいふ。秦の昭王から始まつた称。〔史記、秦紀〕昭襄母、楚人、姓芈氏　号宣太后。〔史記、張釋之伝〕文帝与太后言之。〔漢書、外戚伝序〕帝母称皇太后、祖母称太皇太后。（以下略）

諸橋『大漢和辞典』でみれば、確かに「大后＝太后」である。しかし例として中国古典から引用されているものは、すべて「太后」である。中国古典に「大后」という使用法があるかどうかは疑問である。何故ならば、その他の普通一般の漢和辞典には「大后」の項目は存在しない。藤堂明保編『学研・漢和大字典』（学習研究社、一九七八年）しかり、小林信明編『新選・漢和大字典』（新版、小学館、一九七四年）しかり。ところが国語辞典になると必ず「大后（おおきさき）」の項目は存在する。上田万年ほか四名による『大字典』（第三版、講談社、一九六四年）には、

大后：おほきさき。皇太后及び皇后に通じていふ。

として記載されている。そして訓読みのみが記載されており、音読み（すなわち中国人の発音）は記

載されていない。次に凡例において「二十万余語を収録した」と述べている石山福治編『中國語大辭典』（国書刊行会、一九七四年）を調べてみた。すると「太后」は収録されていて、「皇太后のこと」となっているが、「大后」の項目は存在しない。中国語としては「大后」という言葉は存在しないのではなかろうか。あるいは「大后」という文字表記は、日本で生じたものなのではなかろうか。「大《おお》兄《え》」や「大郎子《おおいらつこ》」「大郎女《おおいらつめ》」などと同じ意味合いの「大后《おおきさき》」、即ち「第一夫人」を意味する日本語なのではなかろうか。それが、いつのころからか後代において「太后《タイコウ》」と混同されるようになり、「天皇の母」をも指すようになったということなのではなかろうか。

　そこで中華書局本の中国正史のうち、『史記』から『旧唐書』までにおける「太后」と「大后」の使用状況を調べてみた。「太后」の記載は三九九七箇所に存在した。ただし前漢時代に「王」という名の「太后」がおり、漢・唐代には「王太后」という言葉そのものが「太后」を意味する場合もあるようなので、ある時には「王太后」を「太后」として計数したが、ある時には除外した。従ってこの数字は絶対に正確であるということを主張するものではないが、大方それくらいは「太后」という表記が存在するのである。

　しかるに「大后」の表記はただの一例のみである。その一例は『漢書』に存在する。巻十二（平帝紀第十二）の終わりの方で、顔師古の注の部分に、

　……以母衛大后故怨不悦。（中華書局本『漢書一』第十一次印刷、二〇〇二年、三六〇ページ、七行）

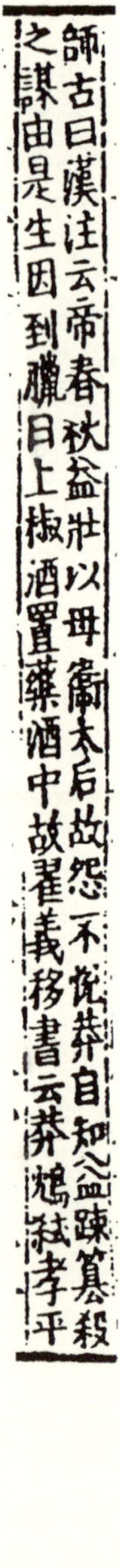

師古曰漢注云帝春秋益壯以母衛太后故怨不悦莽自知益疎篡殺
之謀由是生因到臘日上椒酒置藥酒中故翟義移書云莽鴆殺孝平

図16　宋景祐刊本『漢書』巻十二（平帝紀第十二）終末部の「衛太后」

と記載されている。しかし三九九七回の「太后」の使用に対して、「大后」はただの一回だけなのである。〔三九九七対一〕、あるいはこれは中華書局本『漢書』の誤植なのではなかろうか。どうもその可能性が濃厚である。そこで次に台湾商務印書館印行百衲本二十四史『漢書』（宋景祐刊本）の同部位を調べてみた。するとそれでは「衛太后」となっている（図16）。

中華書局本『漢書』の「衛大后」は明らかに誤植なのである。従って中国二十四正史のうち、『史記』から『旧唐書』までの間には「大后」という言葉は一回も使用されていないのである。ということは中国においては、唐末（九〇七年）までは「大后」という言葉は存在しないということなのである。中国では決して「大后＝太后」ではない。

なお三九九七箇の「太后」には、「皇太后」「太皇太后」「帝太后」あるいはそれ以外の「何々太后」等は計数されていない。あくまでも「太后」か、あるいは「名前＋太后」の「太后」に限定した数値である。また中華書局本では「皇太后」「太皇太后」「帝太后」等においても「……皇大后」などと表記されたものは一例も存在しなかったことを付記しておく。中華書局本の『史記』から『旧唐書』までの中国正史における太后の使用数を巻末に記載してあるので参照されたい。

次に古事記・日本書紀における「大后」「太后」「天皇の母」の表記方法を調査した。すると日本においても古事記・日本書紀の時代には「大后＝太后」ではなかった、ということが判明した。古事記には「太后」という表記は一度も出現しない。神武・垂仁・仲哀・仁徳・允恭・安康・雄略記において「大后」が使用されているが、すべて「皇后」の意味である。

①神武記の「大后」

故、日向に坐しし時、阿多の小椅君《をばしのきみ》の妹、名は阿比良比売《あひらひめ》を娶して生める子は、多芸志美美命、次に岐須美美命、二柱坐しき。然れども更に大后とせむ美人《をとめ》を求《ま》ぎたまひし時、……

②垂仁記の「大后」

又天皇、三宅連等の祖、名は多遅摩毛理《たぢまもり》を常世の国に遣はして、登岐士玖能迦玖能木実《ときじくのかくのこのみ》を求めしめたまひき。故、多遅摩毛理、遂にその国に到りて、その木実を採りて縵八縵《かげやかげ》、矛八矛を将ち来たりし間に、天皇既に崩りましき。爾に多遅摩毛理、縵四縵《かげよかげ》、矛四矛を分けて、大后に献り、縵四縵、矛四矛を天皇の御陵の戸に献り置きて、……又其の大后比婆須比売命の時、石祝作《いしきつくり》を定め、また土師部《はにしべ》を定めたまひき。

＊ここには、大后が二度使用されている。あとの方の大后は比婆須比売命のことであるから皇后の意味であることは明確である。先に出ている大后も皇后の意味なのであるが、この部分は少し説明の必要がある。垂仁天皇の寿命は九三歳であることは拙著『古代天皇実年の解明』で述べた。従ってここに出ている大后は、垂仁天皇の母親であるはずはない。どうして

も垂仁天皇の皇后でなければならないのである。九三歳という高齢の天皇の皇后というのもありにくいのではあるが、垂仁天皇が六〇〜七〇歳ころに迎えた若い后と考えればつじつまは合う。

③仲哀記の「大后」

また息長帯比売命こは大后なり。を娶して、生みませる御子、品夜和気命。

（中略）

其の大后息長帯比売命は、当時《そのかみ》神を帰《よ》せたまひき。故、天皇筑紫の訶志比宮に坐しまして、熊曾国を撃たむとしたまひし時、……

＊ここは応神記ではなく、仲哀記である。その仲哀記で、息長帯比売命を大后と言っている。従ってこの大后は、仲哀天皇の大后である。仲哀天皇に対する息長帯比売命を大后と言っていることになる。従ってこの大后は皇后の意味である。

④仁徳記の「大后」

仁徳記の大后は、すべて、皇后の石之日売命を指している。

⑤允恭記の「大后」

允恭天皇の母は石之日売命である。この石之日売命は仁徳在世中に亡くなっている。従って、天皇位即位を固辞していた允恭に天皇位即位を勧めている大后は、允恭の皇后を意味することになる。

⑥安康記の「大后」

ここにその大后の先の子、目弱王、是れ年七歳なりき。

＊この文より安康記の大后は皇后の意味であることは明白である。

⑦雄略記の「大后」

初め大后、日下に坐しし時、……

＊この文より雄略記の大后も皇后の意味であることは明白である。

古事記に出現する大后は以上である。すべて皇后の意味で使用されている。「天皇の母親」の意味で使用された例は一例も存在しない。

古事記における「天皇の母親」の表記は「御祖《みおや》」である。神武記・景行記・仲哀記に使用されている。

①神武記

故、天皇崩《かむあが》りまして後、その庶兄当芸志美美命、その嫡后伊須気余理比売を娶せし時、其の三はしらの弟を殺さむとして謀《たばか》る間に、その御祖《みおや》伊須気余理比売、患《うれ》ひ苦しみて、歌をもちてその御子等《たち》に知らしめたまひき。

②景行記

此の大中比売命は、香坂王、忍熊王の御祖《みおや》なり。

③仲哀記

ここに還り上りましし時、其の御祖《みおや》息長帯日売命、待酒を醸みて献らしき。ここにその御祖、御歌よみしたまひしく、……

ただし神武記の「御祖《みおや》」は明らかに母親であるが、景行記・仲哀記の「御祖」の意味が母親であるとは限らない。拙著『古代天皇実年の解明』のII部第七章で述べたように、神功は応神の祖母であった。仲哀記の「御祖」は、現在は「応神の母親」の意味に解釈されているが、もともとは祖母の意味であった可能性もあるのである。そして神功の大和征服戦の年は、五二歳で亡くなった仲哀の没後三〇年目であった。従ってこのとき、近畿大和に君臨していた香坂王・忍熊王は仲哀の孫だった可能性もある。古事記の景行記で大中比売命を「御祖」と表記しているのは、大中比売命が香坂王・忍熊王の祖母だったからかもしれないのである。

次に日本書紀の表記をみてみよう。日本書紀には大后の表記は三回のみであり、そのいずれもが天智紀に出現している。そしてすべて皇后の意味で使用されている。

（イ）四年の春二月の癸酉の朔丁酉に、間人大后薨《かむさ》りましぬ。

（ロ）（四年の）三月の癸卯の朔に、間人大后の為に、三百三十人を度《いへで》せしむ。

（ハ）（天智十年十月）庚辰（十七日）に、天皇、疾病弥留《おも》し。勅して東宮を喚《め》して、臥内《おほとの》に引入れて、詔して曰はく、「朕、疾甚し。後事を以て汝に属《つ》く」と、云云。是に、再拝《おが》みたてまつりたまひて、疾を称《まう》して固辞《いな》びまうして、受けずして曰《まう》したまはく、「請《こ》ふ、洪業《ひつぎ》を奉《あ》げて、大后に付属《さづ》けまつらむ。……」とまうしたまふ。

天智にとり、間人皇女は同母妹である。従って（イ）及び（ロ）の間人大后は天智天皇の母親を意味する大后ではない。普通に考えれば、先代の天皇（孝徳）の皇后としての大后であろう。しかし、ここは天智紀である。そこに大后とあるのであるから、あるいはこれは吉永登《よしながみのる》氏や直木孝次郎氏そして井沢元彦氏の述べるように、「天智天皇の皇后」という意味で使用された表記なのかもしれない。吉永登氏は天智天皇と同母妹・間人皇女の間には肉体関係があり、間人大后は言ってみれば天智の大后（皇后）と見なされていたという説を展開されたようである。

そして（ハ）の大后も天皇の母の意味ではない。天智の母・斉明天皇は斉明七年に亡くなっているからである。従って、この大后は天智七年二月条に天智の皇后と記述されている倭姫王のことである。

以上より、古事記・日本書紀には「天皇の母」の意味で大后という表記を使用した例は存在しない。

古事記・日本書紀における大后は、すべて皇后の意味である。

最後に日本書紀の「天皇の母」を意味する表記を整理すると次ページの表15のようになる。

日本書紀にも太后という表記は存在しない。日本書紀では「天皇の母親」の意味では「皇太后」という表記が多く使用されている。そして日本書紀に従えば、近畿天皇家は綏靖天皇のころから「天皇の母」の表記に皇太后という言葉を使用していたということになるが、これが真実ではないことについては論証は不要であろう。

表15を見ていて気づくことは、皇極天皇の母親を「皇祖母尊《すめみおやのみこと》」と表記していることである。すなわち皇極天皇のころには天皇の母親を「皇祖母尊」と言っていたということになる。さらに皇極天皇自身も天智紀において「(天智の)皇祖母尊」と表現されている。従って皇極・孝徳・斉明・天智の時代には、天皇の母の呼称・表記としては「皇祖母尊」の言葉が使用されていたと考えねばならない。従って皇極以前の推古天皇の時代に、天皇の母の表記に皇太后(太后)という言葉・表記が使用されていたとは考えられない。推古天皇の時代に皇太后(太后)という言葉・表記を使用していたのであるならば、それをそのあとの時代の皇極〜天智の時代にわざわざ「皇祖母尊」などというヤボったい言葉・表記に換えるはずはないからである。これは皇極〜天智の時代には天皇の母親を「皇祖母尊」と言っていたことの証拠である。

なお、斉明天皇は天智紀において皇太后天皇とも表現されている。日本書紀天智天皇六年二月条である。

皇太子、群臣に謂《かた》りて曰はく、「我、皇太后天皇の勅したまへる所を奉《うけたまは》りしより、万民を憂《うれ》へ恤《めぐ》む故に、石槨《いはき》の役を起さしめず。……」とのたまふ。

表 15　日本書紀における「天皇の母」の表記法

No.	天皇	天皇の母親の表記法	No.	天皇	天皇の母親の表記法
1	神武	なし	21	安康	皇太后
2	綏靖	皇太后	22	雄略	皇太后
3	安寧	皇太后	23	清寧	皇太夫人
4	懿徳	皇太后	24	顕宗	なし
5	孝昭	皇太后	25	仁賢	なし
6	孝安	皇太后	26	武烈	母の皇后
7	孝霊	皇太后	27	継体	なし
8	孝元	皇太后	28	安閑	なし
9	開化	皇太后	29	宣化	なし
10	崇神	皇太后	30	欽明	母の皇后→皇太后
11	垂仁	母の皇后→皇太后	31	敏達	母の皇后→皇太后
12	景行	母の皇后	32	用明	なし
13	成務	母の皇后→皇太后	33	崇峻	なし
14	仲哀	母の皇后→皇太后	34	推古	皇太夫人
15	神功		35	舒明	なし
16	応神	皇太后	36	皇極	皇祖母尊
17	仁徳	皇太后	37	孝徳	なし[註]
18	履中	なし	38	斉明	皇祖母尊
19	反正	なし	39	天智	皇祖母尊→皇太后天皇
20	允恭	なし	40	天武	なし

註：孝徳紀には「皇祖母尊」の記述はあるが「母親」のことではなく、姉の皇極天皇を指している。

中大兄皇子の話し言葉の中で母親の斉明天皇をさして皇太后天皇と呼称表記している。あるいは、天智天皇の時代から皇太后（太后）という表記がボチボチ使用されだしたのかもしれない。中大兄皇子が皇太后天皇という言葉を使用した天智六年といえば、中国文化に染まっていた九州王朝出身の大海人皇子が、大和に出現して三年後のことである。皇太后天皇という言葉自体、天智天皇が大海人皇子に影響されて使用するようになったものなのかもしれないのである。

近畿天皇家は斉明天皇のころまでは、天皇の母親の表記には太后という表記は使用していないであろう。そして法隆寺釈迦三尊像光背銘は、それに記載されている癸未年という干支と暦日干支から、その作成年代は近畿大和における推古天皇の時代に合致している。その法隆寺釈迦三尊像光背銘は天子の母親を太后と表記している。従って、法隆寺釈迦三尊像は近畿大和で作成されたものではない。近畿大和以外のどこかで作成されたものである。

表16　和刻本正史（宋書・梁書・隋書）における「大后」の表記箇所

①『宋書』	縮印版	汲古書院、1971年、425ページ、下1行	
②『梁書』	縮印版	汲古書院、1971年、244ページ、上10行	
③『隋書』	影印本	モリモト印刷、1971年、299ページ、下12行	
④『隋書』	影印本	モリモト印刷、1971年、313ページ、下7行	
⑤『隋書』	影印本	モリモト印刷、1971年、374ページ、上3行	

＊なお宋書・梁書・隋書以外の和刻本正史は調査していない。

それでは日本ではいつから「大后＝太后」となったのか。

中華書局本『宋書』には一四五カ所に「太后」の表記が存在するが、『和刻本正史・宋書』ではそのうち一カ所が「大后」である。中華書局本『梁書』には八個の「太后」が存在するが『和刻本正史・梁書』ではそのうち一カ所が「大后」となっている。これらの「大后」はそれぞれわずか一個ずつなので、「太后」を「大后」と誤写した可能性がある。いわゆる「魯魚の誤り」である。しかし『隋書』の場合は中華書局本で一八カ所に「太后」という表記が存在し、「和刻本」の方ではそのうち三カ所が「大后」となっている（表16）。『和刻本正史・隋書』にみられる「大后」は明らかに「大后＝太后」の意識で書写されていると考えても良いと思われる。

日本において「大后＝太后」の認識がいつ生じたのかについて考えてみるに、先にも述べたように『法王帝説』は法隆寺釈迦三尊像光背銘が「太后」としているところを「大后」と記述していた。私はこの『法王帝説』が先例となって、以後、「大后＝太后」の使用が一般化するようになったのではないかと考えている。

4　法隆寺の釈迦三尊像と薬師如来像光背銘の「歳次干支」

「暦」による論証のように、決定的ともいうべき三点目。二三〇ページで述べたように、法隆寺釈迦三尊像光背銘は「歳次干支」を「干支の年」の意味で使用していた。しかし日本書紀の記述では、日本書紀成立以前の近畿天皇家においては、歳次干支を「干支の年」の意味で使用したケースは存在しない。

拙著『古代天皇実年の解明』のI部第一章「日本書紀における『歳次』の意味」で述べたように、日本書紀継体天皇二十五年条の記述でみれば、日本書紀編纂者自身は確かに歳次干支を「干支の年」

の意味で使用していた。しかし日本書紀の中のそれ以外の歳次干支は、すべて「干支の年」の意味ではない。応神天皇の部分に出現する歳次干支は、「干支の翌年」の意味であった。垂仁天皇の条の歳次干支、継体紀及び天智紀に引用されている『或本』の歳次干支、そして持統紀の歳次干支は「干支の前年」の意味であった。日本書紀の記述では、日本書紀編纂の時（七二〇年）にならなければ歳次干支を「干支の年」とする使用法は出現しないのである。

このことは、法隆寺釈迦三尊像の作成された文化圏と日本書紀成立以前の近畿大和の文化圏は異なる文化圏である、と考えねばならない。

なお日本書紀以外の史料では、万葉集の二二八番歌の左注に、「和銅四年、歳次辛亥」という記述がある。吉川弘文館の『歴史手帳』で確認すると、和銅四年は干支で言えば確かに辛亥年であり、西暦では七一一年である。また萬葉集二三〇番歌の左注には、「霊亀元年、歳次乙卯」と記述されている。霊亀元年は干支では乙卯年であり、西暦では七一五年である。従って近畿天皇家でも、確実に七一一年には歳次干支を「干支の年」の意味で使用している。

日本書紀の記述による前述論証は間接証明である。しかし《和銅三年（七一〇）以前の近畿大和では、歳次干支は「干支の年」の意味ではない》という直接証拠が二つ存在する。一つは法隆寺に存在するもう一つの金石文、法隆寺薬師如来像光背銘である。それには次のように記述されている。

法隆寺薬師如来像光背銘

池邊大宮治天下天皇大御身勞賜時歳
次丙午年召於大王天皇与太子而誓願賜我大
御病大平欲坐故将造寺藥師像作仕奉詔然
當時崩賜造不堪者小治田大宮治天下大王天
皇及東宮聖王大命受賜而歳次丁卯年仕奉

〔古田武彦氏による読み下し文〕
①池辺の大宮に天の下を治《し》らす天皇（用明天皇）、大御身労《いたつ》き賜う。
②時に、歳次丙午年（用明元年＝五八六）、大王天皇（推古天皇）と太子（彦人皇子か——後述）を召して誓願し賜う、
③「我が大御病、大平ならむと欲《おも》い坐《ま》す。故《かれ》、寺の薬師像を造り作《な》し、仕え奉らむ」と詔す。
④然るに、時に当たりて崩じ賜い、造り堪《あ》えざれば、
⑤小治田大宮に天の下を治らす大王天皇（推古天皇）及び東宮聖王（聖徳太子）、大命を受け賜いて、歳次丁卯年（推古十五年＝六〇七か）、仕え奉る。
（古田武彦『古代は輝いていたIII』「法隆寺の中の九州王朝」朝日新聞社、一九八五年、二六九ページより引用。なお、同書の二七一ページには写真版も掲載されている）

法隆寺薬師如来像光背銘には「池辺の大宮に天の下を治《し》らす天皇（用明天皇）」や「小治田大宮治

天下大王天皇（推古天皇）」等の名前が存在するから、明らかに近畿大和の勢力圏で作成されたものである。そして法隆寺薬師如来像光背銘には、〃用明天皇が病に倒れた年〃として「歳次丙午年」と記述されている。古田武彦氏は、これを括弧して「用明元年＝五八六」と説明している。これは「歳次丙午年」を丙午年と解釈している結果である。日本書紀の記す用明元年が西暦五八六年の丙午年であるからである。堀池春峰氏も『聖徳太子讃仰』（四天王寺編、一九七九年）の中で『法隆寺金堂釈迦三尊と薬師如来の光背銘について』を担当され、その中で、この「歳次丙午年」を「歳は丙午に次《やど》りし年」と訳し、括弧して「註・用明天皇元年」と記述している。そのほかの通説・定説も同じように解釈していると思う。しかし、日本書紀・用明天皇二年条には次のように記述されている。

　二年の夏四月の乙巳の朔丙午（二日）に、磐余の河上に御新嘗《にひなへきこしめ》す。是の日に、天皇、得病《おほみここちそこな》ひたまひて、宮に還入《かへりおは》します。群臣侍《はべ》り。天皇、群臣に詔して曰《のたま》はく、「朕、三宝に帰《よ》らむと思ふ。卿等《いましたち》議《はか》れ」とのたまふ。……癸丑（九日）に、天皇、大殿に崩《かむあが》りましぬ。

日本書紀は、「用明天皇は用明二年（丁未年）の四月二日に病となり、四月九日に崩御された」と記述している。古事記も用明天皇が亡くなったのは丁未年としている。用明天皇が病となり、そして亡くなったのは丁未年なのである。すると法隆寺薬師如来像光背銘の「歳次丙午年」とは丁未年の意味なのである。即ち「歳次丙午年」は「歳は丙午に次《つ》ぐ＝丁未年」という意味で記述されているのであり、法隆寺薬師如来像光背銘は、用明天皇が病に倒れた年（崩御の年）を間違えているわけではないのである。

　この薬師如来像が完成したのは、光背銘の末尾に記述されている「歳次丁卯年、仕え奉る」の文から、従来は丁卯年（西暦六〇七年の推古十五年）と考えられていた。しかしこれも同じように「歳は丁卯に次《つ》ぐ＝戊辰年」であろうから、「歳次丁卯年」とは西暦六〇八年（推古十六年）の戊辰年である。従って、法隆寺薬師如来像光背銘を推古十六年の戊辰年の金石文と考えれば、推古時代の近畿天皇家は、歳次干支を「干支に次《つ》ぐ年＝干支の翌年」という意味で使用していたということになる。

　しかし法隆寺薬師如来像の作成年代については、「推古朝を遥かに降った後の時代の作成ではないか」とする説が福山敏男氏により昭和八年（一九三三）に初めて提出せられた。福山敏男氏は次のような文で新説を始められた。


　著しい事実は、資財帳を通じて知られる如く、既に天平当時にあつても、法隆寺には推古朝からの遺物として確認されるものは、本尊釈迦像以外に何物もなかつたと云ふことである。人は或は金堂東の間の薬師像を挙げるであらう。しかしながら、この像は様式上から、既にナイーヴな眼を以て観察し得た Karl With 氏が正当に指摘した様に、釈迦像を遡るものではなく、光背銘文の内容自身も推古朝から余程後の造作であることを示してゐる。現存の釈迦像は恐らく太子の薨後、推古朝の末頃に法隆寺が草創されて以来の本尊であつた筈であるから、嘗て薬師像がこの寺の金堂の本尊であつたとする俗説は信ぜらるべくもない。

（福山敏男「法隆寺問題管見」『東洋美術』一九三三年十九号所収）

それまで、法隆寺金堂の薬師如来像はその光背銘から法隆寺金堂の釈迦三尊像とともに飛鳥時代を代表する仏像であると固く信じられていた。しかし福山敏男氏は「法隆寺金堂の薬師如来像は飛鳥時代の作成などではなく、白鳳時代以降の作成になるのではないか」という説を提出されたのである。

この福山敏男氏の論究は『法隆寺流記資財帳の研究』(『夢殿』第十二冊、一九三四年十二月刊所収)、『法隆寺の金石文に関する二三の問題』(『夢殿』第十三冊、一九三五年六月刊所収)と続き、それにより現在では法隆寺薬師如来像は白鳳時代から天平初期の間に作成されたものであろうとするのが通説・定説とされている。福山敏男氏の説を要約すると以下のようになる。

①「天皇」という用語は天智天皇五年(六六六)とされる野中寺蔵弥勒菩薩像の台座銘の「中宮天皇」が最も古いものである。それ以前、たとえば五世紀前半の終わりころのものと考えられている肥後江田船山古墳出土の大刀の銘文には「……大王」とある。六世紀初頭のものと考えられている紀伊国隅田八幡神社所蔵の鏡の銘文にも「……大王」となっている。鎌倉後期成立の日本書紀の注釈書の釈日本紀には、日本書紀以前の書として尊重されていた『上宮記』が引用されている。その『上宮記』には「伊久牟尼利比古大王」「他田宮治天下大王」と記述されていたようであり、天皇ではなく大王という言葉が使用されている。そのほか「伊波礼宮治天下乎富等大公王」ともあったようである。いずれにしても「天皇」という言葉は使用されていない。現存する史料で確認できるものでは、前述の六六六年造立と考えられている野中寺蔵弥勒菩薩像台座銘の「中宮天皇」が最古である。

②「天皇」と同義語の「大王」を重ねた「大王天皇」などという表現も不自然である。

③聖徳太子を「聖王」と表記することについては、すでに境野黄洋氏が次のように述べて問題提起をされたとのことである。

境野黄洋『聖徳太子伝』（一九一七年）

それからまた単に聖王などと書いた書もあるが、恐らく是等は皆太子薨去後世人が呼んだ尊称に過ぎないので、即ち或は聖王或は聖徳皇、或は聖徳法王、聖徳太子いづれも同じことなのである。

この境野黄洋氏の説を福山敏男氏は「極めて穏当な解釈」と評価し、「聖王」という用語は聖徳太子薨去後、世人が尊称して呼んだ呼称であり、その「聖王」という言葉が使用されているので薬師像は後世の擬古作であるという論証である。

④我が国の仏像信仰は釈迦仏信仰に始まり、阿弥陀・弥勒と続き、薬師仏が登場するのは天武朝になってからである。中国においても、北魏以来隋に至るまでの造像銘には「薬師」という言葉はみえない。唐代の咸亨元年（六七〇）の造像銘に初めて「薬師経一巻」という言葉が見えるようになる。我が国の仏教は中国を師としているのであるから隋末唐初に当たる推古朝に薬師信仰が存在したとは考えられない。従って法隆寺薬師如来像は推古朝の造像ではなく、天武朝以降の時代の擬古作である。

以上の福山敏男氏の論証により、法隆寺薬師如来像は白鳳時代から天平初期の間に作成されたものであろうとするのが現在の通説・定説である。

そして法隆寺薬師如来像が、白鳳時代から天平初期の間に作成されたものであるならば、近畿大和においては、少なくとも白鳳時代までは歳次干支は「干支の翌年」の意味で使用されていたのである。

《推古天皇の時代の近畿大和では、歳次干支は「干支の年」のことではない》、という二つ目の証拠は、二三五ページに既出の『元興寺流記資財帳』である。元興寺は平城京の外京区東端にある寺で、明日香の法興寺が移転されたものである。また明日香にあるころの法興寺は飛鳥寺と呼ばれており、蘇我氏の氏寺であった。『元興寺流記資財帳』の作成は天平十九年（七四七）である。この『元興寺流記資財帳』には、歳次干支についてだけではなく、そのほかにも興味深い記述が多数存在するが、その出だしは次のようになっている。

元興寺伽藍縁起幷流記資財帳

楷井等由羅宮治天下等與彌氣賀斯岐夜比賣命乃生年一百、歳次癸酉正月九日爾馬屋戸豊聰耳皇子受　勅、記元興寺等之本縁及等與彌氣能命之發願、幷諸臣等ノ發願也、大倭國ノ佛法、創自斯歸嶋宮治天下天國案春岐廣庭ノ天皇ノ御世蘇我大臣稲目宿禰仕奉時、治天下七年歳次戊午十二月度來、百濟國聖明王時、……（以下略）

〔読み下し文〕（私案）

楷井（桜井）の等由羅の宮に天下《あめのした》治《しら》しし等与弥気賀斯岐夜比売命（推古天皇）の生誕百年、歳次癸酉の年の正月九日に馬屋戸豊聡耳皇子（聖徳太子）、勅を受け、元興寺の本縁及び等与弥気命の発願、幷諸臣等の発願を記す也。

大倭国の仏法は、斯帰嶋の宮に天下《あめのした》治《しら》しし天国案春岐広庭の天皇（欽明天皇）の御世、蘇我大臣稲目宿禰の仕《つか》へ奉る時より、（欽明天皇の）治天下七年、歳次戊午の十二月、百済国聖明王の時に度り来りて創まるなり、……（以下略）

この文は、概略で私案の読み下し文のように読まれていると思う。この文は前半の方も重要ではあるが、それについてはのちほど触れることとし、先に、後半の「大倭国の仏法は……」の段から考察しよう。この少し後に「治天下七年、歳次戊午」と記述されている。この「治天下七年、歳次戊午」は、「欽明天皇の七年、戊午の年」と理解されている。しかし日本書紀は欽明天皇を「己未年に即位し、その翌年の庚申を元年とする三二年の在位」としている。干支の流れと日本書紀の記述は次のとおりである。

五三八年	戊午	宣化三年
五三九年	己未	宣化四年（宣化崩御）、欽明即位
五四〇年	庚申	欽明元年

従って、戊午年は欽明天皇の在位中には存在しない。ただし歳次戊午を「歳は戊午に次《つ》ぐ」の意味とすれば、歳次戊午は己未年のこととなり、欽明即位年のこととなる。しかし戊午年そのものは欽明の在位中のことではない。「治天下七年、歳次戊午」の主語を欽明天皇とすると、どのようにしても合致しない。

ところがこれを干支一巡の六〇年を繰り下げた歳次戊午で考えるとどうなるか？　欽明天皇時代の戊午年を干支一巡繰り下げるとそれは推古天皇の時代となる。これで考えると「治天下七年、歳次戊午」は「推古天皇の治天下七年、歳次戊午」の意味となる。日本書紀は推古天皇の元年を癸丑としている。癸丑からの干支の流れは「癸丑―甲寅―乙卯―丙辰―丁巳―戊午―己未」である。歳次戊午を「歳は戊午に次《やど》る年」とすれば、これは推古六年である。これも合致しない。しかし歳次戊午が「歳は戊午に次《つ》ぐ年」の意味であるとすると歳次戊午は己未年のこととなり推古七年となる。とすると『元興寺流記資財帳』のこの部分は推古天皇を主語とし、歳次干支は「歳は干支に次《つ》ぐ」の意味で使用されていると考えた方がよいことになる。法隆寺薬師如来像光背銘に次ぐ、歳次干支は「歳は干支に次《つ》ぐ」の意味で使用されていた二つ目の例である。

しかし、この部分はもう少し検討が必要である。『元興寺流記資財帳』の「治天下七年歳次戊午」という文は「欽明天皇の七年、歳次戊午」としか読めない上に、『法王帝説』には欽明天皇の没年を日本書紀と同じく辛卯年とした上で、欽明の在位を四一年と記述している。『法王帝説』にはさらに「志癸嶋天皇御世・代午年十二月十二日（代午年は戊午年の誤り）」という記述もある。欽明没年が辛卯年であり、在位が四一年ならばその元年は辛亥年である。ところがこの辛亥年は日本書紀継体二十五年条の本文が継体の没年としている年である。すなわち『法王帝説』は、「継体天皇の直後の天皇は欽明である」と言っているのである。そしてこれならば「志癸嶋天皇御世・代（戊）午年」は欽明在位中のこととなり、『元興寺流記資財帳』の言う「治天下七年歳次戊午」も「欽明天皇の治天下七年歳次戊午」でよいことになる

この『法王帝説』や『元興寺流記資財帳』の言っていること、すなわち欽明は継体没年の辛亥年に即位したということを認め、さらに古事記・日本書紀が記すところの「皇統は継体・安閑・宣化と継承された」ということも真実であるとするとどうなるか？　これが、安閑・宣化朝対欽明朝の対立、あるいは安閑・宣化朝と欽明朝の二朝対立説・二朝並立説といわれるものである。

すなわち継体没後、すぐさま欽明が天皇として即位した。しかし一方では欽明に対抗して異母兄弟の安閑が即位し、安閑没後はその同母弟の宣化が安閑のあとを引き継いだとする説である。ほとんどの日本上代史に関する書物には記述されており、むしろこちらの説が定説・主流のようである。この安閑・宣化朝対欽明朝の「二朝対立説、二朝並立説」の創始者は喜田貞吉《きだきだきち》氏である。少し長いが氏の論述を以下に掲載する。

ともかくも継体天皇は御病篤きに及んで、切に後事を顧慮し給い、あらかじめ崩後の事を定め給うくらいのことでは満足し給わず、御みずから目のあたり後帝を立て給うたのであったと察せられる。しかして後帝はすなわち欽明天皇で、『法王帝説』や『元興寺縁起』は、これをそのままに認めて天皇の御代を四十一年とし、戊午の歳を天皇の七年と数えたのであったに相違ない。

しかるに一方では、欽明天皇のこの即位の事実を認めず、先帝の喪を秘して依然匂大兄皇太子を推戴するものがあり、甲寅の歳に至って始めて太子位に即き給うたものであったと想像される。かく仮定してみれば、継体天皇二十八年崩との「或本」の説のあることも、これによって説明せられ、一方に欽明天皇の御代と重複して、安閑天皇の御代の存在も承認される訳である。かくて安閑天皇在位二年にして崩じ給い、同母弟にます宣化天皇即位し給うた。大安寺『審祥記』に、『元興寺縁起』が欽明天皇七年という戊午の歳をもって、宣化天皇三年に当てているのは、まさにその治世によったものであらねばならぬ。

宣化天皇在位四年にして崩じ給い、ここに欽明天皇一統の御代となったはずである。かくて天皇の治世は、『法王帝説』の説に従えば、ただちに継体天皇の御代辛亥の歳からつづいて、四十一年の辛卯まで一貫したものとなり、『審祥記』の流儀では、宣化天皇の崩御から始まることとなるべきものである。

（中略）

しからばその皇位継承の形式や、その治世期間の認定が如何にもあれ、それは妥協により、もしくは解釈によって定まるべきことであって、事実は一方に欽明天皇が、継体天皇のなお御存生中より引続きて天皇にましまし、一方にはその間に安閑、宣化両天皇の御代が、重複して存在したと解すべきものであろう。

（喜田貞吉「継体天皇以下三天皇皇位継承に関する疑問」『喜田貞吉著作集第三巻』平凡社、一九八一年）

この喜田貞吉氏の説は昭和三年（一九二八）七月に発表されたものであるが、暫くはあまり注目されることはなかったようである。しかし、戦後になり林屋辰三郎《はやしやたつさぶろう》氏が『古代国家の解体』を著し、その中で喜田貞吉氏の説を「継体・欽明朝の内乱」として捉えなおして補強した。これにより現在では安閑・宣化朝と欽明朝の二朝対立説、あるいは二朝並立説は定説・通説と考えられるようになっている。安閑・宣化朝と欽明朝の二朝対立説の年紀立てを林屋辰三郎氏の作成された表によって示すと次ページの表17のようになる。

喜田貞吉氏の説を補強強化した一九五五年の林屋辰三郎氏の「二朝対立説あるいは二朝並立説」を承けて、一九六八年には門脇禎二《かどわきていじ》氏が『図説日本文化史大系』の第二巻飛鳥時代において、「やまと政権の統一」の項を担当され、その中で次のように述べておられる。

国内においても、磐井の反乱を機に、倭政権の内部対立は深まり、諸地域の諸豪族・族長も互に勢力の伸張を画して不穏《ふおん》の形勢が全国的に高まっていった。このような全国的動乱のなかで、大伴《おおとも》氏が主導した継体朝の政治に対する批判的立場から天皇の死に先だって蘇我《そが》氏の擁立《ようりつ》した欽《きん》明《めい》天皇が即位した。その後継体天皇の死後、二年を経て太子勾大兄《まがりのおおえ》すなわち安閑《あんかん》天皇がふたたび大伴金村大連《おおともかなむらのおおむらじ》らに擁立せられ、安閑天皇の死後はさらに同母弟の宣化《せんか》天皇が即位し、ここに両朝分立の事態が現出するにいたった。……この情勢のなかで、欽明側の大蔵官僚秦氏《はたうじ》や、宣化側ではあったが比較的中立の立場にあった物部氏らの画策により、磐井の乱後一三年目に統一政

表 17　継体・欽明朝年表

西紀	干支	書　紀	喜田博士説	
530	庚戌	継体 24	継体 24	
531	辛亥	25 継体崩・安閑即位	25 継体崩・欽明即位	
532	壬子	空位		欽明元
533	癸丑	空位		2
534	甲寅	安閑元	安閑元	3
535	乙卯	2 安閑崩・宣化即位	2 崩	4
536	丙辰	宣化元	宣化元	5
537	丁巳	2	2	6
538	戊午	3	3	7
539	己未	4 宣化崩・欽明即位	4 崩	8
540	庚申	欽明元		9
541	辛酉	2		10
・		・		・
・		・		・
・		・		・
571	辛卯	32 崩		（在位 41 年）40 崩

（林屋辰三郎『古代国家の解体』東京大学出版会、1955 年、7 ページより、一部改変）

権としての欽明朝がようやく出現したのである。

（門脇禎二「やまと政権の統一」『図説日本文化史大系　第二巻　飛鳥時代』小学館、一九六八年）

その六年後の一九七四年には、直木孝次郎氏が中公文庫『日本の歴史』の第二巻『古代国家の成立』を担当され、その中で次のように述べておられる。

継体天皇の諸皇子のあいだに皇位継承をめぐる争いがあり、尾張氏から出たきさき目子媛《めこひめ》を母とする安閑《あんかん》・宣化《せんか》両天皇と、仁賢《にんけん》天皇のむすめの手白香《たしらか》皇女を母とする欽明《きんめい》天皇とが対立する状態が、十年ちかく続いたのではないかとわたくしは想像する。

（直木孝次郎『古代国家の成立』中公文庫、日本の歴史シリーズ2、一九七三年、一一ページ）

さらにその六年後の一九八〇年には『新講　日本史　増補版』に次のように記述されている。

その継体天皇が死んだのち『日本書紀』によれば、安閑・宣化・欽明と大王の位は継承されていったとあるが、その記事には矛盾が多く、学者のうちには、そのあと、欽明天皇の大和政権と安閑・宣化両天皇の大和政権が並立し、のち数年を経て、欽明天皇の大和政権による合一が成ったと説明する考え方が有力である。

（家永三郎・黒田清隆『新講　日本史　増補版』三省堂、一九七六年、四七ページ）

かくの如く現在では、継体没後は安閑・宣化系王朝と欽明王朝の「二朝対立時代」とする説の方が主流である。

しかし、そうではない。拙著『古代天皇実年の解明』のI部第二章「日本書紀の編述方針・踰年元年」で述べたように、安閑は実の弟の宣化に滅ぼされ、その宣化は異母兄弟の欽明に滅ぼされたのである。皇位は古事記・日本書紀の記述するように継体・安閑・宣化・欽明と継承されたのである。『元興寺流記資財帳』の「治天下七年、歳次戊午」は「推古天皇の治天下七年、歳次戊午」の意味であり、歳次干支は「歳は干支に次《つ》ぐ」の意味で使用されているということを論証中なのであるが、それを一端中断し、次節において「安閑・宣化系王朝と欽明王朝の二朝対立は存在しなかった」ことを先に論証しよう。

5　「安閑・宣化朝と欽明朝の並立」は存在しなかった

安閑・宣化朝と欽明朝が並立したとする喜田貞吉氏の説は、

(1) 欽明の在位は辛卯年を没年とする四一年であると記述している『法王帝説』

(2)「(欽明天皇の) 治天下七年、歳次戊午」と記述している『元興寺流記資財帳』

の二本柱からなりたっている。まず先に『法王帝説』の記述による欽明紀年と干支を確認しておこう。欽明没年は、辛卯年であり、その在位が四一年ならば、その元年は辛亥年である。そして辛亥年は、日本書紀本文が継体天皇の没年としている年である。すなわち前天皇の没年ではあっても、その年に次天皇が即位していれば、その年を次天皇の元年とするこの年紀立ては古事記方式の年紀立てであり、近畿天皇家本来の古い年紀立てである。次に『元興寺流記資財帳』に移ろう。『元興寺流記資財帳』の「治天下七年、歳次戊午」が「欽明天皇の七年、歳次戊午」の意味であるならば、欽明天皇の元年と干支はどのような関係になるか？　これを図で示そう（図17）。

　これでみると『元興寺流記資財帳』の「治天下七年、歳次戊午」を「欽明天皇の七年、歳次戊午」と解するためには、「歳次戊午」を戊午年とした上でさらに欽明元年は壬子年でなければならない。壬子年を欽明の元年とする年紀立ては踰年元年である。しかしこれまで何度も述べてきたように近畿天皇家には継体・欽明のころ、あるいはその四代あとの推古の時代においてさえも踰年元年の観念は存在しない。近畿天皇家に踰年元年の観念が導入されるのは舒明天皇以降のある時である。これまでの論証からすれば近畿大和において踰年元年が採用されるようになったのは儒教を尊奉した孝徳天皇以降か、あるいは天武天皇以降のどちらかと推測される。さらに近畿大和において歳次干支を「干支の年」とする使用法も、現在の論証の段階でも少なくとも持統天皇以降のことである。従って『元興

図17　欽明の元年が即位年元年の場合と踰年元年の場合の年紀立ての違い

	継体没年								
干支の経過	辛亥	壬子	癸丑	庚寅	乙卯	丙辰	丁巳	戊午	己未
即位年元年の場合	元年	二年	三年	四年	五年	六年	七年	八年	九年
踰年元年の場合		元年	二年	三年	四年	五年	六年	七年	八年

寺流記資財帳』の記述を「欽明天皇の七年、歳次戊午」とするためには、この史料そのものを持統天皇以降の後世の作成になるもの、言ってみれば後世に捏造された記述であるとせねばならないのである。継体・欽明の時代にはこのような踰年元年の観念は存在しない。従って原史料・原伝承では「欽明天皇の七年、歳次戊午」であったという可能性はまったく存在しない。欽明天皇の在位年に関する限り、『元興寺流記資財帳』の記述は無視してよいのである。以上より、「安閑・宣化朝と欽明朝が並立した」とする説の二本柱のうちの一本がすでに崩れたのである

残るは『法王帝説』の「欽明の在位は辛卯年を没年とする四一年である」という記述、すなわち「欽明は継体没年に即位して四一年在位した」とする『法王帝説』の記述である。これを『元興寺流記資財帳』の記述を否定したように直接、スパッと否定することはできない。しかし間接的にならば否定することができる。何故『法王帝説』には「欽明在位四十一年」との紀年やそれに関連する「志貴嶋天皇御世戊午年」との記述が存在するのか？　これを説明することで『法王帝説』の記述を間接的に否定することができる。そしてその説明は意外に容易なのである。

大伴金村ら群臣百寮は、病的に残虐行為を繰り返す少年の武烈天皇をそれ以上放置することができず、やむなく暗殺した。しかし、そのために仁徳の男系血統は途絶えてしまった。その時、これまたやむなく応神五世の孫という触れ込みの男大迹王を越前三国より天皇として迎え入れた。継体天皇である。その時、大伴金村ら群臣百寮は男大迹王に条件をつけた。日本書紀継体天皇元年二月条の終わりの部分に記述されている。

庚子（十日）に、大伴大連奏請《まう》して曰《まう》さく、「臣《やっこ》聞く、前の王の世を宰《をさ》めたまふこと、維城《まうけのきみ》の固《かため》非《あら》ずは、以て其の乾坤《あめつち》を鎮むること無し。掖庭《うちつみや》の親《むつび》非《あら》ずは、以て其の趺蕚《みあなすゑ》を継ぐこと無しと。是の故に、白髪天皇、嗣無かりしかば、臣が祖父大伴大連室屋をして、州毎《くにごと》に三種の白髪部を安置きて、三種と言ふは、一つには白髪部舎人・二つには白髪部供膳、三つには白髪部靫負なり。後世の名を留めむとしたまひき。嗟夫《あ》、愴《いた》まざるべけむや。請《うけたまは》らくは、手白香皇女を立てて、納《め》して皇后とし、神祇伯等を遣して、神祇を敬祭《いつ》きて、天皇の息《みこ》を求《まう》して、允《まこと》に民の望に答へむ」とまうす。天皇曰はく、「可《ゆるす》」とのたまふ。

仁賢天皇の娘の手白香皇女（武烈天皇の姉妹）を皇后に迎え、その手白香皇女との間に生まれた男児を次の天皇にする、これが大伴金村ら群臣百寮が天皇位即位に際して男大迹王につけた条件である。万が一、応神五世の孫という男大迹王の出自が偽りであったとしても、こうしておけば曲がりなりにも仁徳の血筋は引き継がれることになる。しかし、もしもその「万が一」が真実であったとすると、男大迹王と尾張連の娘・目子媛の間の子は天皇家とは縁もゆかりもない「ただの人」ということになる。そのような可能性のある安閑・宣化をいやしくも天皇と仰ぐことはできない。このために大伴金村ら群臣百寮には、安閑・宣化を天皇と認めることはできなかったのである。手白香皇女と男大迹王との間に生まれた欽明こそが正統の天皇なのである。

しかし欽明が成人する前の継体二十一年（丁未年）に「磐井の乱」ならぬ「継体の乱」により、継体は戦死してしまった（その実、捕虜として生き延びていたのではあるが……）。そして「磐井の乱」ならぬ「継体の乱」の四年後の辛亥年に、継体の子で残っていた皇子の中で最年長の安閑が天皇に即位した（拙著『古代天皇実年の解明』参照）。この安閑の即位は、おそらく大伴金村ら群臣百寮の合意によるものではなく、安閑の意志による強引なものだったのであろう。そしてその安閑は即位四年目の乙卯年に実の弟の宣化に攻め滅ぼされ、皇位は宣化に移った。

しかしこの安閑・宣化の天皇位即位は大伴金村ら群臣百寮にとっては容認できるものではなかった。大伴金村らの眼には安閑・宣化は天皇位を継承するに足る人物とは見えていなかったからである。そこで初期の予定どおり、欽明を天皇に据えるために宣化を攻め滅ぼしたのである。

欽明を正統の後継者とする者の眼からすれば、安閑・宣化の治世は偽りの治世である。そこで宣化を攻め滅ぼし欽明を天皇として擁立した時に、安閑・宣化の統治期間を抹殺した。すなわち、安閑の即位年（辛亥年）以降のすべての年を欽明の治世に改変したのである。これが『法王帝説』に「欽明在位四十一年」とか「志貴嶋天皇御世戊午年」などという記述の存在する理由である。

従って「欽明在位四十一年」という観念は後世の造作によるものではなく、欽明没年の辛卯年（五七一年）に近接した時代の観念と考えた方がよいであろう。すなわち『法王帝説』の「欽明在位四十一年」という記述のもとになった史料は、日本書紀の記す欽明即位年の己未年（五三九年）に近接したころに「安閑即位年（即ち継体没年）の辛亥年を欽明即位年とする観念」が生じたことに起因している。そしてその結果として欽明没年の西暦五七一年以降の比較的早いころに作成された史料なのであろう。しかし「欽明在位四十一年」という『法王帝説』の記述は事実に基づくものではなく、「安閑・宣化の治世は偽りの治世であり、欽明こそが正統の天皇である」との観念による改変された在位年数なのである。
安閑・宣化朝と欽明朝の二朝並立は存在しなかった。欽明は日本書紀が継体没年とする辛亥年に即位していたということも幻である。欽明の即位は日本書紀が記すように戊午の翌年の己未年である。従って欽明在位中には戊午年は存在しないのである。

6　再び『元興寺流記資財帳』の「歳次戊午」

『元興寺流記資財帳』の「治天下七年歳次戊午」は「推古天皇の七年、歳次戊午」の意味であり、しかも歳次戊午は「歳は戊午に次ぐ」の意味で使用されていることの論証に戻ろう。『元興寺流記資財帳』は七四七年の作成である。資財帳について、例の如く『大日本百科事典』(小学館、一九六九年)でみてみよう。黛弘道氏が担当しておられる。

資財帳
律令国家が仏教保護政策の一環として諸寺に対して作成を命じた財産目録をいう。七一六年(霊亀二)以降は年年朝集使に付して上申させた。年年作成される資財帳のうち、とくに後世に伝えて永例とすべきものを流記資財帳といった。その記載事項は寺の縁起、敷地建物、仏像、……。七四七年(天平十九)の法隆寺・大安寺・元興寺各資財帳、七八〇年の西大寺資財帳が現存するほか、東大寺・興福寺・薬師寺・西琳寺・紀寺各資財帳の逸文が知られているにすぎない。

資財帳は七一六年からは毎年提出を義務づけられていたようである。梅原猛氏は、『隠された十字架―法隆寺論―』で、資財帳について次のように述べておられる。

そして、その資財帳の部分は毎年書き改められるとしても、縁起の部分は書き改められなかったと考えられる。（梅原猛『隠された十字架―法隆寺論―』新潮社、一九七二年、二三八ページ）

七一六年に初めて作成提出せられた元興寺伽藍縁起及び資財帳は毎年毎年書き写され、資財帳の部のみが増えた財産や無くなったものについて書き改められて役所へ提出された。天平十九年（七四七）の書写になるものが現在に伝わる『元興寺流記資財帳』である。その中に「治天下七年、歳次戊午年」という記述がある。『元興寺流記資財帳』のこの部分は普通に読めば、確かに「欽明天皇の治天下七年、歳次戊午年」である。

しかし『元興寺流記資財帳』は、実はあまり信頼のおける史料ではないのである。それはその出だしの文で明瞭である。再掲すれば次のとおりである。

楷井等由羅宮治天下等與彌氣賀斯岐夜比賣命乃生年一百、歳次癸酉正月九日爾馬屋戸豊聰耳皇子受　勅、記元興寺等之本縁及等與彌氣能命之發願、幷諸臣等ノ發願也、

＊読み下し文は二五七ページを参照

この文の中に答がある。日本書紀によれば、推古天皇は戊子年に七五歳で亡くなったとされている。とするとその誕生年は甲戌年である。従って、推古生誕百年は癸丑年でなければならない。『元興寺流記資財帳』の記述する癸酉年は推古生誕百年ではないのである。これはどうしたことなのか？　癸丑と書くべきところを癸酉と間違った単純ミスなのであろうか。しかし、もしもそのような単純ミスであったとしてもこの文はおかしいのである。日本書紀は、「聖徳太子は推古二九年に没した」と記述している。聖徳太子の薨去年を法隆寺釈迦三尊像光背銘の言うように壬午年のこととしても、それは推古三十年のことである。そして日本書紀の記述する推古在位は三六年である。聖徳太子は推古天皇が亡くなる前に亡くなっている。従って推古生誕百年の年に、元興寺を建立することになった縁起を聖徳太子が記述するということは不可能なのである。ありえないことだ。実に不可解な文章である。

ところで『元興寺流記資財帳』の後段の方には次の記述がある。

池邊列槻宮治天下橘豐日命皇子、馬屋門豐聰耳皇子、櫻井等由良治天下豐彌氣賀斯岐夜比賣命ノ生年一百、歳次癸酉正月元日、……

〔読み下し文〕（私案）

池辺の列槻の宮に天下治しし橘豊日命の皇子の馬屋門豊聡耳皇子、桜井の等由良に天下治しし豊弥気賀斯岐夜比売命の生年一百、歳次癸酉年の正月元日、……

ここでは、「用明天皇の皇子の厩戸皇子と推古天皇の生誕百年、歳次癸酉年の正月に……」となっている。すると最初の「生年一百、歳次癸酉」とは、推古天皇と聖徳太子の年齢の合計で百年という意味なのではなかろうか。推古天皇の誕生年は甲戌年であるから癸酉年には六〇歳である。そして聖徳太子の誕生年は『法王帝説』によれば甲午年であるから、この癸酉年には聖徳太子は四〇歳である。従って癸酉年には二人の年齢の合計はちょうど百年なのである。これならば元興寺を建立することになった縁起を聖徳太子が癸酉年に記述するということも可能である。

以上より、この部分の意味することは、「『元興寺流記資財帳』の記述は、それが依拠した原史料を切り張りしてでき上がった文章である」ということなのである。あるいは、切り張りしているうちに脱落した部分があるのかもしれない。そのために「等与弥気賀斯岐夜比売命の生誕百年、歳次癸酉の年」という誤った文章になってしまった。そうでなければ癸酉年を推古生誕百年とするような文章ができるはずはないし、推古生誕百年目の年に聖徳太子が元興寺の縁起を記述したなどというような文章になるはずはないからである。従って、元興寺流記資財帳は大幅な「改変の手」が加えられているとするか、あるいは書写・伝写される中で誤って書写・伝写されたり、脱落が生じた結果、現在見るような文章になったと考えなければならない。

「治天下七年、歳次戊午」も同じ様な経緯で、でき上がった文であろう。現在の文は「欽明天皇の治天下七年、歳次戊午」としか読めないが、本来の文あるいは原史料には、実は「推古天皇の治天下七年、歳次戊午」であったと思われるのである。

そしてこれが実際に「推古天皇の治天下七年、歳次戊午」の意味であったとすると、この記述は

「歳次干支」を「歳は干支に次ぐ（干支の翌年）」の意味で使用され、さらに踰年元年の思想で記述されていることになる（図18）。

すなわち「推古天皇の治天下七年、歳は戊午に次ぐ（己未年）」と解釈すれば、「歳次戊午」は己未年のことであり、踰年元年による「推古天皇の七年」である。しかし、この踰年元年の思想は推古天皇の時代には存在しなかったことは、これまで何度も述べてきたところである。すなわち、『元興寺流記資財帳』の原史料は、推古天皇の時代をかなり降ったある年に作成されたものである。推古天皇の時代に作成されたものではない。

ただし……　推古の即位年は崇峻没年の壬子年である。従って古事記の記述方式では、推古元年は即位年の壬子年であり戊午年は推古七年となる（図19）。

図18　踰年元年での推古時代の紀年

崇峻没年							
壬子	癸丑	甲寅	乙卯	丙辰	丁巳	戊午	己未
推古即位年	踰年元年	二年	三年	四年	五年	六年	七年

図19　即位年元年での推古時代の紀年

崇峻没年							
壬子	癸丑	甲寅	乙卯	丙辰	丁巳	戊午	己未
推古即位年元年	二年	三年	四年	五年	六年	七年	八年

古事記の紀年法による即位年元年で考えると「歳次戊午年」は歳次干支を「干支の年」とした上での推古七年のこととなる。すると推古時代の近畿天皇家は歳次干支を「干支の年」の意味で使用していた、とも考えられる。どちらが真実なのであろうか。

もしも仮に、歳次干支を「干支の年」の意味で使用していたとすると、法隆寺薬師如来像光背銘の歳次干支は用明天皇の崩御年に関して単純ミスを犯しているということになる。しかし『元興寺流記資財帳』には次の記述もある。

丁未年、時百濟客還本國ニ、時ニ池邊天皇告宣ク、將欲弘聞佛法故、欲法師等并造寺工人等、我有病故、急速宜送也、然使者未來ラ間、天皇崩已

〔読み下し文〕（私案）

丁未年、百済の客の本国に還る時、池辺天皇、告宣《のりたまは》く、「仏法を弘聞せむと欲《おも》ふ故に、法師等并造寺工人等を欲す。我、病有るの故に、急速《すみやか》に送すべし」とのたまふ、然に使者未だ来らざるの間に、天皇崩ず。

ここには用明天皇が病となり亡くなるまでの経過について、日本書紀の記述では窺えないことが、より詳細に述べられている。従って、日本書紀の記述を参考にして記述されたものではない。日本書紀とは別の原史料に依拠した記述と考えて良いであろう。その原史料には、「用明天皇は丁未年に亡

くなった」と記述されていたのである。古事記も用明の没年を丁未年としており、「用明天皇は丁未年に亡くなった」という事は広く認識されていたことのように思われる。従って法隆寺薬師如来像光背銘における「用明天皇は歳次丙午年に病になった」という記述は、単なるミスによるものであるとは考えにくい。やはり法隆寺薬師如来像光背銘の歳次丙午年は「歳は丙午に次ぐ、即ち丁未年」と解釈すべきものであると思われる。そして一方においてそのような使用法があるのであるならば、『元興寺流記資財帳』の「治天下七年、歳次戊午」も同じように「(推古天皇の)治天下七年、歳は戊午に次ぐ、即ち己未年」と解釈した方がよいのである。

法隆寺薬師如来像光背銘や『元興寺流記資財帳』からわかることは、近畿天皇家は推古時代から白鳳時代後半あたりまでは歳次干支を「干支の次の年」の意味で使用しているということである。近畿天皇家が歳次干支を「干支の年」の意味で使用するようになるのは、今、分かっているところでは万葉集左注の記述から和銅四年の西暦七一一年以降である。しかし法隆寺釈迦三尊像光背銘には、法隆寺釈迦三尊像は癸未年に作成されたと記述されている。この癸未年は元嘉暦による「二月二十一日癸酉」という暦日干支から、西暦六二三年(推古三十一年)の癸未年であることは確実である。六二三年(推古三十一年)に作成された法隆寺釈迦三尊像では歳次干支は「干支の年」の意味で使用されているのに、それと同時代か、あるいは後年の近畿天皇家で作成されたことが明確な法隆寺薬師如来像や『元興寺流記資財帳』では、歳次干支は「干支の次の年」の意味で使用されているのである。

従って、法隆寺釈迦三尊像は推古天皇の時代に歳次干支をすでに「干支の年」の意味で使用し、天子の母親を太后と表記する文化圏、そして推古天皇の時代に、すでに元嘉暦を使用していた勢力圏で作成されたものであると考えなければならない。それは近畿大和ではない。近畿天皇家ではない。従って、法隆寺釈迦三尊像光背銘に記述された「上宮法皇」とは、聖徳太子のことではない。その釈迦三尊像が後世になって法隆寺に持ち込まれ、そして、いつのころからか法隆寺の本尊として聖徳太子を写したものであるとして尊崇されるようになった、という経過であると考えねばならないのである。

第七章　続・元嘉暦と歳次干支—天寿国繡帳銘

——再建法隆寺の謎

1　天寿国繡帳銘は後世の偽造である

前章において、「法隆寺釈迦三尊像光背銘の上宮法皇は聖徳太子のことではない」ということを論証した。しかし、もう一つ「上宮法皇とは聖徳太子である」ということを強固に主張する重要な史料がある。それは中宮寺所蔵の天寿国繡帳《てんじゅこくしゅうちょう》の銘文である。現存する天寿国繡帳は二十数文字が残るだけのわずかの断片でしかないが、本来の全文と思われるものが『法王帝説』に引用されて伝えられている。天寿国繡帳そのものは、ごく一部が現存するにすぎず、真実の天寿国繡帳銘の大部分は不明なのである。従って、正しくは「天寿国繡帳銘として『法王帝説』に記述されている文」である。この区別は重要なことのように思う。しかし当面、今後の論述にいちいち「天寿国繡帳銘として『法王帝説』に記述されている文」と記述するのは煩雑であるので、単に「天寿国繡帳銘」と記すことにする。

天寿国繡帳そのものは、飛鳥時代の根本史料とされている。そうであるからこそ国宝にも指定されているのであろう。その天寿国繡帳の四囲に繡出されていた銘、所謂「天寿国繡帳銘」に登場する人物は明らかに近畿天皇家の人々であり、聖徳太子は「等《と》已《よ》刀《と》弥《み》〻《み》乃《の》弥《み》己《こ》等《と》」と記載されている。天寿国繡帳銘はその聖徳太子を主人公として作成されたものである。そしてその聖徳太子を「歳在辛巳の明年」の二月二十二日に亡くなったと記述している。「歳在辛巳」はどのように考えても辛巳年の意味であろう。従って「歳在辛巳の明年」とは壬午年のことである。天寿国繡帳銘は、「聖徳太子は壬午年の二月二十二日に亡くなった」と記述しているのである。この天寿国繡帳銘の記す聖徳太子の薨去年月日は、法隆寺釈迦三尊像光背銘の記す上宮法皇の崩御年月日とまったく同じである。従って、もしも天寿国繡帳銘が聖徳太子薨去年直後のころの同時代根本史料だとすると、法隆寺釈迦三尊像光背銘の記す上宮法皇とは、聖徳太子のことであるということになる。そこで、天寿国繡帳銘を分析することにしよう。その原文と読み下し文は以下のとおりである。

上宮聖徳法王帝説に引用掲載されている天寿国繡帳銘文

斯歸斯麻宮治天下天皇名阿米久爾意斯波留支比里爾波乃彌已等娶巷奇大臣名伊奈米足尼女名吉多斯比彌乃彌已等爲大后生名多至波奈等已比乃彌已等妹名等已彌居加斯支移比彌乃彌已等復娶大后弟名乎阿尼乃彌已等爲后生名孔部間人公主斯歸斯麻天皇之子名蕤奈久羅乃布等多麻斯支乃彌已等娶庶妹名等已彌居加斯支移比彌乃彌已等爲大后坐乎沙多宮治天下生名尾治王多至波奈等已比乃彌已等娶庶妹名孔部間人公主爲大后坐瀆邊宮治天下生名等已刀彌〻乃彌已等娶尾治大王之女名多至波奈大女郎爲后歳在辛巳十二月廿一日癸酉日入孔部間人母王崩明年二月廿二日甲戌夜半太子崩于時多至波奈大女郎悲哀嘆息白畏天之雖恐懷心難止使我大王與母王如期從遊痛酷无比我大王所告世

間虚假唯佛是眞玩味其法謂我大王應生於天壽國之中而彼國之形眼所叵看希因圖像欲觀大王往生之狀天皇聞之悽狀一告曰有一我子所啓誠以爲然勅諸采女等造繡帷二張畫者東漢末賢高麗加西溢又漢奴加己利令者椋部秦久麻

右在法隆寺藏繡帳二張縫着龜背上文字者也

（家永三郎『上宮聖徳法王帝説の研究』増訂重版、比較文化研究所、二〇〇一年、三五二ページ）

〔読み下し文〕

斯帰斯麻宮治天下天皇《しキしまノみやにあメノしたしらしめししすめらみコト》、名をば阿米久爾意斯波留支比里爾波乃弥己等《あメくにおしはるきひロにはノみコト》トまをす、巷奇《そがノ》大臣《おほきみ》、名をば伊奈米足尼《いなメノすくね》トいふが女《むすめ》、名をば吉多斯比弥乃弥己等《きたしひめノみコト》トいふを娶《ま》きて大后ト為《し》て生《う》めるを、名をば多至波奈等已比乃弥己等《たちはなトヨひノみコト》トまをす。妹《いロド》ノ名をば等已弥居加斯支移比弥乃弥己等《トヨみケかしきやひめノみコト》トまをす。復《また》、大后ノ弟《いロド》ノ、名をば乎阿尼乃弥己等《をあねノみコト》トまをすを娶《ま》きて后ト為《し》て生《う》めるを、名をば孔部間人公主《あなほべノはしひとノひめみこ》トまをす。

斯帰斯麻天皇《しきしまノすめらみコト》の子《みこ》ノ、名をば蕤奈久羅乃布等多麻斯支乃弥己等《ぬなくらノふトたましきノみコト》トいふが、庶妹《ままいロド》ノ、名をば等已弥居加斯支移比弥乃弥己等トいふを娶《ま》きて大后ト為《し》て、乎沙多宮《をさたノみや》に坐《いま》して、天下治《あメノしたしらしめ》しき。名をば尾治王《をはりノおほきみ》トまをすを生《う》みたまふ。多至波奈等已比乃弥己等《たちはなトヨひノみコト》、庶妹《ままいロド》ノ、名をば孔部間人公主トまをすを娶《ま》きて大后ト為《し》て、瀆辺宮《いケべのみや》に坐《いま》して、天下治《あメノしたしらしめ》しき。名をば等已刀弥ゝ乃弥己等《トヨとみみノみコト》トまをすを生《う》みたまふ。尾治大王ノ女《むすめ》ノ、名をば多至波奈大女娘《たちはなノおほいらつめ》トまをすを娶《ま》きて后ト為《し》たまふ。歳在辛巳十二月廿一ノ癸酉ノ日入《ひぐれ》に、孔部間人母王崩《みうせま》しぬ。明年ノ二月廿二日ノ甲戌ノひノ夜半《よなか》に、

太子 崩《かむあがりま》しぬ。時に多至波奈大女郎、悲哀《かなし》ビ嘆息《なゲ》きて、畏《かしこ》き天（皇ノ前に）白《まを》して（曰《まを》さく、「啓《まを》さむコト）恐《おそり》ありト雖《いヘド》も、懐《おも》ふ心止《や》み難し。我が大王、母王ト期《ちぎ》りしが如、従遊《ずゆ》したまひき。痛《いた》く酷《から》きコト比无《たぐひな》し。我が大王ノ告《ノ》りたまへらく、「世間は虚《うつは》り仮《か》りにして、唯《ただ》仏ノミ是《こ》れ真《まコト》ソ」とノりたまへり。其ノ法《みノり》を玩《もてあそ》び味《あぢは》ふに、我が大王は天寿国《てずこく》ノ中に生《うま》れたまふ応《べ》しト謂《おも》へり。而るもノを彼ノ国ノ形は眼に看叵《みがた》き所ソ。悕《まれ》に像を図《ゑが》くに因りて、大王ノ往《ゆ》きて生《うま》れたまへる状を観《み》むト欲《おも》ふ」トまをす。天皇 聞《きコしめ》して悽然《かなし》ビ、告《つ》げて曰はく、「有る一《ひトり》ノ我《あ》が子ノ啓《まを》す所、誠《まコト》に以て然《しか》ソト為《おも》ふ」トノりたまへり。諸ノ采女等に勅《みコトノり》して繍帷二張を造らしメたまふ。画《ゑが》く者は 東《やまとノ》漢末賢《あやノまけ》、高麗加西溢《こまノかせい》ソ。又、漢奴加己利《あやノぬかコり》、令者椋部秦久麻《つかさひトくらひトベノはだノくま》ソ。

右は法隆寺ノ蔵に在る繍帳二張に縫ひ着ケたる亀ノ背ノ上ノ文字ソ。

（家永三郎他校注　日本思想大系2『聖徳太子集』岩波書店、一九七五年、「上宮聖徳法王帝説」より）

天寿国繍帳銘の人名およびその系譜は、日本書紀の記す欽明からその子の敏達・用明・推古の世代及び孫の聖徳太子に至るまで、寸分の狂いもなく合致している。従って天寿国繍帳銘は、明らかに近畿大和で作成されたものであり、聖徳太子を顕彰するために作成されたものである。天寿国繍帳銘の記述する系譜と日本書紀の記述する系譜で異なるのは、聖徳太子の妃の部分だけである（図20・21）。

この天寿国繍帳銘の記述を要約すると次のようになる。

①斯帰斯麻宮治天下天皇（欽明天皇）から等已刀弥〻乃弥己等（聖徳太子）までの系譜の記述。

②歳在辛巳の十二月廿一日の癸酉の日に孔部間人母王が亡くなられた。

③明年の二月二十二日の甲戌の日に、太子も亡くなられた。
④妃の多至波奈大女郎は、太子を偲び祖母の推古天皇にお願いして天寿国繡帳を作成してもらうことになった。

天寿国繡帳銘は孔部間人母王の崩年を歳在辛巳と記述している。「歳在辛巳」はどう考えてみても辛巳年のことである。そして聖徳太子の薨去の年月日を「明年の二月廿二日の甲戌の日」と記述している。すると聖徳太子が亡くなられたのは「辛巳年の翌年」であるから壬午年である。従って、天寿国繡帳銘は、「聖徳太子は壬午年の二月廿二日の甲戌の日に亡くなった」と言っていることになる。そこで内田正男編著『日本書紀暦日原典』で確認してみると、推古天皇時代の「壬午年の二月廿二日」は、元嘉暦でも儀鳳暦でも確かに甲戌である。儀鳳暦は西暦六六五年の成立であるから、天寿国繡帳銘が推古時代（五九三〜六二八年）に作成されたものであるならば、それに使用されている暦は儀鳳暦ではなく元嘉暦である。すなわち天寿国繡帳銘は元嘉暦で記述されているとしなければならないのである。

しかし第五章で論証したように、近畿天皇家は推古没年（六二八年）までは元嘉暦を使用していない。従って、「元嘉暦で記述されている天寿国繡帳銘」は舒明元年（六二九）以降のある年に作成されたものでなければならない。

これは「天寿国繡帳そのものも舒明元年以降のある年に作成されたのである」ということではない。天寿国繡帳そのものは、あるいは聖徳太子薨去直後に作成されていたのかもしれない。しかし、それに繡出されていた銘文が、「天寿国繡帳銘として『法王帝説』が引用記載している文」と同一という

図20　天寿国繡帳銘による名前と系譜

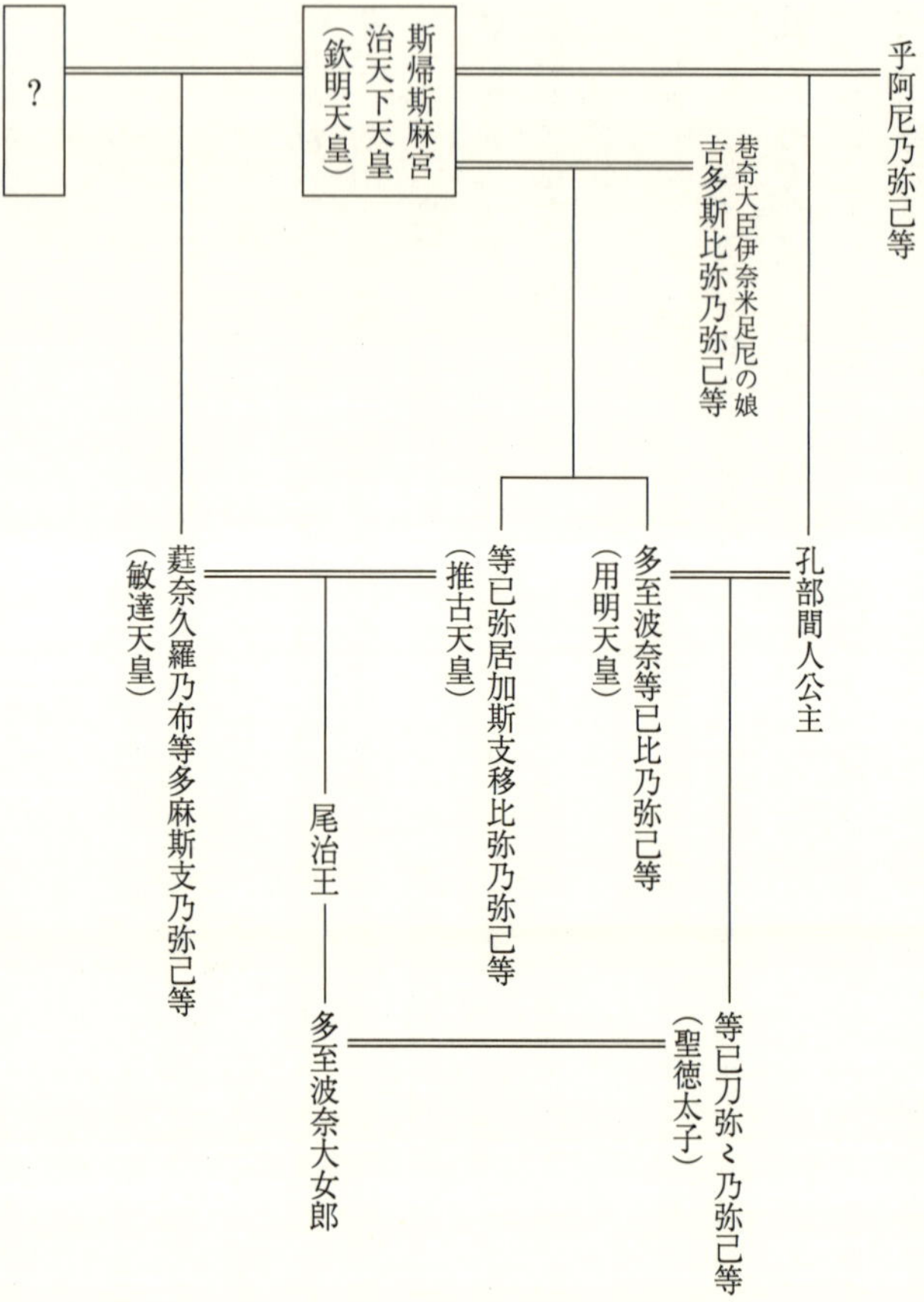

図21　日本書紀による欽明天皇から聖徳太子までの系譜

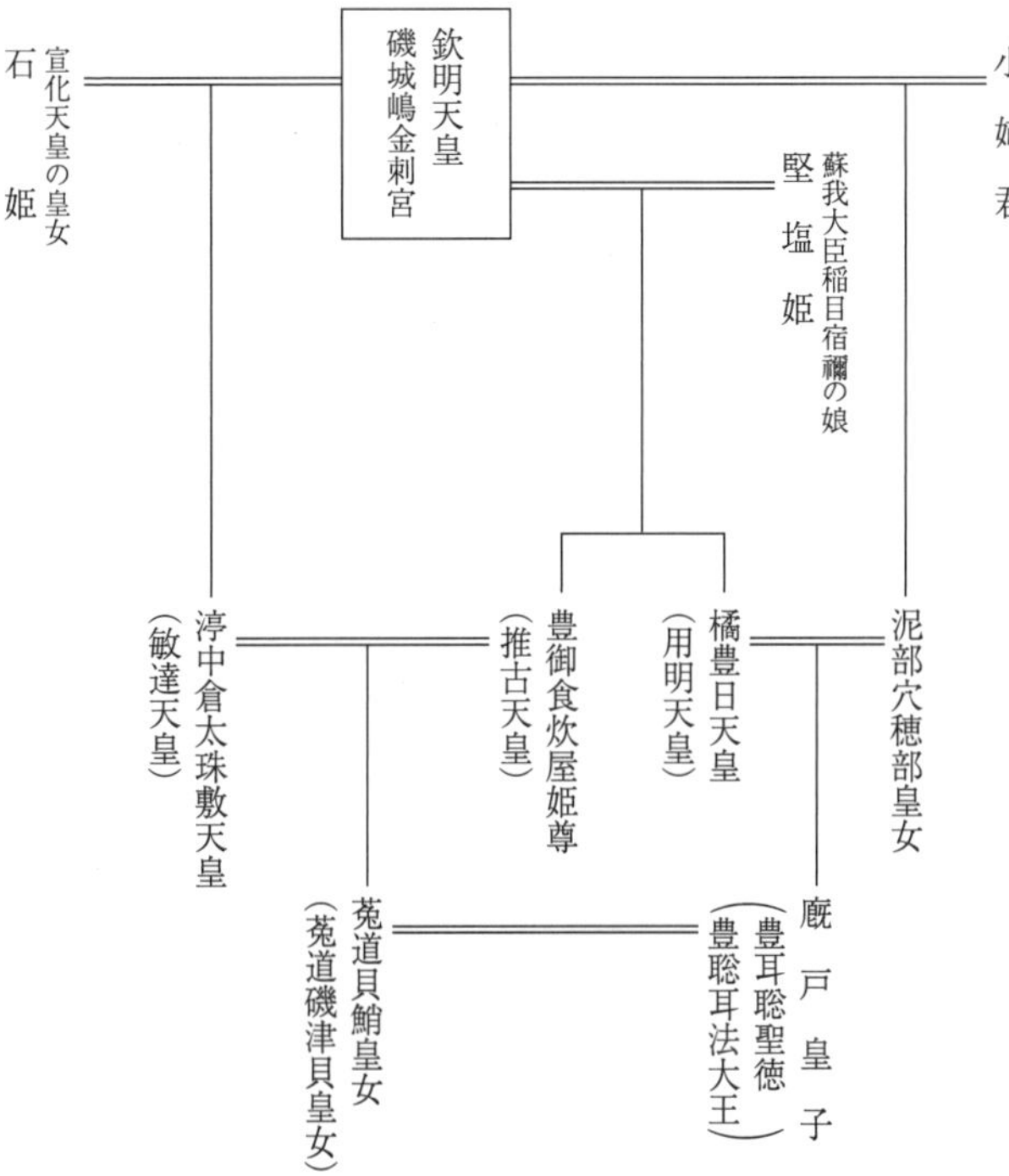

保証はないということなのである。現実に存在する天寿国繡帳と「天寿国繡帳銘として『法王帝説』が引用記載している文」とは、別にして考えなくてはならないのである。

天寿国繡帳銘に関して、もう一つ触れておかなくてはならないことがある。すでに江戸時代後期の天保のころに、天寿国繡帳銘の中の次の一文には問題があることが指摘されている。

歳在辛巳の十二月廿一日の癸酉の日入《ひぐれ》に孔部間人母王 崩《みうせま》しぬ。

聖徳太子の母・孔部間人皇女の薨去の年月日を、「歳在辛巳十二月廿一日の癸酉の日」としている部分である。大谷光男著『古代の暦日』（雄山閣出版、一九七六年）に記述されているが、江戸時代後期の穂《ほ》井《い》田《だ》忠友《ただとも》が天保十二年（一八四二）に『観古雑帖《かんこざつじょう》』において、「推古天皇時代の「辛巳の年の十二月廿一日」は癸酉ではなく、甲戌である」ということを初めて指摘した。そして内田正男編著『日本書紀暦日原典』で確認してみると、推古時代の「辛巳年の十二月廿一日」は元嘉暦では癸酉ではなく、確かに甲戌なのである。これには次のことが考えられる。

①本来は「甲戌」と刺繍すべきなのであるが、元嘉暦の計算を誤り「癸酉」と刺繍された。

②上宮聖徳法王帝説に引用記載する時に「甲戌」を「癸酉」と間違えた。

③「廿日」であるところを「廿一日」と間違えた。

④天寿国繡帳銘は元嘉暦で記述されていると思われたが、実はそうではなく別の暦で記述されている。

以上の四通りの可能性がある。この中で①から③までのケースは、「天寿国繡帳銘は元嘉暦で記述されているがその際、なんらかのミスをした」というものである。近畿天皇家は推古天皇没年までは元嘉暦を使用していないのであるから、真実が①から③のうちのどちらかであるならば、天寿国繡帳銘は聖徳太子の薨去年直後の同時代史料ではないことになる。従ってここでは④の方の「天寿国繡帳銘が使用している暦は元嘉暦ではない」という可能性の方が問題なのである。

宮田俊彦氏は「天寿国繡帳銘は聖徳太子の母・孔部間人皇女の薨去年月日の干支をまちがえている」ということを根拠として、「天寿国繡帳銘は聖徳太子薨去年直後の同時代史料ではない」とする説を展開されたようである。家永三郎氏により次のように紹介されている。

癸酉【今按】忠友等の考へし如く、辛巳年十二月廿一日の干支が癸酉にあらずして甲戌なることは疑なく、しかも母后の忌日が廿一日なることも疑なしとせば、何故に本銘文の作者が母王の忌日の干支を誤りたるか、これ遺されたる問題と云ふべし。宮田氏はこれを解かんが為め、本銘文は推古天皇時代の作にあらずして、後年繡帳上に追繡せられたるものと解する仮説を提示したるも、遽かに従ひ難し。

（家永三郎『上宮聖徳法王帝説の研究』増訂重版、比較文化研究所、二〇〇一年、三六八ページ）

年次は不明であるが、天寿国繡帳銘は聖徳太子薨去年直後の同時代史料ではないとする宮田俊彦氏の説が、すでに存在している。

この件について、大谷光男氏は『古代の暦日』で次のように述べている。

そこで、推古天皇二十九年の月朔干支を元嘉暦法で推算すると、

正月（己未）、二月（己丑）、三月（戊午）、四月（戊子）、五月（丁巳）、六月（丁亥）、七月（丙辰）、八月（丙戌）、九月（乙卯）、十月（乙酉）、閏十月（乙卯）、十一月（甲申）、十二月（甲寅）

となる。また、当時唐が使用していた戊寅暦法で推算すると、

正月（己未）、二月（己丑）、三月（己未）、四月（戊子）、五月（戊午）、六月（丁亥）、七月

（丙辰）、八月（丙戌）、九月（乙卯）、十月（乙酉）、閏十月（甲寅）、十一月（甲申）、十二月（癸丑）

となる。かくて、「辛巳十二月廿一日癸酉」は戊寅暦の推算によったもの、正しくは当時伝来してきた戊寅暦そのものによったことがわかる。

「明年二月廿二日甲戌」は推古三十年に当たり、二月朔の干支は「元嘉暦」「戊寅暦」ともに癸丑であるから、中宮寺所蔵の天寿国曼荼羅繡帳の銘文に見える暦日は戊寅暦によったということができよう。

（大谷光男『古代の暦日』雄山閣出版、一九七六年、一七九ページ）

戊寅暦では推古天皇時代の辛巳年の十二月朔日は癸丑のようである。朔日が癸丑ならば二十一日は癸酉である。以上から大谷光男氏は天寿国繡帳銘の記す聖徳太子の母・孔部間人皇女の薨去の年月日、「歳在辛巳十二月廿一日の癸酉の日」という暦日は中国の唐朝成立直後の最新の戊寅暦（六一九年成立）による干支であるとしている。

秦の時代に使用された顓頊暦以降、唐代の大衍暦に至るまでの中国古代暦の変遷は一八六ページの表10のとおりである。戊寅暦は、唐において六一九年から六六四年ころまで使用された暦である。そして、六一九年は推古二十七年である。従って「推古時代の近畿大和では戊寅暦が使用されていた」ということは、確かに充分に可能性があるのである。はたして天寿国繡帳銘は元嘉暦ではなく、戊寅暦で記述されているのであろうか。もしも天寿国繡帳銘に使用されている暦が戊寅暦であるとすると、天寿国繡帳銘は聖徳太子薨去直後のころの同時代史料である可能性があることになる。これを吟味しよう。

大谷光男氏が記載している戊寅暦による推古天皇時代の辛巳年の各月の朔日の干支（二八五ページ参照）を元嘉暦による各月の朔日の干支と比較してみよう。三月は元嘉暦では戊午、戊寅暦では己未となっている。戊午と己未は一日違いである（図22）。

また、五月は元嘉暦では丁巳、戊寅暦では戊午となっているのも一日違いである。閏十月、十二月の干支の違いも一日ちがいである。それ以外は同じ干支である。そして辛巳年の翌年（壬午年）の二月二十二日は元嘉暦では甲戌、戊寅暦でも甲戌であるとしている。すなわち、元嘉暦と戊寅暦では、日にちの干支は同じ干支であるか、あるいは干支一つ分違うかのどちらかなのである（閏月の関係で三〇干支異なる場合もありうる）。

ところが古事記の記述する推古天皇没年月日は、元嘉暦との間に干支で八干支の差がある。そのことについては、第五章で述べた。推古天皇の没年月日の記述に、古事記が使用している暦は元嘉暦ではないし、元嘉暦との間に八干支の開きがあるので戊寅暦でもない。近畿天皇家は推古没年までは元嘉暦も戊寅暦も使用してはいないのである。

図22　元嘉暦と戊寅暦による推古時代の辛巳年の月朔干支の比較

	正月	二月	三月	四月	五月	六月	七月	八月	九月	十月	閏十月	十一月	十二月
元嘉暦	己未	己丑	戊午	戊子	丁巳	丁亥	丙辰	丙戌	乙卯	乙酉	乙卯	甲申	甲寅
戊寅暦	己未	己丑	己未	戊子	戊午	丁亥	丙辰	丙戌	乙卯	乙酉	甲寅	甲申	癸丑

また、近畿天皇家は唐初に成立した戊寅暦を使用することは一度もなかったと考えられる。何故ならば元嘉暦は四四五年の成立であり、戊寅暦は六一九年の成立だからである。もしも近畿天皇家が舒明元年（六二九）以降のある年に戊寅暦を導入採用したとする。すると、おかしなことになるのである。近畿天皇家は舒明元年以降のある年、六一九年成立の戊寅暦を採用した。しかし、その後のある年、その戊寅暦を四四五年成立の元嘉暦に換え、元嘉暦を持統天皇時代（正しくは高市天皇時代）まで使用したということになるからである。それまで使用していた戊寅暦を最新の暦に換えるのではなく、約二百年前の旧式の元嘉暦に換えたということになる。そのようなことは、まずないと考えてよいであろう。従って、近畿天皇家が戊寅暦を採用したことは一度もないであろう。

「そうではあっても、天寿国繡帳銘には戊寅暦が使用されている」とする可能性がある。それは「天寿国繡帳銘は聖徳太子薨去直後のころ、僧侶や留学生などにより持ち込まれた最新の暦（戊寅暦）を使用して僧が造文した」とする説である。もしも、この説が成り立つとすれば、「天寿国繡帳銘は聖徳太子薨去直後の同時代史料である」という可能性が、またしても成り立つことになる。

しかし、はたしてそのようなことが、実際にありうるのであろうか。法隆寺は最初、聖徳太子により父・用明天皇を弔うための私寺として建立されたものである。私寺ではあっても、弔われるのは天皇その人なのである。天寿国繡帳を所蔵している中宮寺は聖徳太子の母・穴穂部間人皇女（用明天皇の皇后）の宮を移したものと言われている。たとえ官寺ではなく私寺ではあったとしても、それは近畿天皇家と直結した人びとの私寺である。そこで暦が使用されているのであるならば、それは近畿天皇家の権威の名のもとに発布された暦を使用していると考えねばならないのではなかろうか。大和から遠く離れた地域（天皇家の支配地域の外）でのことならばいざしらず、天皇のお膝元の大和において、天皇家の発布した暦とは別の暦を使用するということは、天皇に楯突くということになるのではなかろうか。先々代の天皇の一族であり、しかも現在の天皇の摂政を務めた人間の一族が現在の天皇を否定することになるのではなかろうか。己の親、己の祖父を否定することになるのではなかろうか。その上、天寿国繡帳は推古天皇の命令により作成することになったと記述されているのである。天寿国繡帳銘には次のように記述されていた。

天皇聞《きコしめ》して悽然《かなし》ビ、告《つ》げて曰はく、「有る一《ヒトリ》ノ我《あ》が子ノ啓《まを》す所、誠《まコト》に以て然《しか》ソト為《おも》ふ」トノりたまへり。諸ノ采女等に勅《みコトノり》して繡帷二張を造らしメたまふ。

推古天皇の詔により、天寿国繡帳は造られたと記述されている。従って完成した際には、推古天皇自らそのでき映えを確認したことは疑えない。その天寿国繡帳に天皇家発布の暦とは別の暦が使用されていたということがありうるのだろうか。そのようなことは到底ありうるものではない。従って天寿国繡帳の暦日は戊寅暦によるものではない。

聖徳太子薨去年のころの大陸中国の情勢から考えてみよう。中国の隋帝国は六一八年に崩壊し、内乱による内戦の中から唐帝国が勃興した。そして仮に天寿国繡帳銘は戊寅暦により記述されており、天寿国繡帳銘の記す聖徳太子薨去年（壬午の年＝六二二年）直後に作成された同時代史料であるとする。ところで、唐における戊寅暦の行用開始は六一九年である。とすると、天寿国繡帳銘は、唐において使用が開始されてからわずか三年しか経過していない戊寅暦を使用して作成されたということになる。唐において行用開始されたばかりの新しい暦が日本に導入され、使用されたとするにはあまりにも短かすぎる期間なのではなかろうか。六一九年という年は中国においては混乱の極みの真っ只中である。何故ならば、その前年の六一八年は隋の滅亡の年だからである。そのような情勢の中国において、最新の暦の暦本を一外国人たる倭人が手に入れ、一～二年のうちに「大使」等の公人としてではなく、単なる一個人として危険な船旅により帰国し持ち帰っていたということは考えにくい。遣隋使・遣唐使の派遣状況は、聖徳太子薨去前後のころに我が国においても戊寅暦が使用されていたという考えを否定する。『大日本百科事典』（小学館、一九六九年）により「遣隋使」「遣唐使」を見てみよう。いずれも黛弘道氏の担当で記述されている。必要な部分のみを抜粋して掲載する。

遣隋使

その後六一四年（推古二二）には犬上御田鍬が第三回の使節となって渡海、その翌年帰国した。その後も隋との友好関係の維持と留学生・学問僧の安否をたずねるために遣使の必要はあったのであるが隋末の内乱がおこり六一八年の隋の滅亡、唐の勃興をみるなど政情も安定せず、わずか三回の遣使で終わった。しかし留学生たちは舒明朝に至り、研鑽二〇年あるいは三〇年の成果をたずさえて、つぎつぎと帰国した。

遣唐使

中国では六一八年隋が滅び唐が起こったが、まもなく帰国した遣隋留学生らの進言により、六三〇年（舒明二）第三回遣隋使であった犬上御田鍬らが唐に派遣された。これが遣唐使のはじめで、以後九世紀末（八九四）まで十数回派遣された。（第一回遣唐使の帰国は西暦六三二年）

最後の遣隋使は西暦六一四年、最初の遣唐使は西暦六三〇年（その帰国は西暦六三二年）、しかるに唐における戊寅暦の行用開始は西暦六一九年である。隋末の内乱と滅亡、そして唐の勃興という混乱の真っ只中において、施行されたばかりの新しい暦の暦本を、倭国の大使でもない一留学生、あるいは学問僧が手に入れ、それを持ち帰り、しかも習熟し、唐において行用が開始されてから、わずか三年後には天寿国繡帳銘の記述に使用した、というようなことがはたして可能だろうか。

日本書紀持統紀には、近畿天皇家は持統四年（六九〇）十一月に元嘉暦と儀鳳暦の併用をおこなうようになったと明記されている。そして『大日本百科事典』（小学館、一九六九年）の「暦」の項で見ると、近畿天皇家が暦を儀鳳暦に切り替えたのは文武天皇の元年（六九七年の丁酉年）のこととしている。とすると近畿天皇家は西暦六九七年までは元嘉暦を使用しているのである。従って、六九〇年から六九七年までは儀鳳暦は試行期間だったのであり、この七年間は儀鳳暦の習熟期間だったのである。安定した時代においてさえも新しい暦の習熟に七年間を要している。儀鳳暦の正式な名称は麟徳暦である。それが我が国では儀鳳暦と呼ばれる理由については、佐藤政次編著『日本暦學史』（駿河台出版社、一九六八年、一五ページ）に詳しい。それによれば、この暦は新羅経由で我が国に伝えられたのであるが、新羅における麟徳暦の使用開始が儀鳳年間とのことである。そのため新羅では儀鳳暦と呼ばれた。新羅から儀鳳暦の名で我が国に伝来したので、中国の麟徳暦を我が国では儀鳳暦と呼ぶとのことである。我が国がその儀鳳暦を唯一の暦として使用するようになるのは、この暦が唐で行用開始された時（六六五年）からみれば三五年後である。元嘉暦にいたっては、舒明天皇元年（六二九）に使用されるようになったと仮定しても、宋における行用開始（四四五年）から一八四年後になって漸く導入されていることになる。戊寅暦のみが中国において行用開始の三、四年後には使用されていたとすることには無理がある。

となると、天寿国繡帳銘に使用されている暦は元嘉暦なのである。その元嘉暦の使用に際して誤りを犯したのである。それが「歳在辛巳十二月廿一日の癸酉の日入《ひぐれ》に孔部間人母王崩《みうせま》しぬ」の一文である。

近畿天皇家は推古没年までは元嘉暦も戊寅暦も使用していない。前段で論証したように、聖徳太子薨去年直後のころの法隆寺の僧が推古天皇の発布した暦以外の暦を使用するということはありえない。それにも拘わらず天寿国繡帳銘は元嘉暦で記述されている。従って天寿国繡帳銘は聖徳太子薨去年直後のころの同時代史料ではない。天寿国繡帳銘は聖徳太子が亡くなってから、かなりの年月が経過してから作成されたものである。

法隆寺釈迦三尊像は、確実に上宮法皇崩御の翌年の同時代史料である。それに刻されている「(壬午年の)二月二十一日癸酉」という暦日干支により、推古天皇の時代の西暦六二三年の癸未年に完成していることは確実である。一方、近畿大和で作成されたことが確実な天寿国繡帳銘は、その中に元嘉暦が使用されているのであるから舒明元年（六二九）以降の作成である。この間は最低でも六年である。法隆寺釈迦三尊像の方が遙かに早く作成されているのである。すると天寿国繡帳銘造文者は法隆寺釈迦三尊像光背銘を見ていることになる。法隆寺釈迦三尊像はその荘厳さからして造立直後から有名であったであろうことは疑えない。その法隆寺釈迦三尊像の光背銘を、天寿国繡帳作成者が知らなかったなどということは考えられないからである。天寿国繡帳銘造文者は法隆寺釈迦三尊像光背銘を見ている。そして両者は内容がそっくりである。すると天寿国繡帳銘は、法隆寺釈迦三尊像光背銘を参考にして作成された、ということになる。すなわち「経緯や年月日、およびその干支は法隆寺釈迦三尊像光背銘の記述をそのまま使用し、人物の名のみを近畿天皇家及び聖徳太子に関係のある人物の名前に書きかえた。不要な部分（干食王后崩の記事）は削除した」ということになる。

天寿国繡帳銘造文者は光背銘の鬼前太后を聖徳太子の母・孔部間人公主に改変し、上宮法皇・法皇を「聖徳太子」と改変した。そして光背銘の年月日およびその干支はそっくりそのまま使用したのである。

問題の天寿国繡帳銘の孔部間人公主の薨去年月日、「歳在辛巳の十二月廿一日の癸酉の日」これはどうなるのであろうか。辛巳年の十二月廿一日は元嘉暦では甲戌である。甲戌とすべきところを元嘉暦の計算ミスから癸酉としてしまったのか、あるいは「廿日」と記述すべきところを「廿一日」と誤ったのか？

私はそのいずれでもないと思う。天寿国繡帳銘のこの部分に対応する法隆寺釈迦三尊像光背銘の鬼前太后の崩年月日は「歳次辛巳の十二月」である。日にちについては何も記述されていない。従って天寿国繡帳銘造文者が、釈迦三尊像光背銘の鬼前太后を聖徳太子の母・孔部間人公主におきかえた時、その崩の日づけは最初は空白のままだったことになる。しかし『法王帝説』に引用されている天寿国繡帳銘が造文された時代には、すでに聖徳太子信仰が確固として確立されていたのであろう。そのために聖徳太子の母・孔部間人公主の崩の日にちを空白にしたままでは、聖徳太子の母后の崩記述としては、はなはだしく礼を失することになる。そこで、空白になっている孔部間人公主の崩の日にちを埋めることになった。それが歳在辛巳の十二月『廿一日の癸酉の日』である。何故そうしたのかということについては次のような可能性があると思う。

①孔部間人公主の崩年月日を「十二月廿一日」と設定した。そして元嘉暦による計算によって辛巳年の十二月朔の干支を求めたのであるが、その計算を誤ったとするもの。

②法隆寺釈迦三尊像光背銘に存在する別の記述を代用した。すなわち干食王后の崩年月日の『廿一日の癸酉の日』を使用したとするもの。

もちろん、①の可能性も充分にありうる。むしろ普通に考えれば、こちらの方が正解であろう。しかし、ここはそれよりも②の方の可能性が高いのではないかと思う。法隆寺釈迦三尊像光背銘には上宮法皇の妃・干食王后が「二月廿一日、癸酉の日」に亡くなったと記述されている。天寿国繡帳銘には、もちろんこれに対応する記述は存在しない。この部分は天寿国繡帳銘ではカットされている。とすると、釈迦三尊像光背銘の干食王后の崩の日「廿一日、癸酉の日」という文言は、まだ使用されずに残っていることになる。この「廿一日、癸酉の日」が天寿国繡帳銘において孔部間人公主の崩年月日の「日にちとその干支」として使用されたのではないかと思われるのである。この②の考え方はまるでバカげているようにみえるかもしれないが、私にはこちらの方が真実であるように思われる。

2　筑紫釈迦三尊像から法隆寺釈迦三尊像へ

法隆寺釈迦三尊像は、近畿大和で作成されたものではなかった。筑紫で作成されたものであった。これを筑紫仏そして筑紫釈迦三尊像と呼ぶことにしよう。その釈迦三尊像は、何故、そしていつから法隆寺にあるのか？　これが次の問題である。その説明は、高市皇子が実は高市天皇であったことが判明している今、容易である。

天武天皇の寿命は、鎌倉時代の『一代要記《いちだいようき》』や南北朝時代の『本朝皇胤紹運録《ほんちょうこういんじょううんろく》』によれば六五歳である。その天武の没年は、日本書紀によれば西暦六八六年の丙戌年である。すると天武の誕生年は西暦六二二年の壬午年ということになる。一方、法隆寺釈迦三尊像光背銘の上宮法皇は西暦六二二年の壬午年に亡くなっている。『一代要記』や『本朝皇胤紹運録』の記す天武天皇の寿命が正しいとすると、天武天皇は上宮法皇が亡くなった年に生まれたことになる。上宮法皇は天武天皇の父親なのであろうか、それとも祖父であろうか。

亡くなった時の上宮法皇は四十数歳から五十数歳であろう。というのもその前年に上宮法皇の母親・鬼前太后が亡くなっているからである。鬼前太后の寿命を六〇～七〇歳と見積もっておく。このあたりが妥当なところであろう。その年齢から、当時の女性の一般的な結婚年齢と思われる一七歳に第一子が生まれるまでの一年を加えた年数（一八年）を差し引くと四二～五二歳となる。上宮法皇は亡くなった時、それくらの年齢であったであろう。とすると、「天武天皇は上宮法皇の最晩年に生まれた上宮法皇の息子」ということも可能性として充分に成り立つ。また、孫であった可能性もある。どちらか断定はできない。

一方、隋の煬帝は西暦六一八年の戊寅年に亡くなっている。上宮法皇崩御の四年前である。とすると隋の煬帝と上宮法皇は同時代の人物である。従って、隋の煬帝に「日出づる処の天子、書を日没する処の天子に致す、恙なきや云々」という対等国書を送り、煬帝を激怒させた俀《たい》国の王・「阿毎多利思比孤」とは、同じ時代の日本の支配者である上宮法皇のことと考えなければならない。身を隋の煬帝と対等の立場において丁々発止と渡り合ったのが阿毎多利思比孤であり上宮法皇なのである。そのために九州王朝の中では、阿毎多利思比孤＝上宮法皇は、亡くなってからも長い期間にわたって、「かの隋の煬帝と対等に渡り合った偉大なる王」として畏敬され尊崇されていたであろう。そしてその姿形に似せて仏像が作成された。それが筑紫釈迦三尊像であり、その後、法隆寺に運び込まれ、現在、法隆寺釈迦三尊像と呼び習わされている仏像である。

第二章における論証から、高市皇子は西暦六四四年の甲辰年に九州で生まれていた。そして西暦六六三年の癸亥年、すなわち白村江の戦いの年までは九州で育っていたであろう。この癸亥年には高市皇子は二〇歳である。高市皇子は生まれた時から二〇歳まで、筑紫の都において、九州王朝の由緒ある寺の本尊として安置されていた祖父（曾祖父?）であり、そして偉大な王者でもあった阿毎多利思比孤＝上宮法皇の像、いわゆる筑紫釈迦三尊像を畏敬の念で仰ぎ見つつ育ったであろう。六六三年の白村江の大敗戦ののち、高市皇子は父・大海人皇子とともに筑紫を捨てて近畿大和に逃れた。その後、壬申の乱を経て父・大海人皇子は天武天皇となった。

日本書紀には、西暦六九二年の持統六年（壬辰年）閏五月条に次の記述がある。

己酉（十五日）に、筑紫大宰率河内王等に詔して曰はく、「沙門を大隅と阿多とに遣して、仏教を伝ふべし。復《また》、大唐の大使郭務悰が、御近江大津宮天皇《あふみのおほつのみやにあめのしたしらしめししすめらみこと》の為に造《つく》れる阿弥陀像《あみだのみかた》上《たて》送《まつ》れ」とのたまふ。

「唐の大使・郭務悰が天智天皇のために造った仏像を大和に送れ」という持統の勅が筑紫に送られている。「唐の大使・郭務悰が天智天皇のために造った」ということが事実か否かは別として、少なくとも、ものすごくりっぱな仏像であったろうことは否めない。ところがその後の近畿天皇家の世界には、それに相当する仏像が見当たらないのである。このりっぱな仏像は大和に運ばれたあと、どこに消えてしまったのだろうか。

第二章で論証したように、持統四年に即位したのは鸕野讃良姫皇后（持統天皇）ではなく、高市皇子であった。従って上記の持統六年（六九二）の時点における実際の天皇は高市天皇である。「筑紫の仏像を大和に送れ」という詔は高市天皇の詔なのである。何故、高市天皇はこのような詔を発したのか？　それは西暦六九〇年代の倭国は、白村江の大敗戦により衰微しきっていたからである。九州王朝の栄光の中で育った高市天皇には、それが無念であった。そこで高市天皇は即位三年目にあたる持統六年に、かつての九州王朝の栄光を夢見て、祖父（曾祖父？）であり畏敬してやまない偉大なる王者阿毎多利思比孤＝上宮法皇の像を筑紫から近畿大和へ移させたのである。そして偉大なる王者阿毎多利思比孤＝上宮法皇の神助を願ったのである。

高市天皇は持統六年に筑紫の仏像を大和に移送させた。するとその時には、その仏像を安置するためのお寺は完成していたのである。その仏像は、今、法隆寺にある。とするとその仏像を安置するためのお寺は現在の法隆寺だったことになる。従って再建法隆寺の金堂は持統六年、すなわち六九二年の壬辰年には完成していたと思われる。

そして再建法隆寺金堂に新たに持ち込まれた仏像、すなわち九州の偉大なる王者阿毎多利思比孤＝上宮法皇を象って作られた仏像の光背には、現在、法隆寺釈迦三尊像光背銘として知られている銘が刻されている。後世になって、その上宮法皇を聖徳太子にみたてて種々の文献や仏像が作成された。天寿国繡帳銘や『法王帝説』・『法隆寺流記資財帳』である。天寿国繡帳そのものは聖徳太子が亡くなっておそらく数年後には作成されていたであろう。しかし九州の偉大なる王者阿毎多利思比孤＝上宮法皇を象って作られた仏像、すなわち筑紫釈迦三尊像が近畿大和にもたらされたあと、本来の天寿国繡帳銘の大部分が破却された。そして「天寿国繡帳に繡出されていた銘」として、現在、『法王帝説』に記述されている銘文が新たに造文され掲載されたのである。

法隆寺薬師如来像も、同じころ作成されたのである。法隆寺薬師如来像は聖徳太子の父・用明天皇のために作成されたという内容の光背銘を持っている。そして法隆寺釈迦三尊像の右手には、もう一体の本尊がある。阿弥陀三尊像である。法隆寺金堂には何故か三体の本尊があるのである。『太子伝私記』には、この阿弥陀三尊像は間人皇女（聖徳太子の母）と聖徳太子、そして聖徳太子の妃の一人・高橋妃の三名の等身の像である、と記されているとのことである（梅原猛著『隠された十字架―法隆寺論―』三〇三ページ）。釈迦三尊像の左手には用明天皇を意味する薬師如来像、右手には穴穂間人皇女を意味する阿弥陀像がある。すると、その真ん中の釈迦三尊像とは？ 当然、それは聖徳太子である。このことを信じさせるために法隆寺薬師如来像と阿弥陀三尊像は作成されたのである。このことが、一つの金堂内に三つの本尊がある法隆寺金堂の謎の理由なのである。従って法隆寺薬師如来像は西暦六九三年の持統七年（癸巳年）以降のある年に法隆寺釈迦三尊像に似せて作成されたのである。

3　金石文にみる「歳次干支」

近畿大和においては、いつごろから歳次干支を「干支の年」として使用するようになったのか？これを日本書紀以外の史料や金石文で追求してみよう。なお万葉集でみると、和銅四年の七一一年には近畿天皇家でも歳次干支を「干支の年」の意味で使用していることについては、すでに述べた。

一、伊福吉部徳足比売《いほきべのとこたりひめ》骨蔵器

この骨蔵器は鳥取市国府町宮下から出土したものである。それには次のような銘文が刻まれている。

因幡國法美郡
伊福吉部徳足

比賣臣
藤原大宮御宇大行
天皇御世慶雲四年
歳次丁未春二月二
十五日従七位下被賜
仕奉矣
和銅元年歳次戊申
秋七月一日卒也
三年康成冬十月
火葬即殯此處故
末代君等不應崩
壊
上件如前故謹録錍
和銅三年十一月十三日己未

（奈良国立文化財研究所飛鳥資料館編『日本古代の墓誌』同朋舎、一九七九年）

この骨蔵器には「藤原大宮御宇大行　天皇御世慶雲四年」というように、近畿天皇家の天皇名と近畿天皇家の使用した年号が記されている。従ってこの骨蔵器の主《ぬし》の伊福吉部徳足比売は近畿大和の勢力圏下の人物である。この骨蔵器には年（月日）の記述が四カ所ある。

①慶雲四年歳次丁未春二月二十五日

②和銅元年歳次戊申秋七月一日

③三年康成冬十月

④和銅三年十一月十三日己未

③の「康成」は誤植ではない。実際に墓誌に「康成」と刻されているのである。この件について『日本古代の墓誌』では次のように述べている。

なお年の干支の原文「康成」は誤字ではなく、康・成を庚・戌に通じて用いる例は中国・日本に多い。（奈良国立文化財研究所飛鳥資料館編『日本古代の墓誌』同朋舎、一九七九年、一七九ページ）

しかし他方では、李家正文著『遺物が語る古代史』には次のように記述されている。

康は庚と同じに使った。伊福部氏の墓版にも康の字が使ってある。この転用は日本だけのことで中国にはない。（李家正文『遺物が語る古代史』木耳社、一九八二年、一三四ページ）

この件については、私はどちらが正しいのかわからない。

墓誌に記述されている順番とは逆に、④の「和銅三年十一月十三日己未」という暦日から調べてみよう。内田正男編著『日本暦日原典』により、儀鳳暦での和銅三年十一月朔日の干支を調べてみるとそれは丁未である。丁未が朔ならば十三日は己未である。従ってこの銘の暦日は正確である。

図23　伊福吉部徳足比売骨蔵器の元号年と干支の関係

年号の流れ	慶雲四年—和銅元年—和銅二年—和銅三年
干支の流れ	丁未——戊申——己酉——庚戌

次に③の「三年康成」。吉川弘文館の『歴史手帳』で調べてみると、和銅三年は庚戌年である。従って「三年康成」とは、和銅三年庚戌のことである。ここで年号による紀年を右に、干支の流れを左に記述してみよう（図23）。

②の「和銅元年歳次戊申」は、「歳次戊申」を戊申年の意味で記述していることになる。①の「慶雲四年歳次丁未」も「慶雲四年は丁未年である」という意味である。

「伊福吉部徳足比売骨蔵器」は歳次干支を「干支の年」という認識で作成されており、「慶雲四年歳次丁未（七〇七）」という記述もあるが、これは「和銅三年（七一〇）」の認識で記述されたものと考えた方がよいであろう。従ってこの骨蔵器からわかることは、七一〇年には近畿天皇家は歳次干支を「干支の年」の意味で使用しているということである。

二、文祢《ふみのね》麻呂《まろ》墓誌銘

この墓誌は、大和宇陀の八滝（奈良県宇陀市榛原区八滝）にある丘陵の南斜面から出土したものである。従って墓の主の文祢麻呂は、近畿大和の人間である。「墓誌」というものは、よほどのことでで

もなければ墓誌銘の人物が葬られた時に作成されたものと考えて良いであろう。この墓誌には、

壬申年将軍左衛士府督正四位上文祢麻
呂忌寸慶雲四年歳次丁未九月廿一日卒

（奈良国立文化財研究所飛鳥資料館編『日本古代の墓誌』同朋舎、一九七九年）

〔読み下し文〕

壬申の年の将軍、左衛士府の督《かみ》、正四位上文祢麻呂の忌寸《いみき》、慶雲四年歳次丁未の年の九月廿一日に卒す。

（「歳次丁未」以外の読み下し文は奈良国立文化財研究所飛鳥資料館編『日本古代の墓誌』同朋舎、一九七九年による）

とある。壬申の乱の際、天武天皇側の将軍として戦った文禰麻呂《ふみのねまろ》を葬ったものであるとしている。日本書紀天武天皇元年六月二十四日の条に「元《はじめ》より従へる者」の名を列挙しているが、その中に書首《ふみのおびと》根摩呂《ねまろ》がいる。また続日本紀の慶雲四年条をみてみると、「冬十月二十四日、従四位下の文忌寸禰麻呂卒す」とある。死亡月日が違うが自家の記述と朝廷の公式記録の差によるものなのであろう。いずれにしても文忌寸禰麻呂が亡くなったのは慶雲四年に間違いないようである。

この墓誌では慶雲四年（七〇七）を歳次丁未と記述している。そして慶雲四年は確かに丁未年であ

る。従って歳次丁未は丁未年の意味で使用されている。慶雲四年（七〇七）には近畿大和でも歳次干支は「干支の年」の意味で使用されていた。

三、那須国造碑

那須国造碑は栃木県大田原市湯津上の笠石《かさいし》神社にある石碑である。それには次のように刻されている。

永昌元年己丑四月、飛鳥浄御原大宮那須国造追大壱那須直韋提、評督被賜、歳次康子年正月二壬子日辰節殄、故意斯麻呂等立碑、……

（大谷光男『古代の暦日』雄山閣出版、一九七六年）

〔読み下し文〕

永昌元年、己丑年の四月　飛鳥浄御原の天皇、那須国造追大壱那須直韋提《いで》に評督を賜《たま》ふ。歳次康子年の正月二日壬子、辰節に殄す。故に意斯麻呂《いしまろ》等碑を立つ……

「永昌」は唐の則天武后の年号のことであり、永昌元年は西暦六八九年の己丑年である。この年は日本書紀では持統三年に相当する。この碑文は、

那須国造の那須直韋提《なすのあたいいで》は永昌元年（西暦六八九年〈持統三〉）に「評督」に任じられた。そして「歳次康子年の正月二日壬子」に亡くなった。

と言っている。伊福吉部徳足比売骨蔵器の部分で述べたように、「康子」は「庚子」のことである。内田正男編著『日本暦日原典』により文武四年（七〇〇）の庚子年の正月朔を求めると、それは辛亥である。すると壬子は一月二日である。従って「歳次康子年正月二壬子日」は、歳次干支を「干支の年」とした上での儀鳳暦で表記された正しい暦日干支である。西暦七〇〇年には、近畿大和の勢力圏でも歳次干支は「干支の年」として使用されている。

四、船王後《ふねのおうご》墓誌銘

この墓誌は河内国分（大阪府柏原市国分市場）の松岳山の丘陵のくずれた箇所から出土したとのことである。従ってこの墓誌も明確に近畿天皇家の勢力圏にある人物の墓誌である。その墓誌銘は次のとおりである。

〔表〕

惟船氏故　王後首者是船氏中祖　王智仁首児　那沛故
首之子也生於乎娑陁宮治天下　天皇之世奉仕於等由
羅宮　治天下　天皇之朝至於阿須迦宮治天下　天皇之
朝　天皇照見知其才異仕有功勲　勅賜官位大仁品為第

〔裏〕

三殞亡於阿須迦　天皇之末歳次辛丑十二月三日庚寅故

戊辰年十二月殯葬於松岳山上共婦　安理故能刀自
同墓其大兄刀羅古首之墓並作墓也即為安保万
代之霊基牢固永劫之寶地也

（奈良国立文化財研究所飛鳥資料館編『日本古代の墓誌』同朋舎、一九七九年）

〔読み下し文〕

惟《これ》船氏故王後の首は、是船氏の中祖王智仁の首の児那沛故の首の子也。乎娑陁《をさだ》宮に天の下治めたまひし天皇の世に生まれ、等由羅《とゆら》宮に天の下治めたまひし天皇の朝に奉仕す。阿須迦《あすか》宮に天の下治めたまひし天皇の朝に至り、天皇照見して其の才の異なり仕へて功勲有るを知り、勅して官位大仁を賜ひ、品第三と為す。阿須迦天皇の末、歳次辛丑の十二月三日庚寅に殞亡す。故《かれ》戊辰年十二月、松岳山上に殯葬す。婦安理故能刀自《ありこのとじ》と共に墓を同じくし、其の大兄刀羅古《とらこ》の首の墓と並びて墓を作る也。即ち万代の霊基を安く保ち、永劫の宝地を牢固にせんと為《す》る也。

（「歳次辛丑」以外の読み下し文は、奈良国立文化財研究所飛鳥資料館編『日本古代の墓誌』、同朋舎、一九七九年による）

「阿須迦の天皇の末、歳次辛丑」は、「飛鳥宮」と「辛丑」という干支の関係から、舒明天皇の末年、西暦六四一年の辛丑年と考えられている。そして内田正男編著『日本書紀暦日原典』で確認すると、西暦六四一年の辛丑年の十二月三日は、元嘉暦でも儀鳳暦でも庚寅である。すなわち、船王後墓誌銘は歳次干支を「干支の年」とした上での元嘉暦で記述されていることになる。六四一年には近畿大和でも歳次干支を「干支の年」の意味で使用していたことになり、法隆寺釈迦三尊像光背名の造刻年（六二三年）に非常に近接している。

しかしこれには問題があるようである。奈良国立文化財研究所飛鳥資料館編『日本古代の墓誌』の「船王後墓誌銘」の解説には次のように記述されているからである。

「官位」を位階と同義に用いた最初の例は『続日本紀』の慶雲二年（七〇五）四月十七日の記事である。以上の点からすると、この墓誌は少なくとも天武朝末年以降に船氏の墓域を明示する意図もあって追葬されたと考える方がよいであろう。

（奈良国立文化財研究所飛鳥資料館編『日本古代の墓誌』同朋舎、一九七九年、一六八ページ）

従って、この記述から言えることは、

船王後墓誌銘は、それが作成された「年」についての大まかな時代を示すことはできるが、作成された「年」を限定する力はない。

ということである。従ってそこに記述されている歳次干支は、いつごろの使用法なのかについては明確なことは言えないことになる。

五、元興寺金銅釈迦仏造像記（丈六光背銘）

『元興寺流記資財帳』には元興寺金銅釈迦仏造像記が引用掲載されている。「丈六光背銘」とも呼ばれているもので、法興寺跡の安居院にある丈六の金銅釈迦坐像の光背に刻されていたとされているが、この光背は現存しない。

丈六光銘曰、天皇名廣庭、在斯歸斯麻宮時、百濟明王上啓、臣聞、所謂佛法既是世間無上之法、天皇亦應修行、擎奉佛像經教法師、天皇詔巷哥名伊奈米大臣、修行茲法、故佛法始建大倭、廣庭天皇之子多知波奈土與比天皇在夷波禮瀆邊宮、任性廣慈、信重三寶、損棄魔眼、紹興佛法、而妹公主名止與彌擧哥斯岐移比彌天皇、在楷井等由羅宮、追盛瀆邊天皇之志、亦重三寶之理、揖命瀆邊天皇之子名等與刀彌々大王、及巷哥伊奈米大臣之子名有明子大臣、聞道諸王子教緇素、而百濟惠聰法師、高麗惠慈法師、巷哥有（明）大臣長子名善德爲領、以建元興寺、十三年歲次乙丑四月八日戊辰、以銅二万三千斤、金七百五十九兩、敬造尺迦丈六像、銅繡二軀幷挾侍、高麗大興王方睦大倭、尊重三寶、遙以隨喜、黃金三百廿兩助成大福、同心結緣、願以茲福力、登遐諸皇遍及含識、有信心不絕、面奉諸佛、共登菩提之岸、速成正覺、歲次戊辰大隨國使主鴻臚寺掌客裴世清、使副尙書祠部主事遍光高等來奉之、明年己巳四月八日甲辰、畢竟坐於元興寺

（竹内理三編『寧樂遺文　中巻』八版、東京堂出版、一九九七年、三八九ページ）

大谷光男著『古代の暦日』によれば、ここに出ている「十三年歳次乙丑四月八日戊辰」は、推古十

三年（六〇五）に当たるとしている。というのも「推古十三年（六〇五）の四月朔は、隋の現行暦たる開皇暦でも、そして宋の元嘉暦でも辛酉であり、八日は戊辰となるから」とのことである。ということは、この元興寺金銅釈迦仏造像記（丈六光背銘）は、歳次干支を「干支の年」とした上での元嘉暦で記述されていることになる。

しかし近畿天皇家は、推古没年までは元嘉暦を使用していないことはすでに述べた。従って、この元興寺金銅釈迦仏造像記は、かなり後代になって書き換えがおこなわれたものであるということになる。元嘉暦による推古十三年の四月八日の「日の干支」を、はるか後代になってから戊辰と確定することができるか否かということについては、おそらく普通一般の人には不可能であろう。しかし日本書紀には推古十三年の四月の記述が存在する。「推古十三年の四月一日は辛酉」と記述されているのである。日本書紀を参考にすれば、元興寺金銅釈迦仏造像記の暦日干支を作成することはできたのである。古田武彦氏も元興寺金銅釈迦仏造像記の史料価値について次のような批判をされておられる。

この史料には、明らかに後代の手による有意改変が見られる。たとえば、……

（中略）

したがってこの金石文は決してありのままの事実ではなく、近畿天皇家中心、百済王従属というイデオロギーによって、原文を造り変えていることを疑いえない。

（中略）

ともあれ、この「丈六光銘」は、本来の意味での第一次的な光背銘の性格をもたず、第二次的に加刻、もしくは加設されたもの、すなわち「二次的光背銘」という一種微妙な性格をもつ。（古田武彦『古代は輝いていたIII』「法隆寺の中の九州王朝」朝日新聞社、一九八五年、二一四～二一六ページ）

この史料をもって、「近畿天皇家では、推古十三年（六〇五）には歳次干支を「干支の年」の意味で使用していた」とするわけにはいかないのである。

以上から、近畿天皇家の勢力圏下で歳次干支を「干支の年」の意味で使用した確実なものは、私が確認しえたものの中では、西暦七〇〇年の那須国造碑の記述が最古である。船王後墓誌銘の記述はそれよりもいくらか古そうではあるが、何年と断定できる史料ではない。

西暦七〇〇年には近畿天皇家でも歳次干支を「干支の年」の意味で使用している。すると、歳次干支を「干支の翌年」の意味で使用している法隆寺薬師如来像は、西暦六九九年以前の作成ということになる。前節において、法隆寺薬師如来像は西暦六九三年以後の作成であるということを論証した。従って法隆寺薬師如来像は、六九三～六九九年の間に作成されたということになる。

4　「歳次干支」の使用法の変遷

ここで、「歳次干支の使用法の変遷」について考察してみよう。日本書紀に出てくる歳次干支を順番に列記すると表18ようになる。

日本書紀以外の史料では、法隆寺薬師如来像光背銘が歳次干支を「干支の翌年」の意味で使用していた。この法隆寺薬師如来像は前節における論証によれば西暦六九三年から六九九年の間に作成されたものであった。すると、このままでは近畿大和における歳次干支の使用法は、非常に混乱していることになる。

最初、垂仁紀の著述に「干支の前年」の意味で使用された歳次干支は、応神紀では「干支の翌年」の意味で使用されるように変わった。しかしそれが再び継体・天智・持統紀では、もとの「干支の前年」の意味で使用されるようになった。しかしまた、法隆寺薬師如来像光背銘でみれば持統時代（その実、高市天皇時代）には、歳次干支を「干支の翌年」の意味で使用しているのである。すると持統時代（高市天皇時代）には、歳次干支は「干支の前年」であったり「干支の翌年」であったりしたことになる。こんなことはありえないであろう。この解釈はどこかが間違っているのである。

表18　日本書紀における歳次干支の出現箇所とその意味

「歳次干支」出現箇所	「歳次干支」の意味
①垂仁紀	干支の前年
②応神紀	干支の翌年
③継体紀の「或本」	干支の前年
④天智紀の「或本」	干支の前年
⑤持統紀（高市時代）	干支の前年
⑥書紀編纂者	干支の年

歳次干支が「干支の前年」の意味で使用されているのは、今のところ日本書紀の中だけである。確かに日本書紀継体紀及び天智紀は「『或本』を引用した」、と言っている。しかしそれは日本書紀がそう言っているだけである。『或本』の現物は存在しない。この『或本』とは架空の本なのかもしれないのである。ひょっとしたら『或本』というのは、日本書紀編纂時の第一段階の校訂・第二段階の校訂と、何回もある校訂作業の中の『或る校訂本』のことである可能

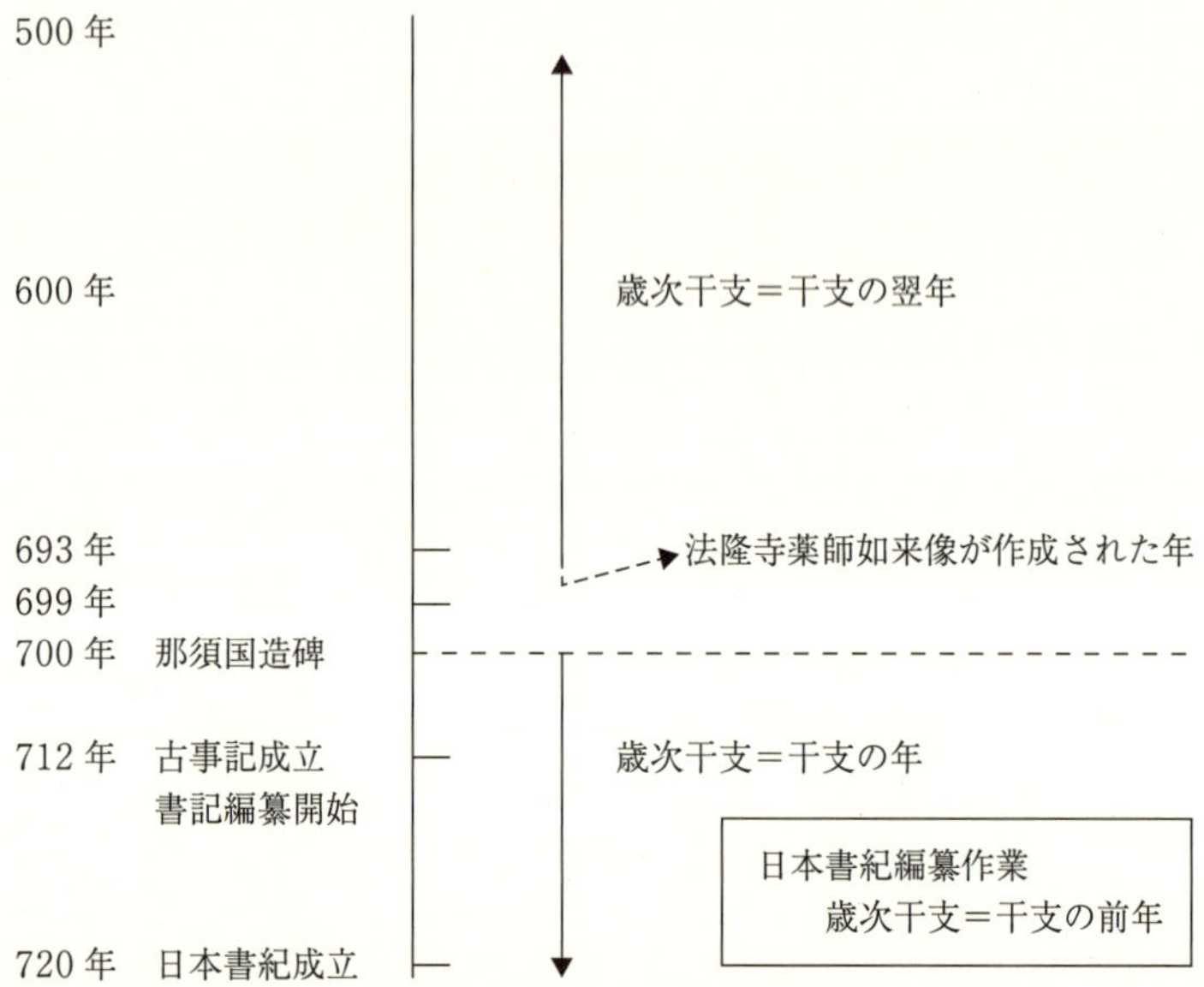

図24　近畿大和における「歳次干支」の使用法の変遷

性がある。もしもそうだとすると、歳次干支が「干支の前年」の意味で使用されているのは、日本書紀の中だけということになる。私は今の段階では、歳次干支を「干支の前年」の意味で使用するのは、日本書紀の編纂が始まり、それが完成するまでの間のある時期における校訂作業中の使用法なのではないかと思っている。

一方、法隆寺薬師如来像光背銘にみられる歳次干支は、日本書紀成立以前の近畿大和において、歳次干支が実際に「干支の翌年」の意味で使用されていたことの証拠である。従って、法隆寺薬師如来像が作成されたころまでの近畿大和における歳次干支の使用法は、一貫して「歳は干支に次ぐ年＝干支の翌年」の意味であった、ということなのではなかろうか。そして西暦七〇〇年ころになって、ようやく近畿大和文化圏でも中国と同じように「干支の年」という意味で使用されるようになった（図24）。

5 近畿天皇家は、いつから元嘉暦を使用したか

次は近畿天皇家が元嘉暦の使用を開始した年を探求してみよう。第二節における論証から、近畿天皇家が元嘉暦の使用を開始したのは、舒明元年以降、持統三年までの間のいずれかの年である。この件に関しては、非常に魅力的な吉村貞司氏の説がある。『日本古代暦の証明』に次のように記述されている。

大化の改新を維新した孝徳天皇は「仏の法を尊み、神の道をあなづり」「儒を好み給ふ」と紀にしるしてある程で、生国魂神社の聖なる樹を伐って神に挑戦したほどであった。彼は革命の中核に立ち、税制を改め、戸籍を作り、班田収受の法を断行した。葬法と墓を階級によって規定し、伝統を破壊して、中国への傾斜をいちじるくして、そのために人民のプライヴェイトの次元にまで立ち入って、はばかるところがなかった。彼はすべてを改めてしまいたがった強烈な意志だった。この革新の中でどうして暦だけかえりみられなかったか。いや、そうではあるまい。彼は〈大化〉という年号をはじめて用いた。年号は暦が確立していなければ無意味であるから、孝徳天皇は暦、つまり元嘉暦の完全実施を条件に、大化・白雉などの年号を用いた。

（吉村貞司『日本古代暦の証明』六興出版、一九八一年、二四ページ）

近畿天皇家は孝徳天皇元年から元嘉暦を使用したという説である。非常に説得力があり、私は一時、この吉村貞司氏の説に傾きかけた。しかし一つ一つ史料を分析するなかで、そうではない、と思うようになった。

一、『法隆寺伽藍縁起幷流記資財帳』

『法隆寺伽藍縁起幷流記資財帳』（以下、『法隆寺流記資財帳』と略す）には次のような一文がある。

亦小治田天皇大化三年歳次戊申九月廿一日己亥許勢徳陁高臣宣命爲而食封三百烟入賜岐

（竹内理三編『寧樂遺文　中巻』訂正八版、東京堂出版、一九九七年、三四四ページ）

〔読み下し文〕
また小治田天皇の大化三年、歳次戊申の年の九月廿一日己亥、許勢の徳陀高臣、宣命して食封三百烟を入れ賜ふ。

ここには「大化三年歳次戊申九月廿一日己亥」とある。しかし大化三年は丁未年であり、戊申年は大化四年なのである。

六四七年　大化三年　丁未年

六四八年　大化四年　戊申年

すると、この歳次干支は「歳は干支を次ぐ年（干支の前年）」の意味で使用されているのか？　しかしそうとばかりもいえないのである。九月廿一日が己亥となる年を元嘉暦で求めると、それは戊申年なのである（図25）。

「歳次戊申九月廿一日己亥」は歳次戊申を「戊申の年」とした時の元嘉暦で正しいのである。従って普通に考えれば、「大化三年歳次戊申九月廿一日己亥」は、大化四年とすべき所を大化三年と誤ってしまったということになる。

しかしここはそうではなく、記述されてある歳次干支の意味を後代になって取り違えた結果、大化三年の記述と「歳次戊申九月廿一日己亥」が何度も書き直された結果としてできあがったものなのではないかと思う。日本書紀には大化四年（戊申年）の九月の記述は存在しない。従って「孝徳天皇時代の戊申年の九月廿一日」を己亥とする記述は日本書紀の記述を参考にして作成されたものではない。過去のある日の暦日干支を計算により算出するということは、普通一般の人間にはまず不可能と考えて良いであろう。従ってこれは孝徳天皇四年（六四八）の戊申年に現実に近畿大和で元嘉暦が使用されていたと考えた方が良いと思う。

この記述ができあがったのは、次のような経緯だったのではないかと思う。原資料の記述は「大化四年歳次丁未九月廿一日己亥」であった。もちろん、歳次丁未は「歳は丁未に次ぐ年＝戊

図25　六四七年と六四八年の九月の元嘉暦での暦日干支

西暦	和暦	年の干支	九月一日	九月廿一日
六四七年	大化三年	丁未年	甲申	甲辰
六四八年	大化四年	戊申年	己卯	己亥

図26　法隆寺流記資財帳の大化三年歳次戊申九月廿一日己亥ができた経緯

原資料	「大化四年歳次丁未九月廿一日己亥」
	↓
Aさんの訂正	「大化三年歳次丁未九月廿一日己亥」
	↓
Bさんの訂正	「大化三年歳次戊申九月廿一日己亥」

申年」の意味である。これならば孝徳天皇の時代の近畿大和における歳次干支の使用法である。そして暦日は元嘉暦の暦日干支にぴったり合致している。ところが後代になると、歳次干支は「干支の年」と解釈されるようになった。その目でこの記述を見ると、間違っている事になる。歳次干支を「干支の年」とする場合には、「歳次丁未」は、丁未年となり、丁未年は大化三年だからである。そして資財帳は毎年提出を求められた。「縁起」の部分は毎年毎年書き写されたのである。ある年の誰かさん（仮にこれをAさんとしておこう）が書写していてこれに気づいた。そしてその当時の正しい歳次干支の使用法で原資料を「大化三年歳次丁未九月廿一日己亥」と改訂した。しかし、さらに後代になって、今度は暦に堪能なBさんがこの記述をみて不審に思って訂正した。Bさんはどこをおかしいと思ったかというと「歳次丁未九月廿一日己亥」の部分である。これは元嘉暦では「戊申の年の九月廿一日」でなければならないからである。Bさんは大化三年と「戊申年の九月廿一日己亥」は一年違いであることはわかっていたが、史料の記述を大事にして、「歳次干支」の部分のみを訂正した。すなわちBさんはAさんにより「大化三年歳次丁未九月廿一日己亥」と訂正されたものを「大化三年歳次戊申九月廿一日己亥」と訂正した。こういう経過だったのではないかと考えられるのである（図26）。

『法隆寺流記資財帳』の「大化三年歳次戊申九月廿一日己亥」という記述は、大化四年（六四八）に近畿天皇家が元嘉暦を使用していた証拠だと思う。すなわち孝徳天皇の四年には、近畿大和でも元嘉暦は使用されていたと考えられる。

二、船王後墓誌銘

船王後墓誌銘は、近畿天皇家がいつから歳次干支を「干支の年」の意味で使用したか、の追究にとりあげた史料である。そしてこの史料は、近畿天皇家がいつから歳次干支を「干支の年」の意味で使用したか、ということを考察するためには不適当な史料であるということを述べた。しかしそのなかに、

殯亡於阿須迦　天皇之末歳次辛丑十二月三日庚寅

〔読み下し文〕
阿須迦の天皇の末、歳次辛丑の十二月三日庚寅に殯亡す。

という記述があった。そして「辛丑年の十二月三日庚寅」は、舒明天皇十三年の十二月三日の元嘉暦による正しい暦日干支であった。日本書紀には舒明天皇十三年十二月の記述は存在しない。従ってこの暦日干支は、日本書紀の記述を参考にして作成されたものではないのである。過去のある日の暦日干支を、暦法に無縁の一般の人が確定できるものではないであろう。従ってこの記述は舒明天皇の時

代には近畿天皇家でも元嘉暦が使用されていたと考えるべきものであろう。日本書紀にはこれを支持する記述がある。推古天皇十年十月条である。

冬十月に、百済の僧観勒来けり。仍《よ》りて暦の本及び天文地理の書、幷て遁甲方術の書を貢る。……陽胡史《やごのふひと》の祖玉陳《たまふる》、暦法を習ふ。

推古天皇の十年に百済僧観勒が暦本をもたらし、陽胡史の祖玉陳に暦法を教えたとされている。二三四ページで述べたように、この当時の百済の使用していた暦は元嘉暦であるから、観勒によりもたらされた暦は元嘉暦である。近畿天皇家は、推古天皇の時に元嘉暦を修得したのである。この年から推古末年までは二六年もある。しかし、古事記は推古天皇の崩御年月日を元嘉暦では記述していない。おそらく推古在位中の「ある年」という中途半端な年から元嘉暦を使用することを避けたのだと思う。日本書紀の記述する近畿天皇家の元嘉暦から儀鳳暦への切り替えの状況をみてみると、持統四年に儀鳳暦の使用を開始していたが、その後しばらくは元嘉暦と儀鳳暦を併用していた。そして〝日本書紀上の持統末年〟までは、元嘉暦で記述されており、文武元年から儀鳳暦に切り替えていた。くわしくみれば日本書紀が、「持統天皇が譲位した」とする六九七年の八月朔までは元嘉暦による記述であり、文武天皇治世のスタートとなる同じ日を続日本紀は儀鳳暦による暦日干支で記述している。六九七年の八月朔日の干支が元嘉暦と儀鳳暦では一干支異なるのでそれがわかるのである。元嘉暦の使用開始も同じことであろう。推古天皇末年までは、それまで使用していた古い暦を使用し、区切りのよい舒明天皇元年からそれまでの暦を元嘉暦に改めたのだと思う。従って近畿天皇家の元嘉暦の使用開始は六二九年の舒明元年であろう。

ここまで「歳次干支」と元嘉暦について述べてきた。それにより次の事が判明した。すなわち「歳次干支」はどちらの意味で使用されているか、そして暦日干支は元嘉暦か否か、この二つは飛鳥時代と白鳳時代の史料について、それが同時代史料か否かを判定する際の簡便で重要な判定材料であるということである。

「歳次干支」と元嘉暦による史料判定法

(1)「歳次干支」が「干支の年」の意味で使用されている場合は、

①九州王朝の勢力圏で作成されたもの

②西暦七〇〇年以降の近畿大和勢力圏で作成されたもの

のどちらかである。

(2)「歳次干支」が「干支の翌年」の意味で使用されている場合は、西暦六九九年以前の近畿大和勢力圏で作成されたものである。

(3)年月日の記述に元嘉暦が使用されている場合は、

①九州王朝の勢力圏で作成されたもの

②西暦六二九年以降の近畿大和勢力圏で作成されたもの

のどちらかである。

なお「歳次干支」について付け加えると、この言葉の使用そのものが中国においても意外に遅いということである。春秋左氏伝・書経・国語・論語・呂氏春秋・戦国策・淮南子・論衡・礼記などの管見に入った中国古典には「歳次干支」という言葉は見られない。中国二十四正史の中でようやく、四八八年成立の宋書の第一巻・本紀第一・武帝上、すなわち宋書の開巻早々に「晋哀帝興寧元年歳次癸亥」と出現するのが最初である。それより古い「歳次干支」の使用例はみつけることができなかった。「歳次干支」という言葉は、中国においても四世紀～五世紀初頭ころから使用されるようになった比較的新しい言葉なのではないかと思われる。

6　再建法隆寺の謎

第一章において、大海人皇子は九州王朝の皇子であることが判明した。そして第二章において、持統天皇は実は天皇に即位してはおらず、日本書紀の記す持統四年から持統十年までは高市天皇の時代であったことが判明した。そして現在、法隆寺釈迦三尊像と呼び習わされている釈迦三尊像は九州王朝の王「阿毎多利思比孤＝上宮法皇」を象って作成されたものであること、その筑紫釈迦三尊像を大和に移送させたのは高市天皇であることも判明した。しかし、ここから法隆寺の新たな謎が始まるのである。現在の法隆寺は、何故、そしていつから聖徳太子を祭るようになったのか？　これこそが再建法隆寺の謎なのである。

法隆寺の歴史をひもといてみると、『法隆寺流記資財帳』に次の記述がある。

奉爲池邊大宮御宇
天皇幷在坐御世御世
天皇歳次丁卯、小治田大宮御宇
天皇幷東宮聖徳法王、法隆學問寺、幷四天王寺、中宮尼寺、橘尼寺、蜂岳寺、池後尼寺、葛城尼寺乎敬造仕奉、……

（竹内理三編『寧樂遺文　中巻』訂正八版、東京堂出版、一九九七年、三四四ページ）

〔読み下し文〕
池辺の大宮に御宇《あめのしたしらす》天皇ならびに御世御世《みよみよ》にいます天皇の為に、歳次丁卯に小治田の大宮に御宇天皇ならびに東宮聖徳法王、法隆学問寺、ならびに四天王寺、中宮尼寺、橘尼寺、蜂岳寺、池後尼寺、葛城尼寺を敬造し仕へ奉るものなり。……

法隆学問寺以下七つのお寺は、歳次丁卯年に聖徳太子により建立されたものであるとされている。しかし、一年でこれらのすべてのお寺を建立できるものではないであろうから、歳次丁卯年に最初のお寺の建立が始まったとするか、あるいはこれらのお寺の建立は数年前から始められており、最後のお寺が歳次丁卯年に完成したとするか、どちらかにするべきものであろう。
そしてこの「歳次丁卯年」は「丁卯に次ぐ年、すなわち戊辰年」のことであり、六〇八年の推古十六年であることを二五三ページで述べた。しかしこの聖徳太子の創建になる法隆学問寺は天智九年に大火災に遭い消失する。日本書紀に記述されている。

天智九年
夏四月の癸卯の朔壬申に、夜半之後《あかつき》に法隆寺に災《ひつ》けり。一屋も余《あま》ること無し。大雨ふり、雷震《いかづちな》る。

「一屋も余ること無し」という未曾有の大火災であった。従って現在の法隆寺は再建された法隆寺である。ところで日本書紀天智八年にも斑鳩寺（法隆寺）の火災記事がある。

天智八年
十二月に、大蔵に災《ひつ》けり。
是の冬に、高安城を修《つく》りて、畿内の田税を収《をさ》む。時に、斑鳩寺に災《ひつ》けり。

斑鳩寺とは法隆寺の古称である。法隆寺は二年連続して火災にあったことになる。ところが『法隆寺流記資財帳』には法隆寺火災の事は、まったく記述されていない。そのため、昭和十四年ころまでは、日本書紀の法隆寺火災記事は誤りであり、現在の法隆寺は聖徳太子創建当時のものであるとする説、すなわち法隆寺非再建説と、法隆寺は日本書紀の記述するように天智九年に一屋も余すことなく焼失したのであり、現在の法隆寺はその後の再建になるものであるとする再建説が対立していた。再建論者には歴史学者の小杉榲邨《こすぎおんそん》・黒川真頼《くろかわまより》・喜田貞吉などがおり、一方の非再建論者には美術史家や建築史家を中心として伊藤忠太・平子鐸嶺《ひらこたくれい》・関野貞《せきのただし》・足立康《あだちやすし》らが名を連ねていた。当時、学会を二分して論争は白熱していたとのことである。

この論争に決着を付けたのは「若草伽藍跡」の発掘調査である。法隆寺敷地内に昔から「若草伽藍跡」と呼び習わされている区画が存在した。『日本歴史大辞典』（日本歴史大辞典編集委員会、河出書房新社、一九七九年）によれば、その最古の文献は江戸時代の僧良訓《りようくん》の編による『古今一陽集《こきんいちようしゆう》』のようである。それには「又土俗伝云、昔日有謂若艸之伽藍、其若艸之纔隔墻壁也」とあるようである。そして昭和十四年十月、石田茂作氏による「若草伽藍跡」の発掘調査がおこなわれた。それによると方位にして現法隆寺に約十三度の傾きを持つ伽藍址の存在が浮かび上がり、相互の位置関係から現法隆寺と伽藍址の寺院は同時には存在しえないことが判明した。これにより現在の法隆寺は再建であることが確定した。

現法隆寺は再建されたものであるが、その再建がいつのことなのか、今のところ不明とされている。そして、この再建法隆寺は再建された時から聖徳太子を祭るお寺、あるいは梅原猛氏の説によれば聖徳太子の怨霊鎮めのためのお寺であるとされている（『隠された十字架―法隆寺論―』）。しかしそのような法隆寺というものは、これまでの私が復元した飛鳥・白鳳時代の姿からは肯定できない。

再建法隆寺（現在の法隆寺）は、決して聖徳太子を祭るお寺として再建されたものではない。何故ならば創建法隆寺の火災炎上は天智九年であるので、その再建はどうしても天智十年以降のことになる。天智の在位は十年までであり、法隆寺の火災炎上の二年後は天武天皇の元年、すなわち壬申の乱の年である。従って普通に考えれば法隆寺の再建は天武天皇二年以降のことになる。そして天武天皇、あるいはその子孫にとっては聖徳太子は尊崇の対象ではない。天武天皇、あるいはその子孫が聖徳太子尊崇のために、焼失した法隆寺を再建したとは考えられない。そして今、その再建法隆寺には〝筑紫釈迦三尊像〟が安置されている。現在、法隆寺釈迦三尊像と呼び習わされている仏像は、聖徳太子を象って作成されたものではない。九州王朝の王・上宮法皇こと「阿毎多利思比孤」を象って作られたものである。その筑紫釈迦三尊像が法隆寺釈迦三尊像として再建法隆寺にある。日本書紀持統六年閏五月の詔、

己酉（十五日）に、筑紫大宰率河内王等に詔して曰はく、「沙門を大隅と阿多とに遣して、仏教を伝ふべし。復《また》、大唐の大使郭務悰が御近江大津宮天皇《あふみのおほつのみやにあめのしたしらしめししすめらみこと》の為に造《つく》れる阿弥陀像《あみだのみかた》上送《たてまつ》れ」とのたまふ。

これは現在、法隆寺釈迦三尊像と呼び習わされている筑紫釈迦三尊像を筑紫から取り寄せるための高市天皇の詔である。この筑紫釈迦三尊像が再建法隆寺にある。すると、再建法隆寺は筑紫釈迦三尊像を安置するために建立されたお寺であると考えなければならない。再建法隆寺は、九州王朝の王・上宮法皇こと阿毎多利思比孤を尊崇するためのお寺なのである。そしてそれ（再建法隆寺の金堂）は筑紫釈迦三尊像を筑紫から大和へ移送させた持統六年（六九二）閏五月までには完成していたのであろう。ところが、その再建法隆寺がいつのまにか聖徳太子を顕彰するためのお寺に変化している。これ

は大いなる謎であり、本書の主要仮説「大海人皇子は九州王朝の皇子である」という仮説を根底から揺るがす大問題である。

しかし、その謎を解き明かすことは難しい。ひとつ考えられることは、上宮法皇と聖徳太子は時代を同じくする人物であり、等しく仏教を篤く信奉し、年齢も同じくらい、しかも一年ちがいで亡くなる等、類似点が非常に多いことである。そして九州王朝出身の天武天皇と高市天皇は近畿天皇家を乗っ取ったにも拘わらずそれを隠蔽している。日本書紀では、天武天皇は舒明天皇の皇子とされている。何故、天武天皇は自分自身の出自を偽らねばならなかったのか、それは謎である。とにかく天武及び天武の子孫は近畿天皇家の人間になりきろうとしている。あるいは再建法隆寺も同じことなのかもしれない。高市天皇は「栄光の九州王朝」の再現を夢見て、焼け落ちた斑鳩寺の址に法隆寺を再建した。そしてそこに隋の煬帝と対等に渡り合った偉大なる九州王朝の王・阿毎多利思比孤＝上宮法皇の像を筑紫から取り寄せて祭った。大和の人びとはそれを聖徳太子と誤解した。再建法隆寺を聖徳太子を祭る寺と誤認した。しかし高市天皇以下歴代天皇はそれをあえて否定しなかった。天武一族には、法隆寺および釈迦三尊像は偉大なる九州王朝の王・阿毎多利思比孤＝上宮法皇のためのお寺であり仏像であるが、一般民衆には聖徳太子のためのお寺であり仏像であると認識されていた。

七七〇年になり、天武系王朝は滅亡し、光仁・桓武が天皇となり天智系王朝が復活した。天智系天皇家にとっては、九州王朝という言葉は禁句である。極力九州王朝の存在を抹消したはずである。このために平安貴族の意識から、法隆寺および釈迦三尊像は偉大なる九州王朝の王・阿毎多利思比孤＝上宮法皇のためのお寺であり仏像であるとの認識は急速に消失していったのであろう。こうして再建法隆寺は、もとから聖徳太子を祭るために建立された寺であると認識されるようになっていった。この推理にたてば、再建法隆寺が明確に「聖徳太子を祭るためのお寺」となったのは、光仁・桓武以降ということになる。しかし、この解釈では『法隆寺流記資財帳』の記述や法隆寺薬師如来像の作成が説明できなくなる。やはり「再建法隆寺は何時から聖徳太子を祭るようになったのか」ということは未だ謎のままである。

天武系王朝が自らの出自を偽り、九州王朝の子孫であることを隠蔽したのは対唐対策なのかもしれない。卑弥呼の時代以来の倭国は九州王朝として発展し、六六三年には朝鮮における覇権をかけて大唐帝国に対して戦を挑んだ国である。そして大敗北を喫し、それを契機に滅亡へ向かった。近畿大和の天武系王朝は、実はその九州王朝であり、応神・継体以来の近畿天皇家を乗っ取ったものである。もしもそのことが唐にバレたら、唐は九州王朝の末裔である天武系王朝を滅ぼすために攻めてくるかもしれないと恐れたのではなかろうか。そのために天武天皇・高市天皇は、己が九州王朝の子孫であることを隠蔽したのではなかろうか。そのために法隆寺釈迦三尊像は九州王朝の王・阿毎多利思比孤＝上宮法王のことであり、再建法隆寺はその阿毎多利思比孤＝上宮法王を祭るためのお寺なのであるが、一般民衆が法隆寺釈迦三尊像は聖徳太子であり、再建法隆寺は聖徳太子を祭るためのお寺であるとして信仰しだしたときに、それをあからさまに否定することができなかったのではなかろうか。

第八章　友田吉之助説「異種干支紀年法」を駁す

1　友田吉之助氏の「異種干支紀年法」という説

日本の古代には異種干支紀年法が存在した、とする説がある。現行干支の循環連続による紀年法とは異なり、「現行の干支から一年引き下げられた干支紀年法」および「現行の干支から二年引き上げられた干支紀年法」の二つの異なる干支紀年法も併行して使用されていたとする友田吉之助《ともだきちのすけ》氏の説である。友田吉之助氏は、現行干支紀年法とは異なるこれらの干支紀年法を異種干支紀年法と名付けられた。この異種干支紀年法に関連して、古事記偽書説に立つ大和岩雄氏は次のように述べておられる。

だから友田氏の二年繰り上がる干支紀年法を論破しない限り、偽書説の否定は成り立たない。しかし反論はまったくないのである。

（大和岩雄『古事記と天武天皇の謎』六興出版、一九七九年、六五ページ）

古事記偽書説には、古事記を本物とする論者が反論したことのない（あるいは反論できない）強固な核となる部分があると述べている。それが友田氏の「二年繰り上がる干支紀年法」である。そしてどうやらこれが、古事記偽書説の牙城のようである。改めて言うまでもなく私説は古事記を本物とする説である。そこで友田氏の「二年繰り上がる干支紀年法」を論破すべく、それがどのようなものであるか見てみることにした。友田吉之助著『日本書紀成立の研究　増補版』（再版、風間書房、一九八三年）である。友田氏のこの著書を以後『友田著書』と略することにする。

友田吉之助氏によれば、日本における干支紀年法について、「一年ずれている紀年法が存在した」とする説を初めて唱えられたのは木村正辞《きむらまさこと》氏とのことである。木村正辞氏は万葉集の左注に見られる紀年について次のように述べておられる。

> 本集の左注に天智天皇の御世の年紀《トシタテ》と、持統天皇の朱鳥の年号とを記せるに、今本の日本書紀とは一年つゝの差進《タガヒ》あるを、誰も誤り也とのみおもひてをるめり伴ノ信友がながらの山風にも、誤りなりといへり、されど一《ヒト》ところ二《フタ》どころこそあらめ、いとおほかるを悉く誤とはいひがたし、且今本の日本書紀の此あたりの年紀には、後人の改更せしにやとおぼゆるところところもあれば、如何あらんと古書どもを参考するに、左注の年紀《トシダチ》と同じきがこれかれあり、……
>
> （木村正辞「左注日本紀年紀考」『万葉集美夫君志』訂正再版、光風館書店、一九一〇年）

木村正辞氏のこの研究の上に立ち、友田吉之助氏は、さらにそれを深め、日本の古代においては飛鳥時代から平安時代までの期間に三種類の干支紀年法が存在し使用されていたという説を提唱された。

それが現行干支紀年法と上述の二つの異種干支紀年法である。そして「一年引き下げられた干支紀年法」や「二年引き上げられた干支紀年法」の例として、次の例を挙げておられる。

一年引き下げられた干支紀年法

①続日本紀・文武二年条に記述されている天智五年（六六六）の記事。

②万葉集一八番歌左注の天智六年（六六七）の記事。

③日本書紀異本（北野本）記載の持統六年（六九二）の記事。

④万葉集五〇番歌左注の朱鳥七年（朱鳥七年＝持統七年ならば六九三年）の記事。

⑤続日本紀・廃帝の天平勝宝九年（七五七）の記事。

二年引き上げられた干支紀年法

一、仏教公伝に関する扶桑略記の欽明十三年（五五一年ころ）の記事。

二、『政事要略』による敏達元年、すなわち聖徳太子誕生年（五七五）の記事。

三、『濫觴抄《らんしようしよう》』の推古十年（六〇二）の記事。

四、『政事要略』の推古十二年（六〇四）の記事。

五、『菅家文草《かんけぶんそう》』の貞観七年（八六五）の記事。

友田吉之助氏による「一年引き下げられた干支紀年法」の例は、①の六六六年から⑤の七五七年の範囲にわたって存在している。また、「二年引き上げられた干支紀年法」の例は、五五一年ころから八六五年までの範囲に存在している。すると友田吉之助氏によると、少なくとも天智五年の六六六年から天平勝宝九年の七五七年までの期間には、上述せる三種類の干支紀年法が同時に存在し使用されていたということになる。確かに現在でも日本においては西暦による紀年法と天皇の元号による紀年法の二通りの紀年法が使用されている。「二〇〇六年」と言えば、これは西暦での紀年である。一方、「平成十八年」と言えば、西暦二〇〇六年を「天皇の元号」により表示したものである。「天皇の元号」による紀年法を使用する場合は、ほとんどの場合、必ず元号名を頭に冠するから、それを西暦での紀年と誤ることはない。しかし友田吉之助氏の説は干支による紀年法でありながら、ある一つの干支が同時に三つの年を指したというのである。これを具体的に表現すれば次のようなことになる。

西暦六七〇年のある日、すなわち日本書紀で言えば天智天皇九年のある日、A氏、B氏、C氏の三名が集まって数年前の丙寅年のことについて話し合っていた。現行干支紀年法では、そのころの丙寅年は西暦六六六年である。すなわち四年前のことを話し合っていたのである。A氏は現行干支紀年法と同じ干支紀年法を使用して六六六年の意味で、「あの法律は丙寅の年から効力があるとのことだ」と言った。しかしそれを聞いた隣のB氏はこれを「一年繰り下げられた干支紀年法」で理解していた。すなわち西暦六六七年の意味で理解していた。しかし、さらにその隣のC氏は、A氏の言った「丙寅年」を「二年繰り上げられた干支紀年法」、すなわち西暦六六四年のこととして理解していた。

はたしてこのようなことで日常会話や社会生活が成り立つものであろうか。年月日は契約に際しての期限に関係する。貸したものをいつ返してくれるのか？　同時に三種類の干支紀年法が存在する世界では、返却期限が不明瞭となる。貸し借りなどということは生じえない。また権力者が政策を徹底させることも困難となる。これこれの法律はいつから実施する、ということが徹底できないからである。はたしてこのようなことが有りうるのであろうか。常識的に考えてもこのようなことはありえないのではなかろうか。

私はこれらの「一年引き下げられた干支紀年法」、あるいは「二年引き上げられた干支紀年法」のようにみえるものは、実は「歳次干支《さいじかんし》」を主とする二〜三の言葉の誤解・誤読から生じたものであると思う。私は『古代天皇実年の解明』において、「歳次干支」には三種類の意味が存在することを論証した。それは次の三つである。

①歳は干支に次《やど》る（宿る）⟶干支の歳
②歳は干支を次ぐ　　　　⟶干支の前年
③歳は干支に次ぐ　　　　⟶干支の翌年

これを「丙寅―丁卯―戊辰」の連続する三つの干支を使用して説明しよう。歳次丁卯は丙寅年のこともあれば丁卯年のこともあるし、さらには戊辰年のこともあるのである。歳次丁卯を「歳は丁卯に次《やど》る」と読めばそれは丁卯年のことである。「歳は丁卯に次ぐ」と読めばそれは戊辰年のことになる。そして「歳は丁卯を次ぐ」と読めばそれは丙寅年のことなのである。従って解釈の仕方により歳次丁卯には最大で二年の違いが出てくる。これが「二年引き上げられた干支紀年法」のように見えているものの実体である。あるいは①を②と誤解した時とか、①を③と誤解した場合は、その差は一年である。これが「一年引き下げられた干支紀年法」のように見えているものの実体である。これらの誤解の上に改変されて記述されたものが、友田吉之助氏が指摘されている「一年引き下げられた干支紀年法」や「二年引き上げられた干支紀年法」なのである。
次節以下では友田吉之助氏が「一年引き下げられた干支紀年法」、あるいは「二年引き上げられた干支紀年法」の例として使用されているもののうち代表的な例について、その問題点と友田吉之助氏の原文（あるいは要略）を掲載し、次にそれに対する私説を述べることにする。

2 友田説「一年引き下げられた干支紀年法」の例の検討

ここでは友田氏が「一年引き下げられた干支紀年法」の例として使用されたもののうち、その代表的な例について検討を加えるが、論証を理解しやすくするために検討の順番が三二九ページの記載順とは異なっていることをお許し願いたい。

【第一例】 日本書紀異本（北野本）の持統六年条の記述の問題。
現存日本書紀通行本と日本書紀異本（北野本）において、持統六年の四月朔が異なる。
現存書紀通行本　　　…（持統六年）夏四月丙申朔丁酉（二日）……
現存書紀異本（北野本）…（持統六年）　四月戊子朔己丑（二日）

問題点
現存書紀通行本は持統六年四月朔を丙申としているが、現存書紀異本（北野本）は、これを戊子としている。月朔が合致しない。

友田説（原文）

……すなわち持統天皇六年の条に、

夏四月丙申朔丁酉。贈大伴宿禰友国直大弐。并賜賻物。

とあるが、現存書紀諸本の中、北野本には「四月丙申朔丁酉」が「四月戊子朔己丑」とされている。字形から見て北野本の誤写とは考えられないが、さらに検討してみると、「四月丙申朔丁酉」は「四月二日」であり、「四月戊子朔己丑」もまた「四月二日」である。してみると、両者は同一の日付を示しており、従って両者の間には「換算」という操作が介在していることは明らかである。ところで「戊子」と「丙申」では、朔に八日の差を生じているが、同一の月の朔において、八日の差を生ずる暦が存在するはずはない。

これは不可解に思われるかも知れないが、試みに現行長暦によって「戊子朔」に近い暦日を探索してみると、持統七年に、「五月己丑朔」と「七月戊子朔」がある。してみると、持統七年七月に位置することになるが、四月が七月に位置することはあり得ないことであるから、朔に一日の差のある五月に位置するものと考えられる。してみると北野本に内在するこの暦日は、後に述べるごとく現存続日本紀に内在する「天平勝宝九歳三月二十九日辛酉」と全く同一性質の暦日であることがわかるのである。すなわち北野本の「四月戊子朔己丑」は、壬辰年（持統六年）と称しているにも拘らず、実は干支一年引き下げられた癸巳年（持統七年）に位置する暦日と解せられるのである。
（『友田著書』二九三ページ）

私　説

友田吉之助氏は現存書紀の北野本に使用されている暦日は、

図27　書紀北野本と通行本書記の持統六年四月朔

戊子—己丑—庚寅—辛卯—壬辰—癸巳—甲午—乙未—丙申
　　1　　2　　3　　4　　5　　6　　7　　8
→書紀北野本の持統六年四月朔（戊子）
→通行本の書紀の持統六年四月朔（丙申）

①異なる暦法による暦日である。
②ひと月違いの月朔干支である。
③干支ひとつ分のずれがある。

と三つの仮定を設定したうえで、干支を一年ひき下げられた紀年法であると説明しておられる。しかし、これは干支紀年法は同一であり、異なるのは暦法だけなのである。友田吉之助氏は「同一の月の朔において八日の差を生ずる暦が存在するはずはない」と述べておられるが、実はその「同一の月の朔において八日の差を生ずる暦」が存在するのである。すなわち古事記の使用した暦である。古事記の記す推古没年の三月朔の干支は日本書紀の記す三月朔の干支から八干支後れの干支であった。北野本の四月朔の干支「戊子」も、元嘉暦での四月朔の干支「丙申」からは八干支後れの干支である（図27）。

北野本のこの暦日は、古事記の使用した推古没年月日の暦日の暦と同一の暦であろう。そして干支紀年法は、現行干支紀年法と同一の干支紀年法である。この例は友田氏の「一年繰り下げられた干支紀年法」を明確に否定するとともに、第五章で述べた「古事記の使用した暦」の存在を強烈にアピールするものである。

【第二例】万葉集一八番歌の左注に見られる問題。
万葉集一八番歌の左注には次のような記述がある。

日本書紀曰。六年丙寅春三月辛酉朔己卯。遷都于近江。

問題点
万葉集の一六番から二一番までの歌は天智時代の歌となっている。従って万葉集一八番歌左注に「日本書紀曰」として「六年丙寅」と記述されている年は天智時代の「六年丙寅」のことである。そして「六年丙寅」はこれまで、「天智天皇の六年、丙寅年」という意味で解釈されてきた。しかし、現存書紀では天智元年は壬戌年であるから、丙寅年は天智五年なのである。万葉集一八番歌左注の引用する日本書紀なるものは天智時代のこの丙寅年を「六年」としており、一年ずれているのである。

友田説（要略）
友田吉之助氏はこの両者間のずれを一年引き下げられた干支紀年法によるものであるとして、次のように説明しておられる。

図28　天智在位年と現存書紀の紀年

現行干支の経過	辛酉	壬戌	癸亥	甲子	乙丑	丙寅	丁卯
現存書紀の紀年	斉明七年	天智元年	二年	三年	四年	五年	六年

図29　万葉集一八番歌左注の干支紀年と天智在位年の関係

左注の紀年		天智元年	二年	三年	四年	五年	六年
左注干支の経過		辛酉	壬戌	癸亥	甲子	乙丑	丙寅

図30　天智在位年と現行干支・左注干支の経過

現行干支の経過	辛酉	壬戌	癸亥	甲子	乙丑	丙寅	丁卯
天智在位年	斉明七年	天智元年	二年	三年	四年	五年	六年
左注干支の経過		辛酉	壬戌	癸亥	甲子	乙丑	丙寅

万葉集一八番歌左注の引用する日本書紀なるものは、天智時代の丙寅年の三月朔を辛酉としている。しかし現存日本書紀によれば天智時代の丙寅年の三月朔は丁卯である。三月朔の干支が合わない。ところが天智時代の丁卯年（六六七）の三月朔が辛酉である。すると万葉集一八番歌左注の引用する日本書紀なるものの言う「六年丙寅三月辛酉朔」とは、実際は現存書紀の言う「天智時代の丁卯年の三

月辛酉朔」のことである。この丁卯年は現存書紀では天智六年である。すなわち万葉集一八番歌左注の引用する日本書紀なるものは干支紀年法が一年引き下げられた干支紀年法による表記である。

(『友田著書』二八六ページ)

友田説を私の方でもう少し説明しよう。友田氏の説を図示すれば、図28・29・30のようになる。まず先に現存書紀の紀年は図28のとおりである。

次に万葉集一八番歌左注の引用する日本書紀なるものは「天智時代の丙寅年」を「六年」としている。これが天智六年の意味ならば乙丑は天智五年、甲子は天智四年、癸亥は天智三年、壬戌は天智二年、辛酉は天智一年(元年)である(図29)。

天智元年からの年の経過に合わせて現行干支の経過を右に、左注干支の経過を左に記述すると図30のようになる。図30より、左注干支の並びは現行干支の並びから一年ずつ繰り下げられていることは明瞭である。これに加えて、左注は「三月朔は辛酉である」と言っているが、三月朔が辛酉となるのも現行干支紀年法では天智六年の丁卯年なのである。

私説

以上が友田説の概略である。しかし、これは干支紀年法が一年引き下げられた干支紀年法による表記なのではなく、現存書紀の天智七年正月条に引用されている『或本』のいう「或本云、六年歳次丁卯三月、即位」の誤解によるものである。この意味は、正しくは「天智称制の六年、歳は丁卯を次ぐ

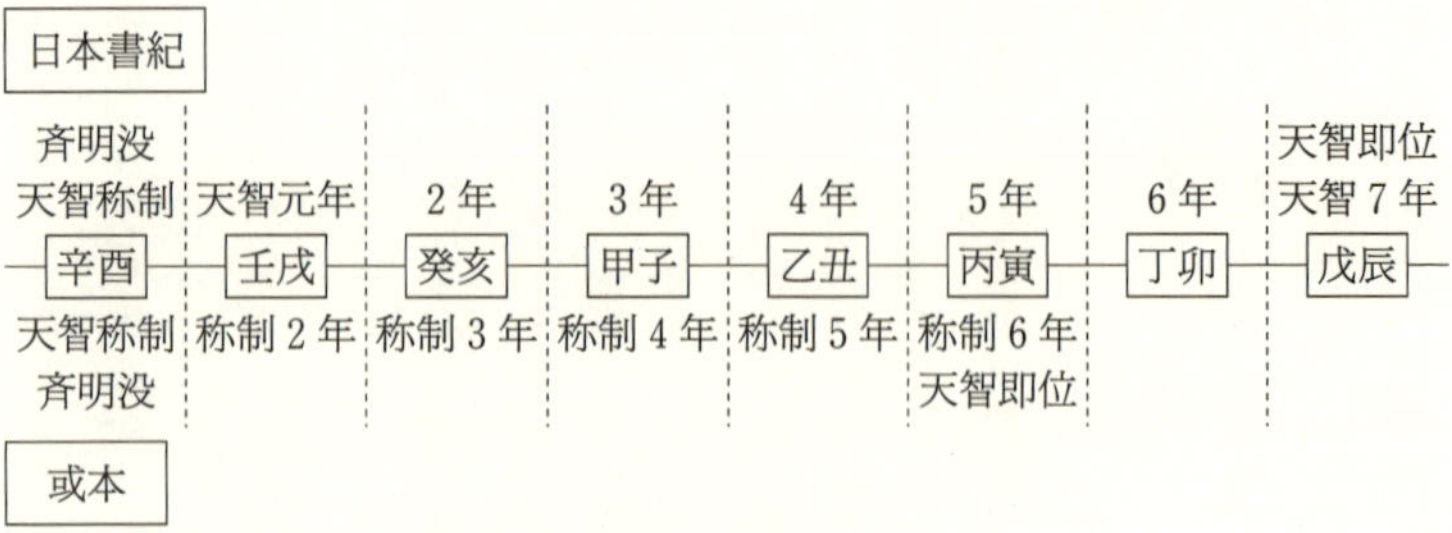

図31　斉明崩御から天智即位までの年次経過

年（丙寅年）の三月に即位」であった。すなわち「天智天皇の六年、丁卯年」と思われたものは実は「天智称制の六年、丙寅年」の意味なのである（図31および拙著『古代天皇実年の解明』I部第一章第八節参照）。

つまり万葉集一八番歌左注の引用する日本書紀なるものは、天智七年正月条に引用されている『或本』を正しく引用使用した。あるいは「正しく理解して引用使用した」というのではなく、単に、まったく手を加えずに引用使用したということなのかもしれない。それが「六年丙寅」である。そして、その正しい意味は「天智称制の六年、丙寅の年」なのである。

しかし現存書紀は、儒教思想による踰年元年の観念と怨霊思想による観念から天智の元年を斉明没年の翌年（踰年）の壬戌年に設定した。そのために現存書紀では天智六年は丁卯年なのである。従って万葉集一八番歌左注の引用する日本書紀なるものは現存書紀とは別ものである。おそらく現存書紀編纂のための校訂作業中の、ある校訂本であろう。

以上の私の論証からは、次の問題が生じることになる。すなわち万葉集一八番歌左注の引用する日本書紀なるものは「天智時代の丙寅年」の三月朔を辛酉としている、ということである。現存書紀の採用している暦での「天智時代の丙寅年」（現存書紀において天智時代を記述するのに使用されている暦は元嘉暦である）の三月朔は丁卯である。月朔の干支が一致しない。辛酉は丁卯から六干支遅れの干支である（図32）。

万葉集一八番歌左注の引用する日本書紀なるものの使用している暦は、現存書紀の使用している暦との間に天智時代の月朔の干支に六干支の差があることになる。正確には元嘉暦に六干支後れている。私説では、これがクリアできるか否かが問題となる。

それでは元嘉暦に六干支後れとなる暦について述べよう。古事記の記す推古没年の三月朔の干支は元嘉暦の記す同年三月朔の干支から八干支後れの干支であった。推古没年から天智七年まではちょうど四〇年である。この四〇年の間に古事記の使用した暦と現存日本書紀の暦の月朔の差が何らかの理由で二干支縮まったのではないかと考えることができる。岡田芳朗著『暦ものがたり』に次のような記述がある。

近年内田正男氏がコンピューターを使って編纂《へんさん》した『日本暦日原典』はこの点完璧《かんぺき》である。しかし、この本を使えば絶対に心配がないかというと必ずしもそうはいかない。というのは、この種の長暦類はその時代に用いられていた暦法に従って計算して、ある年次の暦を復原しているわけであるが、実際に使用された暦には、暦法の計算通りでないこ

図32　万葉集一八番歌左注と元嘉暦での天智丙寅年三月朔の干支

1　2　3　4　5　6
辛酉—壬戌—癸亥—甲子—乙丑—丙寅—丁卯
→万葉集一八番歌左注の三月朔　　→元嘉暦の三月朔

とが稀《まれ》にあるからである。

これは、司暦の役人の計算違いという場合もあるし、さまざまな理由で政治的に暦を変更した場合があるからである。たとえば、元日の日蝕を不吉だからと避けるために、前の月を小であるものを大にして日蝕を二日にずらしたり、閏月を意図的に後にまわしたり、朔旦冬至といって十九年目ごとに十一月朔日がちょうど冬至の日に当ることを祝うために多少の操作をしたりした結果、計算と実際の暦日とが違ってくることがあることである。

（岡田芳朗『暦ものがたり』角川書店、一九九八年、四四ページ）


岡田芳朗氏のこの論述によれば、次のことが可能性として浮上してくる。すなわち「古事記の使用した暦」による天智時代の月朔の干支は、暦法上の計算からは元嘉暦に七干支後れの干支だったのではないかということである。計算の上からは元嘉暦に七干支の後れであったが、当時の慣習上の事柄か、なんらかの物忌みなどの理由から実際には一干支繰り上げられた干支が天智時代の丙寅年の三月朔の干支として使用された。そのために元嘉暦から六干支後れの月朔干支となった。このような可能性も充分に成立するのである。

以上より、万葉集一八番歌左注の引用する日本書紀なるものの干支紀年法は、現行干支紀年法と同一であろう。そして使用している暦は、古事記の使用した暦と同一の暦であろう。

【第三例】 続日本紀の廃帝（淳仁天皇）即位前紀の記述の問題。

続日本紀の廃帝（淳仁天皇）即位前紀には、

（天平勝宝）九歳三月廿九日辛丑……（天平勝宝九歳）四月四日乙巳……

とある。すると天平勝宝九歳の三月は二十九日が「辛丑」であるから、その朔は「癸酉」である。また四月については、四日が「乙巳」であるからその朔は「壬寅」である。

問題点

ところが日本長暦・皇和通暦・三正綜覧などの現行長暦での天平勝宝九歳（七五七）の三月朔は「己酉」であり、天平勝宝九歳の四月朔は「戊寅」である。続日本紀の記述する廃帝の天平勝宝九歳三月朔及び四月朔の暦日干支は現行長暦での月朔干支と合致せず、いずれも三六干支の開きがある。

友田説（原文）

こゝにおいて三正綜覧を見ると、天平宝字二年四月朔が「壬寅」となっており、日本長暦も皇和通暦も、これと一致している。してみると淳仁即位前紀の「天平勝宝九歳四月四日乙巳」は、天平勝宝九歳と記されているにも拘らず、実はその翌年にあたる天平宝字二年に位置しているのである。

（中略）

してみると、この二個の暦日は、現行干支紀年法に較べ、年の干支が一年引き下げられているのである。

（『友田著書』三三一ページ）

友田説の問題点

続日本紀の廃帝（淳仁天皇）即位前紀の記す「天平勝宝九歳」は、友田氏の言われるように天平宝字二年の戊戌年のことだと仮定する。すると続日本紀の廃帝（淳仁天皇）即位前紀の記述は、天平宝字二年（戊戌年）の三月朔を「癸酉」、そして四月朔を「壬寅」としていることになる。一方、現行長暦での天平宝字二年の三月朔は「壬申」であり、四月朔は「壬寅」である。四月朔の干支は一致しているが三月朔の干支は一致しない。この説明が必要である。これに対して友田氏は、天平宝字二年（戊戌年）の三月朔を「癸酉」とする続日本紀の廃帝（淳仁天皇）即位前紀の記述は、当時の唐において実際に使用されていた大衍暦による暦日ではないか、としている。友田氏の説は以下のように続く。

中国の唐代の暦は戊寅暦を最初とし、以下次のように変遷する。

戊寅暦：六一九年行用開始。

麟徳暦：我が国での呼び名は儀鳳暦。唐では六六五年行用開始。

大衍暦：七二九年行用開始。我が国では七六三年（天平宝字七）から使用。

五紀暦：唐では七六二年行用開始。

宣明暦：八二二年行用開始。我が国では八六二年（貞観四）から使用開始。

七五八年、すなわち我が国での天平宝字二年のころは唐においては、すでに大衍暦が使用されていた。しかし、七五八年（天平宝字二）のころの我が国では、まだ麟徳暦（我が国での呼び名は儀鳳暦）を使用していた。我が国で大衍暦が使用されるようになるのは、続日本紀天平宝字七年八月条に「廃儀鳳暦始用大衍暦」とあるので、天平宝字七年からと考えられている。しかし、続日本紀の廃帝（淳仁天皇）即位前紀の記述から導かれる「天平宝字二年（戊戌年）の三月朔は癸酉」という記述は、麟徳暦（儀鳳暦）には合致しないが、大衍暦には合致するのである（平岡武夫著『唐代の暦』京都大学人文科学研究所、一九五四年参照）。これにより、友田氏は我が国でも天平宝字二年のころから大衍暦が使用されていたのではないか、としている。そのうえで、本例を「一年引き下げられた干支紀年法」によるものとしている。

私説

私説では、続日本紀の廃帝（淳仁天皇）即位前紀の暦日干支の齟齬については以下のように説明することができる。

続日本紀の天平勝宝九歳（七五七年の丁酉年）の三月と四月の「日の干支」は、日本長暦・皇和通暦・三正綜覧などの現行長暦とは異なる暦による暦日干支と考えることができる。続日本紀のこの記述のもととなった原史料が使用していた暦が、現行長暦と異なる暦なので天平勝宝九歳の三月朔と四月朔の干支は現行長暦のそれと異なるのである。続日本紀の記す天平勝宝九歳の三月朔は癸酉であり四月朔は壬寅であるが、現行長暦での三月朔は己酉であり四月朔は戊寅である。これを干支の差で考えるとその差は三六干支である（表19）。

表19　天平勝宝九歳（七五七年の丁酉年）**の三月と四月の朔**

	続日本紀	現行長暦	干支の差
三月朔の干支	癸酉	己酉	36
四月朔の干支	壬寅	戊寅	36

暦が異なる場合は、それが元嘉暦と儀鳳暦のように非常に類似した暦の場合であっても、ほとんどの場合、閏月の位置が異なるものである。従って、朔の干支が三〇干支ほどずれる場合がある。すなわち暦が異なる場合の三〇干支のずれは「同じ干支である」と見なしうるのである。天平勝宝九歳の三月朔および四月朔について、続日本紀と現行長暦との間に三六干支の隔たりがあるが、これは実は「六干支の隔たりである」とみなすことができる。すなわち続日本紀の原史料は、現行長暦に六干支後れとなる暦を使用している可能性がある。現行長暦に六干支後れとなる続日本紀のこの暦日干支は第二例の場合と同じである。本例も古事記の使用した暦と同一の暦による暦日干支であろう。そして干支紀年法は、現行干支紀年法と同一の干支紀年法であろう。

【第四例】 高安城の築城年に関する食い違い問題。

大和国の高安城の築城年について、日本書紀と続日本紀の記述に食い違いがみられる。

日本書紀天智天皇六年十一月条：是月。築倭国高安城。

続日本紀・文武天皇二年八月条：二年八月丁未。修理高安城。天智天皇五年築城也。

問題点

高安城の築城を現存書紀は天智六年としているが、続日本紀の文武天皇二年八月条ではこれを天智五年と記述しており、一年の違いがある。

友田説（要略）

友田吉之助氏は、この一年の食い違いを「(万葉集)左注所引の天智紀の紀年のずれと、照応することになるであろう」（すなわち一年引き下げられた干支紀年法によるものである）としておられる。

（『友田著書』二八八ページ）

私　説

この例も、万葉集一八番歌左注と同じように、「天智称制のn年」を「天智天皇のn年」と誤解したことによるものである。すなわち原史料には、単に「六年の丙寅年、倭国高安城を築く」と記述されていたのであろう。その本来の意味は「天智称制六年の丙寅年、倭国高安城を築く」ということであった。日本書紀は、原史料を使用するにあたって、「丙寅」という干支よりも「六年」という記述の方を重視した。しかも、これを「天智天皇の六年」と解釈したのである。一方、続日本紀の方は「丙寅」という干支の方を重視した。日本書紀本来の紀年法では、天智時代の丙寅年は天智五年である（三三八ページの図31参照）。そのために続日本紀では「天智天皇の五年、倭国高安城を築く」という記述になったのである。

図33　現存書紀の紀年と万葉集左注の紀年

干支の経過	丙戌	丁亥	戊子	己丑	庚寅	辛卯	壬辰	癸巳	甲午
左注の紀年						朱鳥五年		朱鳥七年	
現存書紀の紀年	天武十五年（朱鳥元年）	持統元年（朱鳥二年）	二年（三年）	三年（四年）	四年（五年）	五年（六年）	六年（七年）	七年（八年）	八年（九年）

【第五例】 万葉集左注にみられる朱鳥年号による紀年と干支紀年との間の食い違い問題。

①万葉集五〇番歌左注の「右日本紀曰、朱鳥七年癸巳秋八月。幸藤原宮地」という記述。

②万葉集一九五番歌左注の「日本紀曰、朱鳥五年辛卯秋九月己巳朔丁丑」という記述。

問題点

現存書紀では、天武十五年（六八六年の丙戌年）が朱鳥元年である。すなわち朱鳥元年は丙戌年である。従って、持統時代の癸巳年（上記の①の例）を朱鳥年号で表記するならば朱鳥八年でなければならないし、辛卯年（上記の②の例）は朱鳥六年でなければならない（図33）。

友田説（要略）

友田吉之助氏はこの二例を「一年引き下げられた干支紀年法によるもの」として採用しておられる。

（『友田著書』二八九〜二九六ページ）

私説

そもそも近畿天皇家の元号紀年では、朱鳥年号は元年のみである。なんとなれば天武天皇は、朱鳥元年の九月に亡くなり、日本書紀はその翌年を持統元年としているからである。従って、近畿天皇家の元号紀年では朱鳥は元年のみであり、朱鳥五年や朱鳥七年などの朱鳥二年以降の年表記は存在しないはずである。

しかし、『二中歴』には逸年号として「朱鳥」という年号が記述されている。その逸年号としての朱鳥年号は西暦六八六年（丙戌年）を元年として朱鳥九年まで存続している。「『二中歴』にみられる逸年号は九州王朝の使用した年号、すなわち九州年号である」ということについては、古田武彦氏が繰り返し論述されているところである。この九州年号による朱鳥七年（壬辰年）の出来事を、最初「朱鳥七年、歳次癸巳（歳は癸巳を次ぐ＝壬辰年）」と表記した記述が存在した。それが後になって「朱鳥七年、歳は癸巳に次《やど》る（癸巳年）」と解釈された。その結果、本来の丙戌年を元年とする朱鳥紀年とは別に丁亥年を元年とする誤った朱鳥紀年が生じてしまい、その結果、干支紀年との間に齟齬を生じたものと考えられる。友田著書二九二ページに掲載されている『一代要記』・『帝王編年記』・流布本『水鏡』等の記す「持統十年丙申」も同じ錯誤によるものであろう。

以上、五例を検討し、いずれも異種干支紀年法で解釈するよりも、より妥当な解釈が存在することを論証した。その妥当性のある解釈とは以下の三項目である、

一、古事記の使用した暦によるもの

二、歳次干支の誤解によるもの
三、「称制のn年」を「天皇のn年」と誤解したもの

3　友田説「二年引き上げられた干支紀年法」の例の検討

さてこれからいよいよ本章の最大の課題である友田説「二年引き上げられた干支紀年法」についての検討を開始しよう。なお、検討の順番が三二九ページの記載順とは異なる件については、前節同様ご了解願いたい。

【第一例】『濫觴抄《らんしようしよう》』の推古十年の記述の問題。
『濫觴抄』は鎌倉末期、あるいは室町初期の成立である。その『濫觴抄』には、

推古天皇十年壬戌十月。百済国僧観勒来貢暦本天文地理遁甲方術之書。或曰。庚申年云云。具在上年記。相違可勘之。

とある。この文は前段の方で、百済僧観勒の来朝は推古十年（西暦六〇二年の壬戌年）であると述べている。これは日本書紀と同じである。しかし文の後段では、『上年記』という文献は百済僧観勒の来朝を庚申年としていると述べている。

問題点

佚書《いつしょ》である『上年記』は、百済僧観勒の来朝及び暦本の伝来を庚申年のこととする異説の存在を伝えている。この庚申年は推古八年（六〇〇）であり、日本書紀が百済僧観勒の来朝した年とする推古十年との間には二年のずれが存在することになる。

友田説（原文）

異種の干支紀年法の存在したことを考えると、両者は別個の年を指しているにも拘らず、実は同一の年を指しており、壬戌説と庚申説との差異は、干支紀年法の相違に基づくものではないかと疑われるのである。もし干支紀年法の相違に基づくものとすれば、壬戌年と庚申年の差は二年であるから、現行紀年法に較べ、年の干支に二年差異のある紀年法が存在したことになるのである。

（『友田著書』四四〇ページ）

私　説

私説では、これは次のように説明できる。もともとの『上年記』には百済僧観勒の来朝及び暦本の伝来年を「歳次辛酉＝歳は辛酉を次ぐ年＝庚申年」と記述されていたのであろう。それを後世、「歳次辛酉＝歳は辛酉に次ぐ年＝壬戌年」と解釈するようになった。その後世の解釈による記述が現存日本書紀の記述である。このように考えれば、これは異種干支紀年法によるものではなく、単なる錯誤によるものと理解することができる。

【第二例】聖徳太子の誕生年に関する『政事要略』と『聖徳太子伝暦』の記述の問題。

『政事要略』　巻六十一

聖徳太子伝云。皇太子者。橘豊日天皇第一親王也。……敏達天皇元年甲午春正月一日。皇后巡行禁中。至于馬官。乃当廐戸。而不労忽産之

『聖徳太子伝暦』

（敏達天皇）元年壬辰正月一日。妃巡宮中。至于廐下。不覚有産。惣経一十二箇月矣。

友田説（原文）

すなわち両者は太子の誕生を敏達元年正月一日とする点においては、全く一致しているにも拘らず、伝暦は敏達元年を壬辰年とするのに対し、聖徳太子伝は甲午年としているのである。「壬辰年」と「甲午年」では、甲午年が二年後れているが、それを同一の敏達元年としているのは、不可解と言わねばならない。

（中略）

このように見て来ると、同一の敏達元年を「壬辰年」に当てるものと、「甲午年」に当てるものとがあり、そこに二年のずれを生じているのであるが、この二年のずれは、干支紀年法の相違に

基づくものと解せられるのである。すなわち、甲午年に当てる紀年法は、現行干支紀年法において敏達三年に位置する甲午年を二年引き上げて、敏達元年（壬辰年）に位置せしめているのであり、右に述べた扶桑略記欽明十三年の条に記されている干支紀年と同一性質のものであることがわかるのである。

（『友田著書』四四五ページ）

私説

これも第一例同様、「歳次干支」の誤解から生じた二年のずれである。原史料には「敏達元年、歳次癸巳」とあったのであろう。その意味は「敏達元年、歳は癸巳に次ぐ（すなわち甲午年）」である。『政治要略』はそれを正しく解釈し「敏達元年、甲午の年」としたのであり、一方の『聖徳太子伝暦』はこれを「敏達元年、歳は癸巳を次ぐ（すなわち壬辰年）」と解釈し、敏達元年を壬辰年としたのである。

【第三例】 政事要略の巻二十五の記述の問題。

『政事要略』の巻二十五には、

儒伝云。以小治田朝十二年歳次甲子正月戊申朔。始用暦日。

との記述がある。

問題点

「小治田朝十二年、すなわち推古十二年（六〇四）は甲子年である」という部分は現存日本書紀と一致している。しかし、『儒伝』は後段で「小治田朝十二年の正月朔は戊申である」と言っている。ところが現存日本書紀そして元嘉暦では推古十二年正月朔は「戊戌」であり、「戊申」ではない。

友田説（原文）

三正綜覧によって推古十二年付近において、朔が戊申の月を探索すると、「推古十年四月戊申」を求めることができる。しかしながら、もし暦法が相違する場合には、朔に一日の差を生ずることがあるから、干支一日の差のある月を探すと、「推古十年二月己酉朔」が求められる。儒伝には「正月戊申朔」とあるが、現存書紀の干支に合わないのであるから、誤記でなければ暦法か紀年法を異にしているに違いない。してみると、儒伝の指す「推古十二年歳次甲子正月戊申朔」は誤記ではなく、実は「推古十年（壬戌）四月朔」か、または「二月朔」に位置しているものと解せられる。この場合、暦法が相違すれば月名を異にする場合があるが、三か月の差は考え難いから、一か月差の「二月」と解すべきであろう。してみると儒伝に記されている暦日は、現存書記とは異なる暦法によっており、正月の位置が一か月ずれ、正月朔において一日のずれを生じている暦法であることがわかるのである。

翻って、紀年法についてみると、儒伝には「小治田朝十二年歳次甲子」とあるにも拘らず、実際の位置は「推古十年壬戌」に位置するから、儒伝の干支紀年法は現行干支紀年法に較べ、二年引き上げられていることは明らかである。

（『友田著書』四四一ページ）

私説

友田吉之助氏はこの部分を、

①異なる暦法による暦日である。

②ひと月違いの月朔干支である。

③干支ひとつ分のずれがある。

と、三つの仮定を設けたうえで、「『儒伝』の記述する推古十二年の暦日干支は日本書紀の推古十年の暦日干支に合致する」とし、従って「『儒伝』の干支紀年法は二年引き上げられた干支紀年法である」と結論している。①の「異なる暦法による暦日である」ということについては私説も同じであり、異論はない。しかし、②③は非常に問題のある項目であるように思われる。この②③の仮定を導入することの問題点については第五例を検討するときに述べることにする。

私説は、『儒伝』の記述は「歳次干支」の誤読によるものであり、干支紀年法は現行干支紀年法と同一であると考えるものである。『儒伝』の記述は、②③の仮定を設定したうえで漸く成立する異種干支紀年法を導入せずとも、①の「異なる暦法による暦日である」という仮定を導入するだけで説明可能なのである。

すなわち『儒伝』の言う「推古十二年歳次甲子」は、「推古十二年、歳は甲子を次ぐ年（すなわち

図34　推古時代の癸亥年（六〇三）の正月朔の干支

元嘉暦での朔 ↓

癸卯 ―1― 甲辰 ―2― 乙巳 ―3― 丙午 ―4― 丁未 ―5― 戊申

↓『儒伝』の暦での朔

癸亥年）」と解することができる。何故ならば、推古は崇峻没年に即位していた。従って、たとえ前天皇の没年であろうとも、その年に即位しておればその年をその天皇の元年とする古事記の記述方式からすれば、崇峻没年の壬子年が推古元年ということになる。従って、古事記では癸亥年は推古十二年なのである。

すると、『儒伝』の言う「小治田朝十二年歳次甲子正月戊申朔」は、「推古時代の癸亥年の正月朔日は戊申である」という意味なのである。ところで元嘉暦での推古時代の癸亥年（日本書紀の推古十一年）の正月朔は癸卯である。そして、『儒伝』の言う正月朔の干支「戊申」は元嘉暦による推古時代の癸亥年の正月朔の干支「癸卯」の五干支前の干支である。すなわち『儒伝』には、月朔干支が元嘉暦よりも五干支進んでいる暦が使用されているのである（図34）。

なお、「推古十二年歳次甲子」を「推古十二年、歳は甲子に次《やど》る」と解すれば、『儒伝』は「甲子年の正月朔の干支は戊申である」と言っていることになる。元嘉暦での推古時代の甲子年の正月朔の干支は戊戌であるから、この場合は、『儒伝』の暦は元嘉暦よりも一〇干支進んでいる暦となる。あるいは「推古十二年歳次甲子」を「推古十二年、歳は甲子に次ぐ」と解すれば、推古十二年は乙丑年のこととなる。推古時代の乙丑年の元嘉暦での正月朔は壬辰であるから、この場合、『儒伝』の暦は元嘉暦よりも一六干支進んでいるということになる。

もちろん、これらも可能性としては存在するが、元嘉暦に一〇干支進んだ暦としては、今のところ、これ以外にはその例をあげることができない。そのうえ、「古事記の使用した暦」は春秋戦国時代、あるいはそれ以前の中国古代暦であると思われるが、その「古事記の使用した暦」は推古時代の月朔干支が元嘉暦に八干支後れとなるものであった。そこに同じ推古時代を記述するのに元嘉暦に一〇干支進んだ暦が存在したとすると、両暦法間では月朔干支の差は一八干支となる。古代の中国暦の精度がいくら劣悪なものであったとしても、これは考えがたい。従って元嘉暦に一〇干支進んだ暦の存在の可能性は低い。

また、元嘉暦に一六干支進んだ暦の前提は、「推古十二年、歳は甲子に次ぐ（すなわち乙丑年）」ということである。推古十二年が乙丑年ならば、推古元年は甲寅年である。しかし、古事記は推古の元年を壬子年（五九二）としており、日本書紀の方は癸丑年（五九三）としている。そのうえ日本書紀は推古の即位そのものを壬子年としている。推古元年は壬子年か癸丑年のどちらかなのである。従って推古元年を甲寅年（五九四）とする「推古十二年、歳は甲子に次ぐ（すなわち乙丑年）」という解釈は成り立たないことになる。「元嘉暦に一六干支進んだ暦」の方も、その存在根拠を失うのである。

以上より、元嘉暦に一〇干支進んだ暦とか一六干支進んだ暦などの存在を考えるよりも、推古は崇峻没年に即位していることでもあり、その年を推古元年とする方を採用し、元嘉暦より五干支進んだ暦が存在したとする考えの方が正解であろう。

従って私説では、「推古時代の月朔干支を元嘉暦による月朔干支よりも五つほど進んでいる干支とする暦があるか否か？」これが次の問題となる。それについては次の第四例を検討する中で述べよう。

【第四例】『菅家文草《かんけぶんそう》』巻七の「祭連聡霊文」の記述の問題。

『菅家文草』は菅原道真著の漢詩文集である。その巻七の「祭連聡霊文」条に、

維貞観七年歳次乙酉九月甲子朔二十五日戊子。……

とある。貞観七年は西暦八六五年である。

友田説（原文）

「貞観七年歳次乙酉九月甲子朔二十五日戊子」とあるから、現行長暦と比較してみると、貞観七年が乙酉年であることは現行紀年法と一致しているが、現行長暦によれば、九月朔は己卯であって甲子ではない。菅家文草は九月二十五日を戊子としているから、朔は甲子に当り、誤写ではないことは明らかである。菅家文草の「九月甲子朔」を現行長暦の「九月己卯朔」と較べると、朔において十五日のずれを生じている。暦法が異なる場合でも朔に十五日の差を生ずることはないから、現行長暦によって貞観七年付近を検索して見ると、貞観五年十月朔が庚申であるから、朔に四日のずれを生じていることになる。朔における四日のずれは大きな差であるが、四分暦のような異質の暦法の場合は、時代が降るに従って、現行長暦との差は大きくなるから、菅家文草の祭文の暦日は、こゝに位置するものと解せられる。してみると、祭文の「九月甲子朔二十五日戊子」は「貞観七年歳次乙酉」と称しているにも拘らず、現行長暦上の位置は、貞観五年に位置し

ているのである。すなわち貞観七年を乙酉年としているにも拘らず、その乙酉年は、現行長暦の上では、癸未年に位置しているのであるから、明らかに年の干支が二年引き上げられているのである。しかも……、暦法も現行長暦とは異なる暦法によっていることは明らかである。

（『友田著書』四四九、四五〇ページ）

私説

『菅家文草』の「貞観七年歳次乙酉」を「貞観七年、歳は乙酉に次《やど》る、すなわち乙酉年」と読めば、この文は「貞観七年の九月朔は甲子である」と言っていることになる。しかし、現行長暦では貞観七年の九月朔は己卯である。甲子と己卯の差は一五干支である。すると、『菅家文草』の記述する貞観七年の九月朔の干支は、当時、大和朝廷で公式に採用されていた暦から一五干支後れた暦であるということになる。大和朝廷は貞観四年からは宣明暦を採用している。従って貞観七年の九月朔を己卯とするのは宣明暦による暦日である。ここで、元嘉暦による貞観七年の九月朔の干支を計算により求めてみると、それはやはり己卯であり、宣明暦と同じである。元嘉暦による西暦x年の正月朔及び各月の朔の干支の求め方は内田正男編著『日本暦日原典』の五二二ページに掲載されている。要約すれば以下のとおりである。

元嘉暦による西暦x年の正月朔は、

（1）$(1612+x)\times 235\div 19=A$余り$z$（この「余り$z$」は以下の計算には不要）

(2)A×(22207÷752)＝B＋(N÷752)（Nが「朔の小余」）
(3)B÷60＝C余りM（Mが「朔の大余」であり、朔の干支番号）
(4)朔の時間＝M＋(N÷752)

次いで元嘉暦による西暦x年の雨水中《うすいちゅう》は、

(i)(1612＋x)×222070÷608＝a余りn（nが雨水中の小余）
(ii)a÷60＝b余りm（mが雨水中の大余）
(iii)雨水中の時間＝m＋(n÷608)

こうして得られた正月朔の時間の［M＋(N÷752)］に、元嘉暦の一朔望月の29.53058を加えたものが二番目の月の朔である。三番目の月の朔は、さらにもう一回、29.53058を加えたものである。これを順次くり返して加えて次の月の朔を求めていく。

次に、(iii)で得られた雨水中の時間の［m＋(n÷608)］に、元嘉暦の一年、すなわち［222070÷608≒365.2426］を十二等分した値、すなわち［(222070÷608)÷12≒30.43722587］を加えたものが二番目の中《ちゅう》である。一年を十二等分した値というのは中の間隔のことである。さらに三番目の中は、もう一回、30.43722587を加えて得られる値である。四番目、五番目……　とこれをくり返して加えて次の中を求めていく。

これらの各月の朔、および中の数値を一線上にプロットしていく。すると、大体の場合は朔と朔の間に中が存在するが、まれに朔と朔の間に中がない区間がみられる。それはなぜかというと、朔と朔の間は29.53058であるが、中と中の間は30.43722587だからである。朔の間隔よりも、中の間隔の方がほんの僅かではあるが長いのである。そのために約三三カ月おきに朔と朔の間に中が存在しない月が出てくる。そして中国暦では、これを閏月とするきまりになっている。

こうして得られた朔の数値から、それに対応する干支を求めるには、合計から60を引けるだけ引き、60以下になった数値を干支番号表に照らし合わせて干支を決定するのである。たとえば合計から60を引けるだけ引いて残った数値が12.345であったとすると、その際の干支番号は、小数点以下を切り捨てた12である。干支番号表は内田正男編著『日本暦日原典』の凡例の七ページに「大余と干支の対照表」として記載されている。あるいは内田正男編著『日本書紀暦日原典』の表紙裏に「干支の番号表」として記載されている。

以上により元嘉暦による貞観七年（八六五）の正月朔を求めると次のようになる。

（1）(1612＋865)×235÷19＝30636余りz

(従って A＝30636)

（2）30636×22207÷752＝904699余り4

(従って B＝904699、N＝4)

（3）904699÷60＝15078余り19

表20　元嘉暦による貞観7年の月朔と中

	月　朔	中
正月	a＝19.005319	c＝36.1019736
2番目の月	a＋b＝48.535	c＋d＝66.539
3番目の月	a＋(b×2)＝78.066	c＋(d×2)＝96.976
4番目の月	a＋(b×3)＝107.597	c＋(d×3)＝127.413
5番目の月	a＋(b×4)＝137.127	c＋(d×4)＝157.850
6番目の月	a＋(b×5)＝166.658	c＋(d×5)＝188.288
7番目の月	a＋(b×6)＝196.188	c＋(d×6)＝218.725
8番目の月	a＋(b×7)＝225.719	c＋(d×7)＝249.162
9番目の月	a＋(b×8)＝255.249	c＋(d×8)＝279.599
10番目の月	a＋(b×9)＝284.780	c＋(d×9)＝310.037

正月朔の時間　19.005319＝a
元嘉暦の1朔望月　29.53058＝b
雨水中の時間　36.1019736＝c
元嘉暦における中から中までの間隔　30.43722587＝d

（従って M＝19）

（4）朔の時間＝19＋(4÷752)＝19.005319

次に元嘉暦による貞観七年（八六五）の雨水中を求める。

（i）(1612＋865)×222070÷608＝904716
余り62（従って a＝904716、n＝62）

（ii）904716÷60＝15078余り36
（従って m＝36）

（iii）雨水中の時間＝［36＋(62÷608)］
＝36.1019736

従って元嘉暦による貞観七年（八六五）の正月朔は19.005319、雨水中の時間は36.1019736となる。すると第二月、第三月……の月朔および中は表20のようになる。

次に、それぞれの月朔の数値、および中の数値を一線上に置いていこう。なお操作の簡略化のために、小数点以下の数字は略す（図35）。

図35より貞観七年（八六五）の一月から第九番目の月には、すべて中が存在する。すなわち、この間には閏月は存在しない。従って貞観七年には第九番目の月が九月である。その朔の数値は255.249である。255.249から60を引けるだけ引いていくと、15.249が残る。従って貞観七年の九月朔の干支番号は15である。干支番号表から15の干支を求めるとそれは「己卯」である。これは貞観七年当時の公式の暦である宣明暦による九月朔の干支と同じである。すなわち貞観七年の元嘉暦と宣明暦の月朔干支は同じなのである。

ただし、図35の二月朔は48となっている。これを干支に変換すると壬子となる。しかし内田正男編著『日本暦日原典』で確認してみると、同年の二月朔は宣明暦では49であり、干支で言えば癸丑である。すなわち貞観七年ころは、元嘉暦と宣明暦では月朔干支は同じであるか、あるいは宣明暦の方が一つ進んでいるかのどちらかなのである。

図35　元嘉暦による貞観七年の各月の朔と中の数値

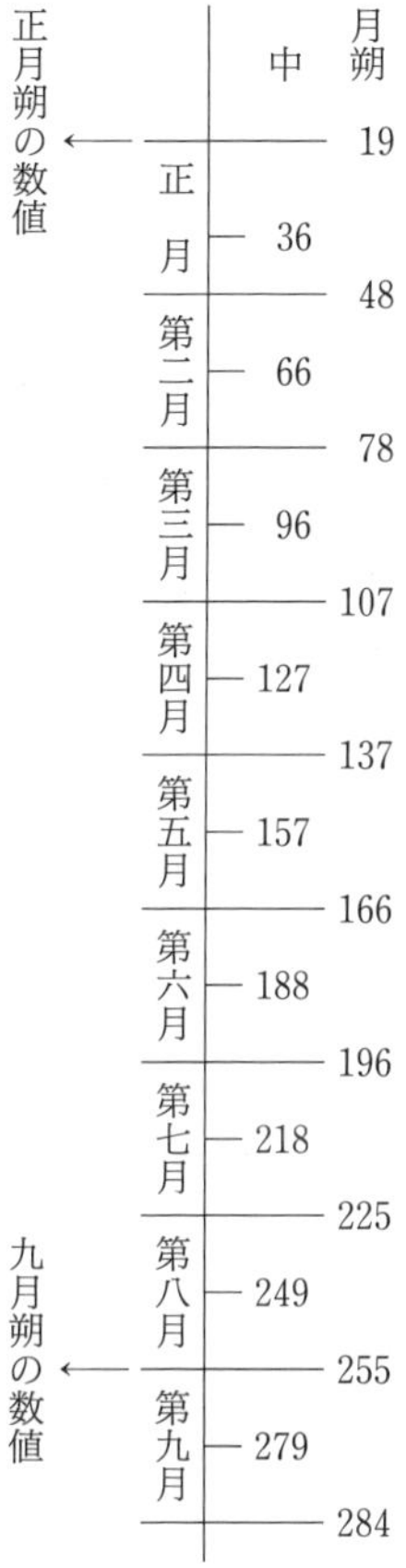

従ってこの『菅家文草』の記述は元嘉暦による暦日でもない。儀鳳暦・大衍暦も元嘉暦と同じか、あるいは干支一つ分異なるだけであるから、『菅家文草』の記述は、儀鳳暦でも大衍暦でもない。また、推古崩御年月日の記述に使用された古事記の暦は、元嘉暦よりも八干支後れの暦であった。従ってこの『菅家文草』の記述に使用された暦は古事記の使用した暦でもない。

そこで次に、これを「歳次干支」の誤読によるものではないか、と考えてみよう。『菅家文草』の「貞観七年歳次乙酉」の記述のもととなった原史料には「貞観五年歳次甲申」と記述されていたとする。その意味は「貞観五年、歳は甲申を次ぐ（すなわち癸未年）」である。これならば「貞観五年、癸未年」であり、元号紀年と干支紀年は合致している。ところがそれが後になって「歳次干支」を「歳は干支に次ぐ」と解釈するように変わった。「歳次干支」を「歳は干支に次ぐ」という意味で「貞観五年歳次甲申」を読むと、「貞観五年、歳は甲申に次ぐ（すなわち乙酉年）」となる。ところが貞観時代の乙酉年は貞観七年である。そのために「貞観七年、歳次甲申」と書き換えられた。しかしさらにその後、歳次干支は「歳は干支に次《やど》る（すなわち干支の年）」の意味で使用されるようになった。歳次干支を「干支の年」という解釈で「貞観七年、歳次甲申」という文をみると、明らかに誤りである。貞観七年は乙酉年だからである。そこで、この時「貞観七年、歳次甲申」は「貞観七年歳次乙酉（歳は乙酉に次《やど》る、すなわち乙酉年）」と書き換えられた。以上のような経過であったと考えると、『菅家文草』のこの記述は、最初は「貞観五年、癸未年九月甲子朔」であった、ということになる。現行長暦での貞観五年（癸未年）の九月朔は庚寅である。庚寅と甲子の差は三四干支である。すでに述べたように暦の種類が異なれば、閏月の位置が異なるので、そこから三〇干支の差はゼロと同じである。従って、ここはどちらかを三〇干支ほどずらして考えるべきものであろう。甲子を三〇干支ずらすとそれは甲午である（表紙裏の干支表参照）。甲午と庚寅との差は四干支である（図36）。

従って、『菅家文草』の月朔干支は、現行長暦の月朔干支よりも四干支進んだ暦ということになる。第三例は、推古時代の暦日干支が元嘉暦よりも五干支進んだ暦の例であった。本例は推古時代から二百六十数年後の貞観時代の暦日干支が元嘉暦よりも四干支進んでいる暦である。両者は同一の暦と考えられる。

第五章「古事記の使用した暦」において、顓頊暦と元嘉暦による西暦前一二〇年の一月から十二月までの月朔干支を比較した。それによると西暦前一二〇年には顓頊暦は元嘉暦よりも二干支進んでいる暦であった（二〇五ページ）。そして推古時代には、顓頊暦は元嘉暦に四、五干支進んでいるであろうと述べた。第三例・第四例の暦日干支は顓頊暦によるものではないかと思われる。

以上から、『菅家文草』の「貞観七年歳次乙酉九月甲子朔」という記述は干支紀年法は現行干支紀年法と同じであり、歳次干支を誤読したものであろう。

図36　現行長暦と『菅家文草』の貞観五年九月朔

	1	2	3	4
庚寅	辛卯	壬辰	癸巳	甲午
↓				↓
現行長暦の九月朔				『菅家文草』の九月朔

【第五例】　諸本間における欽明十三年の仏教公伝に関する記述の問題。

欽明十三年の仏教公伝についての諸本の記述をみると、次のようなものが存在する。

①『扶桑略記《ふそうりゃっき》』の記述：十三年壬申冬十月十三日辛

酉。百済国聖明王……
②『一代要記』：十三年壬申冬十月十三日辛酉。百済国聖明王……
③『聖《せい》誉鈔《よしょう》』：次欽明天皇十三年壬申十月十三日辛酉。……

問題点

『扶桑略記』以下の書が述べる「欽明天皇十三年壬申十月十三日辛酉」という記述からすると、欽明天皇の十三年十月朔の干支は「己酉」でなければならない。日本書紀には欽明天皇十三年の十月朔の干支は記述されていない。そこで内田正男編著『日本書紀暦日原典』により欽明天皇十三年の十月朔を見てみると、それは「乙未」である。合致しない。

友田説（原文）

欽明十三年付近における朔が己酉の日を検索すると、「欽明十一年七月己酉朔」を求めることができる。しかしながら、扶桑略記の「十月十三日辛酉」が、現存書紀の暦法とは異なる暦法に拠っている場合には、朔の干支に一日の差を生ずることがあるから、干支一日の差のある日を求めると「欽明十一年九月戊申朔」が求められるのである。さらに考えてみると、異質の暦法に拠っている場合には、朔の干支に二日のずれを生ずることがあるから、干支二日の差のある日を求めると「欽明十一年十一月丁未朔」が得られるのである。……してみると、扶桑略記の「欽明十三年壬申十月十三日辛酉」の位置は、現行長暦上の「欽明十一年七月」または「九月」、あるいは

「十一月」ということになるのである。

（中略）

このように見て来ると、扶桑略記をはじめとして、一代要記・聖誉鈔などに記されている「欽明天皇十三年壬申十月十三日辛酉」は、年の干支が二年引き上げられた干支紀年法が行なわれたことを示すものであり……

（『友田著書』四四三、四四四ページ）

友田説の問題点

友田氏は、「仏教公伝に関する『扶桑略記』『一代要記』『聖誉鈔』（以下、『扶桑略記』以下諸本、と略す）の記述は二年引き上げられた干支紀年法によるものである」ということの論証のために、

①異なる暦法である。

②干支二日の差までは同一とみなす。

③ひと月違いまでは同一とみなす。

（友田氏は、『扶桑略記』の欽明十三年十月は元嘉暦の欽明十一年七月に該当するかもしれないとしている。十月と七月ではその差は三月である。これを認めると、前三カ月分の干支、後ろ三カ月分の干支、そして当月の干支、合計では七個の干支が該当することになる。友田氏自身、「一年引き下げられた干支紀年法の例」の第一例において、「四月が七月に位置することはあり得ないことであるから……」と述べておられた。また「二年引き上げられた干支紀年法の例」の第三例において、「この場合、暦法が相違すれば月名を異にする場合があるが、三か月の差は考え難

いから、一か月差の「二月」と解すべきであろう」と述べておられた。従って、三カ月差の月は除外し、「友田氏は、『扶桑略記』以下諸本の記す欽明十三年十月は元嘉暦の欽明十一年の九月か十一月のどちらかの月である」としたものとする。するとそれは「ひと月違いまでは同一と見なす」ということである。）

との三つの条件を設定されている。①の「異なる暦法である」という項目に関しては、実際に異なる暦法というものは多数存在しているし、私説も同様であるから異論はない。しかし②③を立論の根拠としていいものであろうか。干支は六〇個である。従ってAという暦法でx年y月の月朔がzである場合に、暦法の異なるBという暦でx年y月の月朔がzである可能性（確立）は六〇分の一である。しかし暦法が異なる場合には両者で閏月の位置が異なることがしばしばあり、閏月がどこに入るかで両者に三〇干支の違いが出てくる。A暦とB暦の暦法上の月朔干支の差として見る場合には、この閏月による三〇干支の違いは差し引いて考えなければならない。すなわち、干支は六〇個であるが、暦法が異なる場合には三〇干支の違いは無視せねばならないのである。すると、A暦でx年y月の月朔がzである場合に、暦法の異なるB暦でx年y月の月朔がzである可能性（確立）は三〇分の一であると考えなければならない。

ここに友田氏の②を導入するとどうなるか。「干支二日の差までは同一とみなす」ということは、「z干支とその前の二干支、そして後ろの二干支、合わせて五干支をzと同一とみなす」ということである。可能性が五倍になるのである。するとx年y月の月朔がzである可能性（確立）は三〇分の五となる。すなわち六分の一である。その上さらに、③の「ひと月違いまでは同一とみなす」という項目を導入すると、「ひと月前の月・当月・ひと月後ろの月」の三カ月の月朔干支がz干支と同一とみなしうるということであるから、可能性は三倍になる。六分の一が三倍されるのであるから、可能性は六分の三となる。すなわち、確立五〇パーセントである。これではどの年を対象にした場合でも、その二年以内にはお目当てとする干支が必ず見つかる、ということになるのではなかろうか。

私説

私説は、「仏教公伝に関する『扶桑略記』以下諸本の記述は現行干支紀年法による暦日干支である」と考えるものである。私説を採用すれば、『扶桑略記』以下諸本は、「欽明十三年の十月朔は己酉である」といっていることになる。ところが元嘉暦による欽明十三年の十月朔は乙未であった。乙未は己酉の一四干支後ろの干支である。すると『扶桑略記』以下諸本の仏教公伝に関する欽明十三年十月朔の干支は元嘉暦に一四干支進んだ暦ということになる。しかし第三例を検討する中で述べたように、元嘉暦に一〇干支進んだ暦や一六干支進んだ暦というものはありにくいものであった（三五五ページ）。同じように「元嘉暦に一四干支進んだ暦」というものもありにくいものである。

従って、これは『扶桑略記』以下諸本に記されている「欽明十三年壬申」は、原史料ではそのような記述ではなかった、と考えるべきものではなかろうか。原史料では、「欽明n年歳次干支」と記述されていたのではなかろうか。たとえば「欽明十一年歳次辛未」である。その意味は「欽明十一年、歳は辛未を次ぐ（すなわち庚午年）」である。日本書紀は欽明元年を庚申年としているので、欽明十一年は庚午年である。ところが後になって「歳次辛未」は「歳は辛未に次ぐ（すなわち壬申年）」と解釈されるようになった。そして欽明時代の壬申年は欽明十三年なのである。そのために「欽明十三年歳次辛未」と訂正された。さらにその後、「歳次干支」は「歳は干支に次《やど》る」の意味で使用されるようになった。そこでその時、「欽明十三年歳次辛未」は誤りである。欽明十三年は壬申年だからである。そこでその目でみると「欽明十三年壬申年」と書き改められた。「十月十三日辛酉」はそのまま使用された。このように考えれば「十月十三日辛酉」は、実は欽明十一年のこととなる。そして元嘉暦による欽明十一年の十月朔は丁丑である。丁丑は己酉の三二干支後ろの干支である。すなわち仏教公伝に関する『扶桑略記』以下諸本の暦日は、元嘉暦に三二干支進んだ暦の可能性がある。そして三〇干支のずれは、それぞれの暦法で閏月がどこに入るかで生ずるものであった。従って三〇干支は無視してよい。すると『扶桑略記』以下諸本の暦日は、元嘉暦に二干支進んだ暦の可能性があるのである。

友田吉之助氏は『友田著書』の第八章「奈良時代における四分暦の存在について」において、現行長暦との間に月朔が三二～三三干支異なる暦の存在を指摘している。

①大般若波羅密多経、巻三百六十一の跋語（『友田著書』三九二ページ）

神亀二年歳在乙丑八月十三日景中。

「景中」は「景申」の誤り。「景申」は「丙申」の避字。従ってこれは「神亀二年八月十三日丙申」の意味である。丙申が十三日ならば朔は甲申である。ところで儀鳳暦での七二五年（神亀二年）の八月朔は辛亥である。甲申は辛亥から三三干支進んだ干支である。

②延喜式神名帳頭注の稲荷社の本縁の条（『友田著書』三九三ページ）

人皇四十三代元明帝和銅四年辛亥二月十一日戊午。……

二月十一日が戊午ならば二月朔は戊申である。ところで儀鳳暦での和銅四年（七一一）の二月朔は丙子である。戊申は丙子から三二干支先の干支である。

友田吉之助氏はこれら①②に使用された暦を、「四分暦ではあるが、後漢四分暦とも異なる異種四分暦である」としている。私にはこれが四分暦の一種であるか否かの判断はできないが、少なくとも古事記の使用した暦ではない。元嘉暦でもないし儀鳳暦でもないことは確実である。

そして、すでに述べたように暦の種類が異なれば閏月の位置が異なるので、そこから三〇干支の差はゼロと同じである。従って、ここに記述されている例は、七一一～七二五年ころの月朔干支が現行長暦よりも三二～三三干支進んでいる暦というのではなく、二～三干支進んでいる暦ということなのである。これは『扶桑略記』以下諸本の仏教公伝に関する暦と同一の暦ではないかと思われる。

以上、友田氏が「二年引き上げられた干支紀年法」の例とする五例を検討した。私説では、これらはすべて現行干支紀年法によるものであり、

①異なる暦法によるものである。

②「歳次干支」の意味の取り違えによるものである。

として説明することができることを述べた。

4　平安時代にも存在する「古事記の使用した暦」

『友田著書』には、日本正史に使用された暦とは異なる暦法によるのではないかと思われる暦日干支が多数収録されている。それらを細かく分析していくと、驚くべき仮説が浮上してくる。古事記の使用した暦、すなわち推古没年までの近畿天皇家で公式に使用されていた暦が平安時代にも「古暦」として尊重され、一部で使用されていたのではないかという仮説である。

【証拠一】日本紀略の承和五年（八三八年の戊午年）十月条に次の記述がある。

丙午、是夜、彗星見東南其氣赤白

この「丙午」に関して、黒板勝美編『新訂増補　国史大系　日本紀略　前篇』（新装版、吉川弘文館、二〇〇〇年、三五三ページ）の頭注には、「原作壬寅、拠下文及続後紀改」とある。原本には「壬寅」となっているのである。日本紀略は平安後期（一二世紀）の成立とされているが、本来の日本紀略は彗星が見え始めた日を「（十月）壬寅」としているわけである。そして同じ日本紀略の承和五年十一月辛未の条には、彗星見東方。彗星起十月廿二日。

と記述している。すなわち、最初の「(十月) 壬寅」という記述は「十月二十二日壬寅」ということなのである。すると、日本紀略は承和五年の十月朔を辛巳としていることになる。しかし、続日本後紀(八六九年成立)は次のように記述している。

①承和五年十月の条：(冬十月) 丙午。夜。彗星見東南。其気赤白。

②承和五年十一月条：(十一月) 辛未(十七日)。彗星見東南。是星起十月廿二日。至今月十七日。

内田正男編著『日本暦日原典』で承和五年(八三八年の戊午年)の十月朔を見てみるとそれは「乙酉」である。従って①の「十月丙午」は十月二十二日のこととなる。これは②の記述と合致している。ところで、日本紀略は承和五年の十月朔を「辛巳」としていた。「辛巳」は「乙酉」の四干支後れの干支である。すなわち日本紀略の記述は正史の使用している暦よりも四干支後れとなる暦を使用しているのである。

【証拠二】『友田著書』一二九ページによれば、宮内庁書陵部所蔵谷森健男氏旧蔵本の日本三代実録の貞観十七年(八七五)には、

三月十三日癸巳

と記述されているとのことである。すると十三日が「癸巳」であるから、貞観十七年の三月朔は「辛巳」でなければならない。内田正男編著『日本暦日原典』で貞観十七年（八七五年の乙未年）の三月朔を見てみるとそれは「甲申」である。「辛巳」は「甲申」の三干支後れの干支である。すなわち宮内庁書陵部所蔵谷森健男氏旧蔵本の日本三代実録の記述は正史の使用している暦よりも三干支後れとなる暦を使用している。

【証拠三】『友田著書』一三〇ページによれば、同じく宮内庁書陵部所蔵谷森本の日本三代実録の元慶七年（八八三年）三月条には、

三月三日丙寅

と記述されているとのことである。すると三日が「丙寅」であるから、元慶七年（八八三）の三月朔は「甲子」でなければならない。内田正男編著『日本暦日原典』で元慶七年（八八三年の癸卯年）の三月朔を見てみるとそれは「丁卯」である。「甲子」は「丁卯」の三干支後れの干支である。すなわち宮内庁書陵部所蔵谷森健男氏旧蔵本の日本三代実録の記述は正史の使用している暦よりも三干支後れとなる暦を使用している。

【証拠四】『菅家文草』の巻七「祭城山神文 為讃岐守祭之」の部分に、

維仁和四年、歳次戊申、五月癸巳朔、六日戊戌。

との記述がある。仁和四年は八八八年の戊申年である。「戊戌」が六日ならば、朔は確かに「癸巳」である。ところが、内田正男編著『日本暦日原典』で仁和四年（八八八年の戊申年）の五月朔を見てみるとそれは「丁酉」である。「癸巳」は「丁酉」の四干支後れの干支である。『菅家文草』のこの記述は正史の使用している暦よりも四干支後れとなる暦を使用している。

結論

再々述べているように、古事記は推古時代の戊子年（六二八）を記述するのに日本書紀の使用している暦から月朔が八干支後れとなる暦を使用していた。本書の三三八〜三三九ページで述べたように、「万葉集一八番歌左注の引用する日本書紀」なるものは天智の丙寅年（六六六）の記述に、月朔干支が現存書紀の同年の月朔干支から六干支後れとなる暦を使用していた。さらに本書の三三四ページで述べたように、日本書紀北野本の持統天皇六年（六九二年の壬辰年）条の記述する同年四月の月朔は、元嘉暦及び儀鳳暦による同年の月朔干支から八干支後れの干支であった。三四四ページで述べた続日本紀廃帝の項（孝謙時代）の暦は、七五七年の月朔干支が元嘉暦に六干支後れの暦であった。以上を表にすると表21のようになる。

ここに見られる月朔干支の差の短縮は、①の推古時代を最大の開きとし、その後、徐々に差が縮まり、⑤の八三八年には四干支の差になっている。更に⑥の八七五年にはその差は三干支にまで短縮している。この「干支の差」の短縮状況は一つの法則に基づいているもののようにみえる。

表21　月朔干支が現行長暦に後れている例

①628年	（推古時代）	：八干支の後れ
②666年	（天智時代）	：六干支の後れ
③692年	（持統時代）	：八干支の後れ
④757年	（孝謙時代）	：六干支の後れ
⑤838年	（平安時代）	：四干支の後れ
⑥875年	（平安時代）	：三干支の後れ
⑦883年	（平安時代）	：三干支の後れ
⑧888年	（平安時代）	：四干支の後れ

今、春秋戦国時代に存在したであろう中国古代暦をA暦と呼ぶことにする。そして奈良・平安時代に近畿天皇家で公式に使用された中国暦をB暦という名で代表することにする。飛鳥・白鳳時代から奈良時代を経て平安時代初期のころに使用された暦は「元嘉暦→儀鳳暦→大衍暦」である。そしてこの三者は非常に近似しており、月朔干支としては同じ干支であるか、あるいは干支一つ分異なるだけである。三六一ページでみたように、大衍暦の次に使用された宣明暦でさえも、八六五年の時点での宣明暦と元嘉暦の差は干支一つ分にすぎなかった。そこで「元嘉暦→儀鳳暦→大衍暦」を一つの暦として取り扱い、B暦という名で代表させることには問題はないと思う。

A暦は古代の暦であるから、当然のことながら一朔望月や一太陽年の精度はB暦よりもはるかに劣っているであろう。従って、この古いA暦による暦日干支は、B暦が使用されるようになった時代には、すでにB暦による暦日干支との間に違い（干支の違い、差）が存在したであろう。そしてB暦使用開始後、年月が経過していくに従って、その差は、ある一定の率で変化していくのは当然のことである。それが六二八年ころには八千支の差であり、それが徐々に縮まり、天智時代には六千支の差となった。そして八七五〜八八八年ころには三〜四千支の差に短縮していることの理由なのではなかろうか。そしてこのA暦が、すなわち「古事記の使用した暦」なのではなかろうか。

ただし上記の表の一連の経過の中で、推古時代に八千支の差であったものが、天智時代の六六六年には六千支まで短縮されたにも拘わらず、持統時代に再び八千支の差に拡がっている。六六六年にその差が六千支に縮まったのであるならば、持統時代の六九二年ころにはその差は六千支であるか、あるいはもう少し縮まっていても良さそうに思える。これは私の仮説を否定する事象のように見える。そこでこの点の説明が必要である。

これについては、すでに三三九ページに掲載した岡田芳朗氏の論述で説明できるのではないかと思う。つまり私が言いたいのは、「古事記の使用した暦」による持統六年の四月朔の干支は、元嘉暦による四月朔の干支に七千支後れの干支だったのではないかということなのである。すなわち元嘉暦による持統六年四月の朔日の干支は丙申であるが、「古事記の使用した暦」による持統六年四月の朔日の干支は、計算上はそれより七千支後れの己丑であった。ところが、それを当時の政治的あるいは習俗上の理由から、干支を一つずらして戊子とした。そのために元嘉暦との差が八千支になってしまった。こういうことだったのではなかろうか。「古事記の使用した暦」による天智時代から持統時代にかけてのころの月朔干支は、元嘉暦によるそれから六〜七千支後れの干支だったのではなかろうかということなのである。このように考えれば、表21の「月朔干支の差の短縮」は規則的なものになるのである。

以上から、①から⑧にいたる月朔干支の開きが規則的に短縮しているのは、これらが同一の暦によるものだからなのではなかろうか。元嘉暦以降、近畿天皇家が公式に使用した暦（元嘉暦・儀鳳暦・大衍暦）は非常に類似した暦であり、それをB暦としてまとめても問題はないことは、すでに述べた。そのB暦に対して、もう一方の暦日干支群はB暦とは精度の異なる暦ではあるが、すべて同一の暦による暦日干支であるからこそ、その両者間の変化は規則的になっているのではなかろうか。そのB暦に対する暦、すなわちそれが古事記の使用した暦なのではなかろうか。

古事記の使用した暦は平安時代になっても「古暦」として尊重され、非公式に使用されていたのではなかろうか。平安時代は桓武天皇によって幕を開けるが、桓武の父は光仁天皇である。その光仁天皇の父は施基《しき》皇子であり、施基皇子の父は天智天皇である。すなわち桓武の父・光仁天皇は天智天皇の孫なのである。応神・継体の血を継ぐ天智系天皇家は壬申の乱により九州王朝の天武により瓦解させられた。しかし、この天武系王朝は孝謙天皇の急死により崩壊し、光仁天皇の即位の運びとなり、奇跡的に天智系王朝が復活した。あるいは孝謙天皇の急死は、藤原氏を中心とする天智系の人びとによる謀略だったのかもしれない。その天智系の人びとにとっては、応神・継体・推古の時代に使用されていた暦は歴史と伝統のある由緒深い暦なのである。舒明元年以降は公式に使用されることはなかったにしろ、非公式に、特に天智系王朝が復活した平安時代初期には古暦として尊重され、私的、あるいは宗教的・因習的なものに使用されていたのではないかと思われる。

本章において、私はことごとく友田吉之助氏の説を論駁したのであるが、しかし私は友田吉之助氏に心から感謝の念を捧げたい。氏の大作『日本書紀成立の研究』に出会うことにより、私は自説をより実りの多いものにすることができたと信じているからである。私は第五章において「古事記の使用した暦」について論じた。それは、月朔干支が元嘉暦から八干支後れの暦である。そして古事記の記述以外にも月朔干支が元嘉暦から八干支後れとなる暦日干支が存在することを友田吉之助氏に教示していただいた。また七章においては「歳次干支を『歳は干支を次ぐ』とする使用法は日本書紀以外にはみられない」と述べた。しかし、友田吉之助氏の異種干支紀年法に反論すべく、氏の列挙された多数の暦日を検討するなかで、歳次干支は白鳳・奈良時代はおろか平安時代までも「歳は干支を次ぐ（干支の前年）」と解釈されたり、「歳は干支に次ぐ（干支の翌年）」と解釈されたことがあったことが判明した。本章はこれを謹んで友田吉之助氏に捧げるものである。

第九章　古事記は日本書記の「草稿」である

1　何故、日本書記は古事記成立後わずか八年目に作成されたのか？

古事記は、西暦七一二年の成立である。一方、日本書紀は西暦七二〇年の成立。その差はわずかに八年でしかない。近畿天皇家は、何故、八年という短期間の中で古事記・日本書紀という二つの国史書を作成せねばならなかったのであろうか。日本書紀は、舎人親王を主幹として編纂が始められ、西暦七二〇年に完成した。しかし日本書紀は、舎人親王らによりその編纂に着手された後、一、二年というような短時日で完成されたものではあるまい。神武から持統まででも七〇〇年を越える歴史である。その前の神話時代をも含めれば、おそらく一四〇〇〜一五〇〇年、あるいは二〇〇〇年にわたる日本の歴史を通史としてまとめるのである。その上、日本書紀の中には多数の「一書」や「或本」、「百済本記」や「百済新撰」、そして中国史書の「三国志」などが引用されている。完成までには、かなりの年月が費やされたと考えるべきであろう。

ところが、その日本書紀成立の八年前に古事記が成立している。これはどういうことなのであろうか。太安万侶には古事記撰録を命じ、同時に一方においては舎人親王らに日本書紀の編纂を命じた、ということだったのであろうか。もしもそうだとしたら、日本書紀はコンクールの結果できあがったものということになる。「金賞受賞作の日本書紀を国史書とします。八年前の古事記は残念ながら落選です」こういうことだったのだろうか。

国史書を、「どちらがよいものをつくるか競争させる」ということで作成するものであろうか。その場合、タイムリミットはいつまで、と限定されていたのであろうか。あるいは、内容について注文があったのであろうか。そうは考えられない。国史書というものは、そのような経緯で作成されるものではないと思う。やはり、太安万侶に古事記撰録を命じ、それが西暦七一二年に完成した。そして古事記の出来映えを見て、その上であらためて日本書紀編纂の詔が下されたと考えるべきものである。

とすると、日本書紀は多かれ少なかれ古事記を土台としていることになる。そう、まさにそれこそが古事記が作成された目的だったのではなかろうか。日本書紀を作成するための基礎工事、それが古事記作成の目的だったのではなかろうか。

近畿天皇家の歴史は、九州王朝の分家として神武天皇に始まった。しかし、十代目のときに、本家の九州王朝から婿養子として崇神天皇を押しつけられることで変容した。その後、垂仁により神武の血統に回復されはしたが、その垂仁の血統は仲哀で断絶した。仲哀の子とされている応神は、仲哀の子ではなく九州王朝の王の孫だからである。その応神の後を継いだ仁徳の血統も武烈で一旦断絶し、応神五世の孫という触れ込みの傍流の継体血統に置き換わった。しかし、この継体血統も一六六年後の西暦六七二年に、「壬申の乱」により生粋の九州王朝血統の天武天皇に取って代わられた。日本書記の完成した西暦七二〇年という時代は、近畿大和における第一王朝の始祖・神武（紀元前三六年ころ）、あるいは第二王朝の始祖・応神（西暦三五〇年ころ）とは別系統の九州王朝血統の時代なのである。天武天皇は、近畿大和の第三王朝の始祖である。これが神武から持統までの近畿天皇家の歴史である（拙著『古代天皇実年の解明』参照）。

万世一系ではない上に、複雑な経緯の天皇家の歴史を万世一系の天皇家の歴史として日本書紀にまとめ上げるためには、まず先に、天皇家伝承を万世一系の通史となるように概略で改変する作業がどうしても必要である。それをおこなったのが、太安万侶であり古事記なのである。

太安万侶が古事記の名で改変・作成した推古までの近畿天皇家の歴史の概略を土台にして、白村江の敗戦後、九州から近畿大和に逃げてきた大海人皇子が持ち込んだ九州王朝の神話と対朝鮮交渉史を適当にバラまき、より詳細にそして複雑に天皇家伝承を改変した。最後に儀鳳暦・元嘉暦による年月日の干支をふりつけた。このようにして出来上がったもの、それが日本書紀である。

日本書紀は、近畿天皇家の原伝承を儒教思想により改変してある。各天皇の崩年月日と次天皇の即位年月日、およびその元年の設定方式を古事記の記述様式と比較することでそれが判明した。そして、さらに日本書紀の各天皇の寿命や在位年数は、種々の方法による改変の結果の寿命であり在位年数であることも判明した。たとえば、允恭・仁徳・神功・崇神の三倍在位年数、たとえば、神武天皇の干支一巡分を追加された在位年数、たとえば、垂仁と景行のそれぞれが三〇年を追加された在位年数、すなわち二人で干支一巡分を追加された在位年数等々（拙著『古代天皇実年の解明』参照）。

一方、古事記の記述は、在位年数については真実であった。日本書紀とは異なり、没年即位であろうが踰年即位であろうが、即位年を元年として勘定するだけである。古事記は儒教思想による改変を施されていない原伝承のままの姿と考えられる。そしてまた、古事記の記述する寿命は、真実であるか、あるいは干支一巡分か干支二巡分を追加された寿命であった。「干支一巡分か干支二巡分を追加された寿命」というものは、誕生年の干支から没年までの干支でみれば真実なのである。従って古事記は、寿命と在位年数については天皇家の原伝承に忠実なのである。

しかし、その古事記も決してすべてがすべて原伝承に忠実に撰録されたものではない。各天皇の事績、特に皇位を廻る争いに関する記述は、明らかに原伝承を改変してある。何故そう言えるのかというと、「原伝承が作成された時代には、決してそのようには伝承は作成されなかったであろう」というような記述が存在するからである。それは允恭記の「三名の大郎女《おおいらつめ》」の存在である。そしておもしろいことは、原伝承にはなかったと思われる「三名の大郎女」が日本書紀では「三名の大娘皇女」として同じように記載されている。ありえない事柄が古事記と日本書紀に、ほとんど同じ形で存在する。そして、古事記は日本書紀の八年前に完成している。すると、日本書紀は古事記を参考にして作成されたということになる。すなわち、古事記は日本書紀の草稿なのである。そのことが允恭天皇の実年を復元するなかで明らかになった。

2　古事記は日本書紀の「草稿」である

古事記と日本書紀の允恭の系譜記述、そして木梨軽皇子事件に関する記述は、重大な情報を提供している。それは天皇家の原伝承は、いつ、現在の古事記・日本書紀にみられるような形に改変されたのかということについてである。

古事記は、允恭と忍坂大中津比売命《おさかのおおなかつひめのみこと》の間に三名の大郎女《おおいらつめ》がいたと記述している。長田大郎女・軽大郎女・橘大郎女の三名である。日本書紀も、允恭と忍坂大中姫命の間に三名の大娘皇女《おおいらつめひめみこ》がいたと記述している。名形大娘皇女・軽大娘皇女・但馬橘大娘皇女の三名である。これはあきらかに誤った記述である。一人の妃には、「大郎女＝一番年上の娘」は一人しかいない。「大郎女」は「一番年上の娘」という意味であるから、そのような名前を持つ娘は二人も三人もいるわけはないのである。

「大郎女」は「一番年上の娘」という意味である、ということについて述べておこう。「大《おお》」は、年齢や兄弟姉妹の順番を表現するために使用される場合は「一番年上の……」という意味で使用される。「大兄《おおえ》」は「一番年上の兄」の意味である。「体格の大きな兄」という意味ではない。

これを説明するために琉球方言そして宮古島方言について先に説明しておこう。琉球語（沖縄語）が日本語の一方言であることは明治二十七年に英国人のチェインバレン（B. H. Chamberlain）によって初めて明らかにされた。金田一京助氏が次のように述べている。

> 琉球語と国語との比較研究から、これを同系の姉妹語、若しくは古い方言であることを科学的に論証したのは、チェインバレン（B. H. Chamberlain）のアジア協会々報二十三巻（明治二十七年）の附録に発表された琉球語の論文（"Essay in Aid of a Grammar and Dictionary of the Luchuan Language"）である。

琉球の母音は（a ā i ī u ū）の六つで、日本語の e 及び o は、琉球には夫々 i u

となってゐる。例えば——

日　本　　　琉　球

kokoro（心）　kukuru（心）

nuno（布）　nunu（布）

（中略）

元から i u と連る k は、往々 ch になっている。例へば——

（中略）

ツの或ものはツィに、スの或ものがシに。例へば——

（中略）

ルは yu に、リは i になる。

（中略）

かやうにして還元する時は、異様にひゞく所の数多の単語が、明瞭に日本語と同じもの〻転化であることがわかる。

（中略）

かくしてチェインバレンは琉球語は奈良朝以前に分れた日本の古い一方言であることを確証したのである。（金田一京助「国語史—系統篇—」復刻版、刀江書院、一九六三年、八八〜九一ページ）

そして橋本進吉氏は日本語方言を図37のように分類しておられる。

図37の最下段の先島《さきしま》方言とは、宮古島を中心とする宮古群島と石垣島・西表《いりおもて》島を中心とする八重《やえ》山《やま》群島を合わせて先島諸島と呼んでいることからの命名である。

琉球方言の特徴は、

①チェンバレンが指摘しているように、本土で［o］と発音する音は、沖縄では［u］と発音する。

②現代日本語の「は行」音は、中世においては［f］音であり、更に奈良時代以前の古代に於いては［p］音であったとされているが、沖縄のかなりの地域には、まだこの［p］音が残っている。

（橋本進吉『古代国語の音韻に就いて』岩波文庫、一九八〇年より）

図37　日本方言の分類

- 日本語の方言
  - 本土方言
    - 東部方言
    - 西部方言
    - 九州方言
  - 琉球方言
    - 奄美大島方言
    - 沖縄方言
    - 先島方言

（橋本進吉博士著作集第一冊『国語学概論』岩波書店、一九四六年、六〇ページ）

以上を踏まえた上で、「大郎女＝一番年上の娘」であることを述べよう。沖縄の宮古島方言では、「一番年上の兄」のことを「ウプアザ（音便変化してウパーザ）」と言う。「ウプアザ」を分解すると「ウプ」と「アザ」である。宮古島方言の「ウプ」は、普通の場合は「大きな」という意味の形容詞である。つまり「ウプアザ」とは「大アザ」の意味なのである。ところが、「兄」という意味の「アザ」と連結して「ウプアザ＝大兄」となると、それは「一番年上の兄」を表す言葉になるのである。すなわち「ウプアザ＝大兄＝一番年上の兄」である。

一方、日本古語では、「大兄」は「おほえ」であり、

大・兄	宮古島方言への変化の経緯
おほ・え（アザ）	
↓	
うふ	「お」が「う」へ変化。「ほ」が「ふ」へ変化。
↓	
うぷ	「ふ」が「ぷ」へ変化。
↓	
うぷ・アザ	こうしてできあがった「うぷ」に「アザ（兄）」が接続。

図 38　「大兄（一番年上の兄）」が宮古島方言で「ウプアザ」になる理由

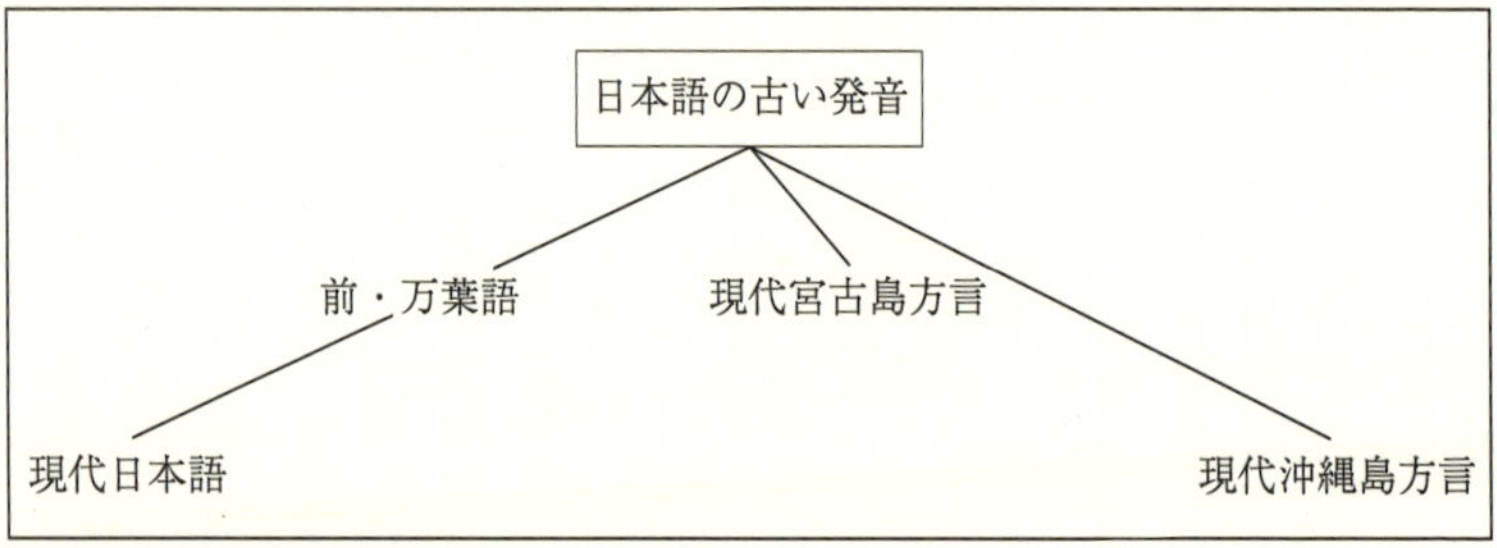

図 39　日本語の発音

「一番年上の兄」という意味の言葉である。「大兄＝一番年上の兄」を現代宮古島方言では、何故、「ウプアザ（ウパーザ）」と言うのかということは、上述した琉球方言の特徴から容易に導かれることであるが、これを図示すると図38のようになる。

「大兄」を「おほえ」と言うようになる前の、さらに古い古代においては、日本本土でも「一番年上の兄＝大兄」のことを「ウプアザ（ウパーザ）」に近い音で発音していたのではないか思う。私はむしろ、沖縄宮古島の方言こそが日本語の古型、日本語の古い発音に近いのではないかと考えている（図39）。

日本本土においては、九州王朝による文化的・言語的変化が進展し、そして、さらにその後、近畿天皇家による平安文化の開化により、より一層の文化的・言語的発展と特殊化がおこり日本語の古型、日本語の古い発音から変化していった。一方沖縄では、沖縄本島において琉球王朝が誕生し、その琉球王朝の下《もと》で文化的・言語的な特殊化が進展した。そのようにして出来上がった言葉が首里・那覇を中心とする現在の沖縄本島の方言である。しかし宮古島はその沖縄本島から海を隔てること三〇〇キロである。北海道から沖縄の与那国島までの日本列島の中では、人が居住できる島であるなしに拘わらず、ある島から次の隣りの島まで三〇〇キロ以上も海で隔てられているのはこの沖縄島—宮古島間だけである。その間の往来は日本列島の中では最大の難所なのである。そのため、中世までの宮古島は沖縄本島とは、ほとんど交渉のないままに経過し、宮古島の方言は沖縄本島の言葉の影響を受けることは、ほとんどなかった。その宮古島も中世以降は琉球王朝の支配下に入るが、しかし幸いなことに宮古島の島主の地位は在地の有力者の家系に委ねられた。このために宮古島方言は首里王朝の言葉の影響が少なく、現代まで倭人語としての古形を保持し得たと思われるのである。中本正智氏の『日本語の原形　日本列島の言語学』(力富書房、一九八一年、二二〇ページ)には、「琉球方言の中で首里言葉から最も遠い位置にいるのが宮古島方言である」と述べられている。宮古島方言は、方言学的には現在鹿児島県の一地域である奄美大島よりも首里言葉から離れているのである。

従って「大兄」が「一番年上の兄」の意味であるように「大郎女」は「一番年上の娘」という意味なのである。「大柄の娘」という意味ではないのである。

天智天皇は舒明天皇の皇子であり、皇子時代のよび名は「中大兄皇子《なかのおおえのみこ》」である。しかし舒明天皇の皇子としては、もう一人「大兄皇子」がいる。異母兄の「古人大兄皇子《ふるひとのおおえのみこ》」である。このように天皇の子としては、「一番年上の男の子」とか「一番年上の女の子」という息子や娘は何名もいる場合がある。すなわちx天皇には、Aという妃との間に「一番年上の男の子」がおり、Bという妃との間にも「一番年上の女の子」がいるからである。しかし、女性には「一番年上の女の子」とか「一番年上の女の子」というものは一人しか存在しない。自明の理である。従って、忍坂大中津比売命の娘に「三名の大郎女」がいたと記述している古事記の記述は間違いなのである。そして允恭と忍坂大中津比売命の間の息子である安康天皇が、父・允恭の系譜として、このような誤った系譜を作成するはずはない。従って、古事記に見られる允恭の誤った系譜記述は天皇家伝承の原形ではない。安康が作成した「允恭の帝紀」ではない。とすると、古事記にみる允恭の系譜は誰の手による改変なのか？　それは太安万侶である。太安万侶が安康天皇の作成した允恭の系譜を改変したのである。そして日本書紀は、その太安万侶の改変・作成した允恭の系譜をそっくりそのまま踏襲して使用している。日本書紀は、太安万侶の作成した古事記をそのまま引き写しているのである。ここに、「日本書紀の改変の基本形は古事記である」という命題が姿を現した。

　そして、古事記の允恭記の説話の部分も原伝承の姿ではないと考えられる。古事記は、「允恭崩御後のこと」として、以下のように記述している。

ここをもちて百官また天の下の人等、軽太子に背きて、穴穂御子に帰《よ》りき。ここに軽太子畏みて、大前小前宿禰の大臣の家に逃げ入りて、兵器《つはもの》を備へ作りたまひき。……穴穂御子も亦、兵器を作りたまひき。……

（中略）

故、其の軽太子は、伊余の湯に流しき。

しかし、古事記のこの記述はおかしい。もしも允恭の太子・木梨軽皇子が允恭崩御後まで生きていたのであるならば、太子・木梨軽皇子は皇位継承戦争に敗れたために天皇に即位することができなかったのだ、と考えなければならない。しかし古事記・日本書紀の世界では、皇位継承戦争の敗者に残されているのは「死」のみである。それについては拙著『古代天皇実年の解明』Ⅱ部第四章「三倍された允恭天皇の在位年数」で述べた。皇位継承戦争の敗者が流罪で許されるはずがない。従って「皇位継承戦争で敗れたにも拘わらず、木梨軽皇子は伊予への流罪で済んだ」と記述している古事記は明らかに嘘を記述しているのである。改変しているのである。古事記の允恭記は允恭在世中の木梨軽皇子の恋愛・流罪・自殺事件と、允恭崩御後の皇位継承戦争の事件、この二つの異なる事件を一つにまとめ合わせてできあがった改変された説話なのである。木梨軽皇子が伊予への流罪に処されたのは允恭在世中のことである。そして、あとを追ってきた衣通郎女と配流先の伊予で心中した。允恭崩御後、穴穂皇子（後の安康天皇）と皇位継承戦争を争ったのは木梨軽皇子ではない。穴穂皇子と皇位継承戦争を戦ったのは、反正天皇の遺児・高部皇子である。

そして問題は、「古事記にみられるこの改変は誰がおこなったのか」ということなのである。安康天皇か？　あるいは太安万侶か？　最初は、「允恭の太子ではなかったにも拘わらず、天皇に即位することができた安康が、自分自身の天皇としての正当性を納得させるために改変した允恭の説話、すなわち安康による允恭記だ」と考えていた。しかし、どうもそうではないようだ。木梨軽皇子事件は允恭在世中の出来事である。木梨軽皇子は、允恭崩御の約一〇年前には、すでに亡くなっている。その事実を「木梨軽皇子は允恭崩御後まで生きていた。そしてその木梨軽皇子と自分が皇位継承戦争をした」とは安康天皇には改変できない。当時の人びとは、ほとんどすべての人が木梨軽皇子の恋愛事件の経緯、そして穴穂皇子が允恭末年の太子・高部皇子を攻め滅ぼして天皇に即位した経緯を知っていたはずだからである。それは、当時の人びとにとっては隠しようのない事実であり、生々しい現代史であるからである。この件については拙著『古代天皇実年の解明』II部第四章を参照されたい。

そういう中で「木梨軽皇子は允恭崩御後まで生きていた。そしてその木梨軽皇子と自分が皇位継承戦争をした」とは、いかになんでもそんな嘘っぱちの伝承は作成できない。そんな伝承を作成しようものなら、「穴穂の天皇は頭がおかしい」とみんなから離反されるだけである。従って現在に伝わる古事記の允恭記・木梨軽皇子事件は安康天皇によって作成されたものではない。となると、それを改変・作成したのは太安万侶ということになる。

そして太安万侶の改変した允恭記の説話部分、すなわち木梨軽皇子事件をも大略において採用しつつそれをさらに少し改変したもの、それが日本書紀の允恭紀と安康即位前紀である。すなわち、古事記は日本書紀の草稿なのである。

鎌倉後期に卜部《うらべ》兼方《かねかた》の著した日本書紀の注釈書『釈日本紀』には次のような記述がある。

釈日本紀巻一　開題
問。撰修此書之時以何書爲本哉
答。師説。或云。以古事記爲本。或云。以先代舊事本紀爲本。

この部分は日本書紀の講義に際しての質疑応答である。時代は平安時代なのか、あるいは鎌倉時代なのかはっきりしないが、巻頭に「弘仁私記序曰……」とある。『弘仁私記』は八一二〜八一三年の日本書紀講読に際しての講師の覚え書きとして作成されたもののことである。その中で「師説に云う」として「日本書紀のもとは古事記であるとの説がある」と述べているのである。

3　古事記偽書説の登場

「古事記は偽書である」とする、いわゆる古事記偽書説が存在する。一九七九年一月二十三日、奈良県比瀬町の茶畑から偶然に古代墓が発見された。その中に存在した墓誌から、墓主は古事記序文に古事記撰録者として記載されている太安万侶であることが判明した。当時、これを契機に古事記偽書説を否定する論が種々の紙上をにぎわせたとのことである。古事記偽書説の大和岩雄氏はその件について次のように述べておられる。

しかし、一般の新聞紙上では、偽書説はこれで否定されたということになっている。こういう書き方には問題があるが、学校で教わったとおり、『古事記』は稗田阿礼《ひえだのあれ》が誦習《しょうしゅう》して、和銅五年（七一二）正月二十八日に、太安萬侶が撰上したと信じこんでいる人々に、一般の新聞紙上で、偽書説の存在を知らせたことは、私などの立場からするとうれしいことだと思っている。

（大和岩雄『古事記と天武天皇の謎』六興出版、一九七九年、九ページ）

大和岩雄氏が言われるように、私も学校で教えられたとおり「古事記は稗田阿礼が誦習し、七一二年に太安万侶が撰上した」と思っていたクチである。古事記に偽書説があるなどとは思ってもいなかった。さらには同氏の『古事記成立考』（増補改訂版、大和書房、一九九七年）により、古事記偽書説に関する多くの説を教えていただいた。古事記偽書説は大きく分けて二つに分けられる。

一、古事記序文は、序文の記すような和銅五年に記述されたものではなく、ずっと後世の作になる擬古作である。しかし、本文は和銅五年以前の作成になる古いものである。

二、古事記は、序文も本文も後世の作になる擬古作である。

江戸時代には、賀茂真淵が本居宣長への手紙で「古事記序文が和銅五年に書かれたかどうかは疑わしい」と述べているようである。さらに江戸時代末の文政十二年（一八二九）、沼田順義《ぬまたゆきよし》はその著『級長戸風《しなどのかぜ》』において古事記の和銅五年成立に疑問を呈している。沼田順義の論点を大和岩雄氏が『古事記成立考』で次のように三項目に整理しておられる。

一、舎人親王が『日本書紀』を撰んだのは和銅四年より八年もあとであるから、親王は『古事記』を参考にして、『日本書紀』を編纂するのが当然なのに、参考にしていないこと。

二、『日本書紀』の引く一書は、『古事記』に似た文は稀で、百に一つ『古事記』に似た文があっても、それは『古事記』のもとづいた古記に拠ったものであること。

三、『古事記』の序には、和銅四年に勅令により稗田阿礼の語る旧辞を太安万侶が撰録し、和銅五年に完成したとあるが、『続日本紀』には和銅七年に紀朝臣清人らに国史撰録を勅したことは載っていても、和銅年間に太朝臣安万侶による『古事記』撰録の記載はない。このことは『続日本紀』の撰者菅野真道らが『古事記』を見ていなかった証拠であること。

（大和岩雄『古事記成立考』増補改訂版、大和書房、一九九七年、四七ページ）

江戸時代末の沼田順義に続くのは、一九二四年五月『史学雑誌』に発表された中沢見明《なかざわけんみょう》氏の「古事記は偽書か」の論文である。中沢見明氏は自説を補強して『古事記論』として一九二九年に出版されている。中沢見明氏が古事記を偽書とする根拠は以下のとおりである。

一、序には天武天皇即位以来修史の事なしといふも、日本紀天武帝の十年には川嶋皇子等勅して帝紀を記定せしめられ居ること。

二、序には稗田阿礼の聡明を激賞するも、天武紀中に其名の見えざること。

三、独り天武紀のみならず日本紀全体及び続日本紀等にも稗田の姓の見えざること。

四、序には和銅四年に古事記編纂の勅ありしことを明言するも続紀にこれを載せざること。

五、序には古事記進献を和銅五年にありとするも続日本紀にはその記載なきこと。

以上五ケ條を虚心に考へると古事記の序文は平安朝以後の偽托であるとしか判断されない、……

（中沢見明『古事記論』雄山閣、一九二九年、六九ページ）

中沢見明氏は古事記本文についても、同書の第二編第四章「書紀と万葉の編者は古事記を見ず」等の論述により、古事記は日本書紀よりも後世の作になるものであるとしている。中沢見明氏の『古事記論』発刊以後、古事記は偽書か、あるいはしからずかの論争が活発化した。

しかし、私がこれまで述べてきたことからすれば、古事記偽書説はあやまりである。日本書紀には儒教思想による改変の手が加えられている。踰年元年がそれである。しかし古事記にはそれがない。従って日本書紀よりも古事記の方がより古形なのである。ただし、これには「古事記は上宮聖徳法王帝説の紀年法を使用することにより、日本書紀よりも古いものであると思わせるようにした」とする説があるようである。次節でそれに対する反論を述べよう。

4　古事記は『法王帝説』の紀年法をまねたのか?

『法王帝説』の紀年法は古形か否かについて述べよう。『法王帝説』が原拠とした資料、あるいは原伝承には古いものが混じっていることは確かである。それは欽明天皇の在位を四一年とする記述である。これが日本書紀の欽明没年（五七一年の辛卯年）後の間もないころの観念による在位年数であることは、第六章第五節「「安閑・宣化朝と欽明朝の並立」は存在しなかった」において述べたところである。すなわち、古い史料、あるいは原伝承に依拠した記述である。しかし、また『法王帝説』は法隆寺釈迦三尊像光背銘の太后を安易に大后や皇后に改変してあった。古事記・日本書紀の世界では、大后には太后（皇太后）という意味は存在しないにも拘わらず、である。「第一夫人」の意味しかなかった大后が太后（皇太后）の意味でも使用されるようになったのは、あるいはこの『法王帝説』によるのかもしれないのである。狩谷棭斎も「崇峻天皇の宮を神前宮といった」とする『法王帝説』の記述に対して、「そのように記述する史料は他には存在しない」として疑問を呈していた。『法王帝説』は問題のある史料なのである。そして『法王帝説』の紀年法は、最末尾に次のように記述されていることで明かである。

①志歸嶋天皇治天下卌一年（辛卯年四月崩陵桧前坂合罡也）

②他田天皇治天下十四年（乙巳年八月□陵在川内志奈□）

③池邊天皇治天下三年（丁未年四月崩 或云内川志奈我中尾□）

④倉橋天皇治天下四年（壬子年十一月崩實為嶋大臣所滅也 陵倉橋罡在也）

⑤少治田天皇治天下卅六年　戊子年三月崩陵大野罡也　或云川内志奈我山田寸

⑥上宮聖徳法王・又云法主王・甲午年産・壬午年二月廿二日薨逝也・生卌九年小治田宮為東宮也　墓川内志奈我罡也

（家永三郎他校注『岩波思想大系・聖徳太子集』一九七五年、上宮聖徳法王帝説の項）

これにより『法王帝説』の紀年法を窺うことができる。すなわち前天皇の没年に即位した場合に、即位年が在位年数のうちに勘定されているか否かを見るのである。もしも没年即位の年が在位年数のうちに組み込まれているのであれば、それは古事記方式の記述である。すなわち原伝承のとおりの記述である。そうではなく、没年即位の分の一年を差し引いた在位年数で記述されていれば、それは儒教思想に基づいた踰年元年による改変された記述であり、日本書紀の記述方式、すなわち後世の改変である。

①の表記は古事記方式の記述である。欽明没年の辛卯年を四一年遡ればそれは日本書紀が継体没年としている五三一年の辛亥年だからである。従って、①の表記は継体没年を欽明の元年としており、一種の古事記方式による記述である。ここで「一種の」とことわりをいれたのは、欽明在位を四一年とする記述は、継体没年に欽明が即位したということを指すものであり、これは安閑・宣化の在位を認めないということである。他方、古事記の皇統譜は継体・安閑・宣化・欽明である。従って①の記述は古事記と対立する記述なのである。なお真実の継体没年は五三一年の辛亥年ではなく、五三三年の癸丑年であることは拙著『古代天皇実年の解明』で述べた。すなわち真実の継体の没年は、古事

記・日本書紀が継体の次の天皇とする安閑天皇の元年「甲寅」の前年である。安閑は辛亥年に即位したのであるが、継体の真の没年が癸丑年なので安閑の元年はその癸丑年の翌年の甲寅年に改変されたのである。

②の表記は非常に問題のある表記であるが、これについてはあとで述べよう。③の表記は古事記方式の記述である。それは②で「他田天皇（敏達）の没年は乙巳年」とし、③において「池辺天皇の在位は三年、丁未年に崩御」としていることでわかる。用明天皇が丁未年に在位三年で亡くなったのであるならば、その在位の一年目は乙巳年ということになる。この乙巳年を、②では先代の敏達天皇の没年としている。先代の没年ではあっても、その年に即位していればその年を在位一年目とするこのスタイルは古事記と同じである。

しかし、⑤の「少治田天皇（推古天皇）治天下卅六年戊子年三月崩」の記述は、儒教思想による踰年元年に改変された元年と在位年数である。従って、推古天皇の元年と在位年数の記述でみると、今度は古事記とは異なり、日本書紀と同じである。すなわち、『法王帝説』の記述の仕方は古事記方式の部分もあれば日本書紀方式の部分もあるということなのである。

そして②の「他田天皇治天下十四年乙巳年八月崩」という記述は、ただ単に儒教思想による踰年元年への改変というだけではなく、格の高い「太子天皇」である敏達天皇の在位年数を、実数どおり十四年と記述するための改変の結果によるものであった（拙著『古代天皇実年の解明』参照）。ただ単に踰年元年に改変するのであるならば、敏達天皇の没年即位の事実を「踰年即位の踰年元年」に改変したあと、在位年数は十三年とすればよかったのである。敏達天皇の在位年数を実数どおり十四年と記述するために、踰年即位の用明天皇を没年即位に改変してあった。用明天皇は先代から太子に指定されてはいないので、儒教思想からみれば格の低い天皇だからである。「他田天皇治天下十四年乙巳年八月崩」という記述は、原伝承を儒教思想で改変し、その儒教思想による改変の匂いが芬々と漂う記述なのである。従って『法王帝説』の紀年法は、決して原伝承に忠実な紀年法ではない。古事記の紀年法の方が、原伝承を忠実に踏襲している古い紀年法なのである。むしろ『法王帝説』の方が、古事記の紀年法をまねているのである。

5　古事記偽書説への反論1——大和岩雄氏およびその他の説に対して

大和岩雄氏は『古事記成立考』において、「上代特殊仮名遣の使用をもって『古事記』の古さの証明にはならない」とされ、さらに「「モ」の二音の使い分けがあるからといって『古事記』を古いと断定できない」と述べておられる。しかし、この件については本書第四章において、何故、上代特殊仮名遣いそのものが奈良時代に一挙に消滅したのかということと合わせて「古事記に「モ」の二音の使い分けがあることは、やはり古事記が日本書紀よりも古い証拠である」ということを論証した。

次に、「日本書紀は多くの「一書」を列挙してあるが、古事記の説話を記載していない。すなわち日本書紀編纂者は古事記をまったく参考にしていない（見ていない）」、従って「古事記は日本書紀よりもあとに作成された」とする説がある。しかし、日本書紀はあきらかに古事記を参考にしている。確かに神話の部分では古事記を参考にしていないが、「人皇の世」の部分は古事記が日本書紀の種本である。その最たるものは、初代の神武から推古までの天皇の系譜が古事記と日本書紀でまったく同一であるということである。景行を十二代とし、成務を十三代の天皇とする記紀の系譜は偽りの系譜である。真実は成務が十二代であり、景行は十三代である。播磨国風土記・印南郡の条には、景行天皇よりも成務天皇の方が先に天皇であったとする説話が収録されている。しかし日本書紀はこの播磨国風土記の系譜は採用せずに、古事記の記す系譜を採用している。仲哀天皇は成務天皇の子であるにも拘わらず、記紀はともに「仲哀は成務の甥であり、日本武尊の子である」と記述している。応神天皇は仲哀天皇の子ではないし、神功皇后の子でもない。しかし、これを両者とも「応神は神功の子であり、仲哀の子である」としている。播磨国風土記には仁徳天皇の前に「宇治天皇」すなわち菟道稚郎子皇子が天皇であったと記述されている。しかし、日本書紀は「宇治天皇」を抹殺している。これも古事記と同じである。古事記は允恭と忍坂大中津比売との間に「三名の大郎女がいた」としているが、日本書紀は「三名の大娘皇女がいた」としている。これらはすべて古事記が改変した姿を日本書紀が踏襲したものである。そして日本書紀は推古天皇の没年月日を「三十六年（戊子年）三月丁未朔癸丑」としているが、この「癸丑」も古事記の記す推古没年月日の「戊子年三月十五日癸丑」の「癸丑」を取り出して使用したものである（第五章参照）。日本書紀は明らかに古事記を参考にしているのである。

次に何故、日本書紀・続日本記には古事記撰録の詔が記述されていないのかについて述べよう。私は最近になって大和岩雄氏の『古事記と天武天皇の謎』（六興出版、一九七九年）を読み、古事記偽書説の存在を認識したのであるが、すでに一九八二年ころには古田武彦氏の『盗まれた神話』（角川文庫、一九七九年）を入手して読んでいた。はてなと思って『盗まれた神話』を読み直してみると案の定、その中に古事記偽書説に関する項が存在した。その第十二章「『記』と『紀』のあいだ」である。そのころの私には古事記偽書説は荷が重すぎて意識に残らなかったのである。ただしその中の《『古事記』偽作説》の中で強く印象に残った部分がある。それを掲載しよう。

一、（古事記）偽書説の二大原因は次の点だ。

（一）『続日本紀』の和銅五年項に、『古事記』撰進の記事がないこと（他の項にも、一切出現しない）。

（二）『古事記』の写本は、奈良・平安・鎌倉期とも一切なく、南北朝期（十四世紀）になってやっと出現すること（真福寺本）。

（古田武彦『盗まれた神話』角川文庫、一九七九年、三六一ページ）

二、「正史」がきまったあと、『古事記』は一体どういう処遇をうけるだろう。〝変造前の姿はこうでした〟などといって、貴重な古文化財として、「保存」されるだろうか。とんでもない！それは権力にとって、〝以後、生きつづけることを許してはならぬ書〟だったのである。

（同前、三六三ページ）

三、だから『古事記』が南北朝期になって、〝突如として〟出現したのは、近畿天皇家内の公的なルートではなく、一種の〝秘密のルート〟つまり、私的なルートから〝流れ出た〟ものと見られる。おそらく、太安万侶自身の家の系列にながらく「秘蔵」されており、その線から、長き時間の暗闇《くらやみ》を経過して、やっと「浮上」した写本。それが真福寺本なのではあるまいか。

（同前、三六四ページ）

これらの記述を読むまでは、中世まで、古事記がどのように扱われていたのか知ることはなかった。日本書紀と同じように、古事記は完成と同時に一般に流布されたものだとばかり思っていた。古田武彦著『盗まれた神話』を読んで、初めて、南北朝期まで古事記はずっと隠蔽されてきたことを知った。ところで、万葉集九〇番歌には、「古事記曰、軽太子奸軽太郎女……」と記述されており、万葉集撰録のころ（一番新しい歌は西暦七五九年の歌）には、古事記は読むことができたようである。しかしその後、古事記は姿を消してしまう。古事記が再び姿を現すのは、漸く六〇〇年後の南北朝期、すなわち真福寺本の写本が出回るようになった時、ということになる。

おそらく古事記は、天皇家により読むこと・語ることを禁じられたのである。その理由は、大略はすでに古田武彦氏が二〇年以上前に指摘したとおりであると思う。しかし、すべて古田武彦氏の述べられたとおり、というわけではない。古田武彦氏は、前掲の二番目の文章で、「古事記は真実である」と言っている。私も拙著『古代天皇実年の解明』のII部第四章の始めころまではそう考えていた。しかし、推古から神武までの実年を自分自身で復元して、そうではないことがわかった。古事記の記述は全部が全部、伝承どおりというわけではなかった。太安万侶により、巧妙な改変の手が加えられていた。

古事記は、日本書紀を編纂するための最初の草稿である。二転三転した近畿天皇家の血統の原伝承を万世一系のストーリーになるように改変したもの、それが古事記である。その太安万侶の改変したストーリー(古事記)を元にして、それに九州王朝の歴史をも取り込んで第二・第三の改変を施したもの、それが日本書紀である。従って古事記は、日本書紀が完成してしまえばもともといらないものなのである。これが「古事記を撰録せよ」、という天皇の詔が日本書紀および続日本紀に記述されていない理由なのである。「草稿作成を開始せよ」という詔を記述するわけにはいかないからである。さらに古事記は日本書紀の草稿であるから、その草稿をどうしようこうしようという意識は近畿天皇家にはなかったのであろう。そのために万葉集撰録のころには古事記を読むことができた。しかし、そのうちに近畿天皇家は気づいた。古事記を残しておくと、近畿天皇家の原伝承の改変の軌跡が辿れること、すなわち、現天皇家は天照大神から神武天皇を経て連綿として続いてきた万世一系の天皇家ではない、ということがバレることを。その時、「古事記を見てはならぬ、読んではならぬ、焼却せねばならぬ」という詔が内密に発布されたのである。

6 古事記偽書説への反論2——原田敏明氏および梅澤伊勢三氏に対して

中沢見明氏の『古事記論』以降、古事記は偽書か、あるいはしからずかの論争が活発化した。その中で私が最も重要だと感じているのは原田敏明氏の『日本古代宗教　増補改訂版』(中央公論社、一九七〇年）と梅澤伊勢三氏の『記紀批判』（創文社、一九六三年）である。

原田敏明氏は「後代の作成になるものほど、その初源を古くする傾向があり、神々も複雑になる」として、古事記の神々は日本書紀のそれよりも新しいとされた。すなわち書紀本文で国土創成時の初源の神である国常立尊は書紀の第二書・第三書では第二位の神とされており、古事記では国常立尊の前に天之御中主神を最高神とする五神が存在することになっている（表22）。さらに古事記・日本書紀よりも後代に作成されたことが既に証明されている先代旧事本紀では天之御中主神よりも古い神として天譲日天狭霧国禅月国狭霧尊を加えている。これらのことをもとに古事記の神々は日本書紀のそ

表22　書紀本文および一書・古事記の初源の神々の比較

書紀本文	第一書	第二書	第三書	第四書	第四書	第五書	第六書	第六書	古事記
					天御中主尊 高皇産霊尊 神皇産霊尊				天之御中主神 高御産巣日神 神産巣霊神
		可美葦牙彦舅尊	可美葦牙彦舅尊				天常立尊 可美葦牙彦舅尊		宇麻志阿斯訶備比古遅神 天之常立神
国常立尊 国狭槌尊 豊斟渟尊	国常立尊 国狭槌尊 豊国主尊	国常立尊 国狭槌尊	国底立尊	国常立尊 国狭槌尊		国常立尊		国常立尊	国之常立神 豊雲野神

（原田敏明『日本古代宗教』増補改訂版　中央公論社、一九七〇年、二四九ページより）

れよりも新しいとされた。

　古事記は古伝承を比較的純粋に近い姿で伝えていると思われるのであるが、その古事記に記載されている神々が日本書紀の神々よりも新しいというのは奇妙である。私の説を根底からゆさぶるものの一つである。

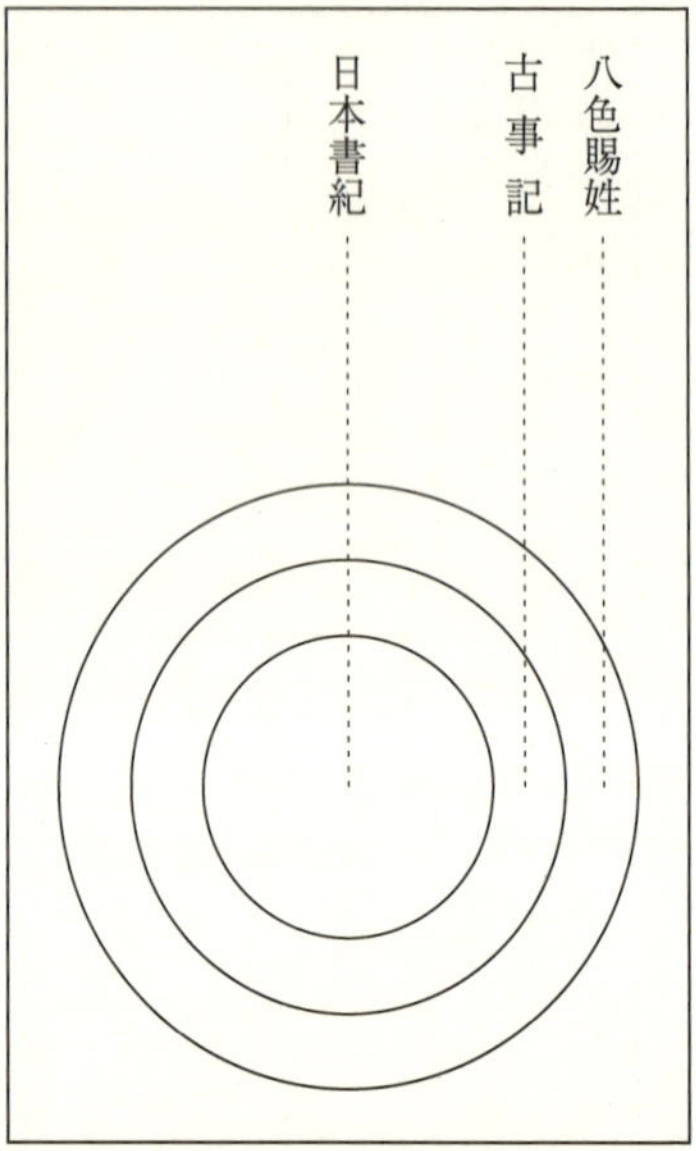

図 40　記紀に登場する氏族と八色賜姓の氏族（梅澤伊勢三『記紀批判』創文社、1962年より）

　梅澤伊勢三氏は記紀に登場する氏族の比較を行った。それにより古事記に登場する氏族は日本書紀の推古紀以前に登場する氏族以上に、天武朝十二年の八色賜姓に記載されている氏族に近似していることを認めた。従って古事記の記述は新しいとされた。以下の記述と図40である。


　記紀両書がその出自を語っている氏族の性格について、更に立ち入った比較をしてみると、そこに注目すべき事実が発見される。

　先ずその第一は、古事記がその出自を語っている氏族は、単にその数が多いばかりでなく、その氏族組織において、天武朝十二年の八色賜姓に加わっている氏族と著しく近くなっており、書紀の場合は、古事記に比較して、それと共通するものが甚だしく少ないということである。

（中略）

これによれば、天武朝十二年（天武紀十三年）以後に、真人・朝臣・宿禰・忌寸など、八色姓中上位の四姓を得た百二十六氏のうち、古事記においては八十一氏がその出自を語られ、日本書紀においてはわずかに四十九氏が語られているに過ぎぬということになる。古事記所載の氏族組織が、日本書紀のそれに比較して、天武朝十二年の「天下万姓」といわれるものに近いことは明瞭な事実である。

（梅澤伊勢三『記紀批判』創文社、一九六二年、二二一～二二二ページ）

梅澤伊勢三氏の論証と原田敏明氏の論証は、私の説、すなわち「日本書紀は古伝承を儒教思想により大幅に改変してあるが、古事記にはそれが見られない。従って古事記の方が日本書紀よりもより古形である」とする私の説を否定するものである。しかし、私の説は本当にこの二つの論証により否定されるのか？　決してそうではないのである。私の説では「古事記の氏族の方が日本書紀の氏族より も新しい」ということも、「古事記に登場する神々は日本書紀に登場する神々より新しい」ということも充分に納得のいく形で説明できるのである。

それは九州王朝の神話群は、天照大神を主神とするものであるからである。北九州には九州王朝の構成員たる多くの氏族が存在した。そして、それぞれの氏族が天照大神を主神とし、それに関連する神々のうちの、ある神をそれぞれの祖先とする独自の神話を保有していた。西暦前四〇～三〇年ころ、その中から神武を首長とする一団が飛び出して近畿大和へ向かい、その地の首長の長髄彦《ながすねひこ》を打ち倒し近畿大和の首長となった。この神武を中心とする一団も、また九州王朝の中の一枝族であるから神武一族の神話も九州王朝の神話の一亜形である。しかも神武軍団は、九州王朝の中のごく少数の人びとで構成された部隊であったろうから、九州王朝全体の多様性のある神話からすると、神武軍団の保有する神話は単純化されたものにならざるをえない。詳しく言えば、Aという氏族をみた場合でもその中にはA1という枝族がありA2、A3……という枝族があるのである。B氏族の場合も同じである。そしてA1はA1の神話を持ち、A2はそれとは少し異なるA2の神話を保有しているのである。九州王朝の神話は、それらのすべての神話を含むものであり、九州王朝の神話は、類似した多くの神話より構成される神話群として存在していた。そして神武は東征の際に、A氏族の中からはA1を、B氏族の中からはB1を、そしてC氏族の中からはC1を選び出して侵略部隊を編成し東征に出発した。従って神武軍の神話は神武自身の神話とA1、B1、C1の保有する神話のみである。当然、神武軍には加わらなかったその他の多くの九州王朝配下の氏族、およびその下の枝族の神話はこの中には存在しない。このために神武軍の神話、すなわち古事記の神話には「一書」がないのである。おそらく、軍団長の神武の神話一本にまとめられたのであろう。そして神武一族は近畿大和で独立した後に、九州から携えてきた神話と在地の神話とを融合させ近畿天皇家の神話として整理統一した。これが現在の古事記にみる神話である。そのために古事記の神話は日本書紀の神話に比較すると整理されているが（多くの「一書」がないが）、神々が追加され複雑化している（すなわち新しくみえる）部分も存在するのである。

その後、九州王朝は西暦六六三年の白村江の戦いで唐・新羅連合軍に壊滅的な大敗北を喫し、瓦解寸前となった。その時、九州王朝の皇子・大海人皇子は残存部隊をまとめて九州王朝の史書類や宝物ともども近畿大和に逃げた。そして数年後、壬申の乱により天武天皇として近畿大和の実権を掌握した。この時、大海人皇子（とその残存部隊）が九州から持ち込んだ古い雑多な神話群が、日本書紀にみられる多くの「一書」なのである。そしてまた大海人皇子とともに九州から近畿大和に逃げてきた残存部隊は、やはり数のうえでは在地の豪族と比較すれば圧倒的少数派である。そのために推古朝までを撰録した古事記に登場する氏族は、近畿大和在地の氏族が大多数を占め、壬申の乱以後に活躍する氏族（すなわち天武とともに九州からやってきた氏族）は極少数なのである。奈良朝・平安朝に至っても、なお大海人皇子とともに九州から移ってきた氏族の数は、在地の氏族に比して圧倒的少数派なのである。これが天武朝十二年の八色賜姓に記載されている氏族は、古事記に登場する氏族の方が日本書紀に登場する氏族よりも多い理由なのである。以上、短いが原田敏明氏や梅澤伊勢三氏の論証への答になっているものと確信している。

附　那珂通高著『古事記便要（上／下）』について

私は、はからずも本章の題を「古事記は日本書紀の「草稿」である」としたのであるが、梅澤伊勢三氏の『記紀批判』を読んでいて、私とまったく同じことを言っている方がおられたことを知った。明治六年に『古事記便要（上／下）』（東京書林）を著した那珂通高氏がその人である。那珂通高氏はその中で次のように述べておられる。

正五位上勲五等などの安万侶一人に日本紀に並へゆかん重き御典を事任したまふへきや

此ハ日本紀撰録させ給はん其下書にとて内々命負せたまへるに疑なし……

「空谷に跫音を聞くが如し」という表現がある。新城新蔵氏が『東洋天文学史研究』の中で使用されておられるが、『古事記便要』に出会った時の私がまさにそれであった。そして私にとって那珂という姓は思い出深い懐かしい姓である。私は第一書『古代天皇実年の解明』において、神武天皇の即位は西暦前三六年の乙酉年か、あるいはそれを上下にはさむ西暦前六〇年の辛酉年と西暦後一年の辛酉年の間にある、と結論した。そして第一書を書き終えるころになって、論拠はまったく異なるが、私と同じように「神武は紀元前後のころに活躍した人物である」との説の方がおられたことを知った。那珂通世氏である。那珂通世氏は明治三十八年の『史学雑誌』紙上に「上世年紀考」を発表され、「神武天皇は紀元前後ころの人物である」と結論されたのである。それ故に私は第一書の最後に那珂通世氏の「上世年紀考」について論じたのであった。その那珂通世氏と同じ姓なのである。そこで那珂通高氏について調べてみた。すると何と、那珂通高氏は那珂通世氏の養父であった。第一書同様、本書もまたその最後に至って那珂通高氏の説が私の説と同じであるということに気づき、その著『古事記便要（上／下）』について述べることで終わりを迎えたことに奇しき縁を思わずにはいられないのである。

付表：史記から旧唐書（中華書局本）までの太后記載数　三九九七箇所

正史名	史記一	二	三	四	五	六	七	八	九	十	史記計
記載数	10	76	6	2	0	148	20	36	82	22	402

正史名	史記一注	二注	三注	四注	五注	六注	七注	八注	九注	十注	史記注計
記載数	14	10	0	1	0	17	8	3	6	5	64

正史名	漢書一	二	三	四	五	六	七	八	九	十	十一	十二	漢書計
記載数	23	4	3	3	23	0	94	94	29	98	76	260	707

正史名	漢書一注	二注	三注	四注	五注	六注	七注	八注	九注	十注	十一注	十二注	漢書注計
記載数	21	0	1	2	4	1	9	13	8	14	9	21	103

正史名	三国志一	二	三	四	五	三国志計
記載数	30	2	6	2	5	45

正史名	後漢書一	二	三	四	五	六	七	八	九	十	十一	十二	後漢書計
記載数	16	95	45	21	28	25	56	66	21	17	71	0	461

正史名	三国志一注	二注	三注	四注	五注	三国志注計
記載数	53	3	1	1	0	58

正史名	後漢書一注	二注	三注	四注	五注	六注	七注	八注	九注	十注	十一注	十二注	後漢書注計
記載数	6	50	15	8	4	13	9	8	4	3	3	3	126

正史名	宋書一	二	三	四	五	六	七	八	宋書計
記載数	14	44	29	36	10	2	5	5	145

正史名	南斉書一	二	三	南斉書計
記載数	12	10	13	35

正史名	北斉書一	二	北斉書計
記載数	65	37	102

正史名	魏書一	二	三	四	五	六	七	八	魏書計
記載数	19	184	62	100	106	96	29	32	628

正史名	梁書一	二	三	梁書計
記載数	5	3	0	8

正史名	陳書一	二	陳書計
記載数	10	6	16

正史名	記載数
周書一	12
二	0
三	6
周書計	18

正史名	記載数
晋書一	32
二	5
三	27
四	57
五	2
六	6
七	6
八	4
九	8
十	6
晋書計	153

正史名	記載数
隋書一	2
二	6
三	7
四	0
五	3
六	0
隋書計	18

正史名	記載数
南史一	25
二	51
三	8
四	9
五	10
六	6
南史計	109

正史名	記載数
北史一	48
二	134
三	96
四	55
五	76
六	66
七	16
八	1
九	69
十	77
北史計	638

正史名	記載数
旧唐書一	2
二	17
三	39
四	10
五	0
六	0
七	34
八	4
九	21
十	3
十一	1
十二	8
十三	9
十四	7
十五	2
十六	4
旧唐書計	161

あとがき

古田武彦氏は『失われた九州王朝』の「はじめに」の中で次のように述べておられる。

わたしは、かつてコペルニクスの『天体の回転について』を読み、深く感じるところがあった。この本の真の生みの親、それは実に〝おびただしいコペルニクスズ〟であろうという思いだった。天体の真実を探究して、多くのコペルニクスたちが空しく挫折をくり返したであろう。彼ら数多き挫折者たちの中からこそ、この画期的な本は生れたのである。今、わたしの古代史の探究は新しい学問の回転をなしとげることができたのか、それとも空しい挫折をくり返しているのか。

（古田武彦『失われた九州王朝—天皇家以前の古代史』朝日新聞社、一九七三年）

氏の論証そのもののように、背すじがゾクリとするような名文である。そして数年前までは、まさか自分自身が真のコペルニクスたらんとして本を出すことがあるとは思ってもいなかった。ひとたびこの世界に身を投ずれば、古田武彦氏の言われるように、結局は挫折と絶望に打ちひしがれて苦悶にのたうち回るようなことになるであろう。そのようなことは決してせず、単なる趣味として、傍観者として楽しんでいればよい。

しかし、私は古田武彦氏の九州王朝説を根幹として二〇〇五年に第一書『古代天皇実年の解明』を上梓した。そして今回、その続編を上梓することになった。どうやら私は真のコペルニクスたらんとの野望のもと、空しい挫折をくり返す者の仲間入りをすることになったようである。しかしすでに賽は投げられた。否、自分で賽を投げた。私の古代史の探究が真理を求めて永久に回転を続ける学問の歯車を、ギリッと一つ動かしたのではないかと願うのみである。

日本古代史については、前著と本書により一応の句切りをつけることができたように思う。これまで悪者の代表にされている蘇我氏の実像や聖徳太子と推古天皇の関係（すなわち何故、聖徳太子は天皇になれなかったのか）など、もう少し述べてみたいところもあるが、分量が嵩張るので割愛せざるをえなかった。また、再建法隆寺の謎、すなわち再建法隆寺はいつから聖徳太子を祭るようになったのか、ということも謎のままである。法隆寺釈迦三尊像光背銘の「法興元」が九州年号であるか否かなども問題として残っている。しかし、古事記・日本書紀をもとにした私の日本古代史の旅はこれで一旦終わりにしようと思う。今、私の眼は風土記の世界に向かっている。

二〇〇六年十月

砂川恵伸

著者略歴

砂川恵伸（すながわ　けいしん）

1947年　沖縄宮古島に生まれる。
1965年　琉球政府立宮古高等学校卒業。
1972年　広島大学医学部卒業。
1973年　厚生連尾道総合病院勤務を経て、1981年より沖縄県立宮古病院勤務（外科）。
2001年２月同院を副院長で退職。
2001年２月より社会福祉法人・介護老人保健施設栄寿園勤務。
日本人の起源、日本古代史を趣味とす。

著書：『古代天皇実年の解明』新泉社

天武天皇と九州王朝——古事記・日本書紀に使用された暦

2006年12月25日　第１版第１刷発行

著　者＝砂 川 恵 伸
発行所＝株式会社　新 泉 社
東京都文京区本郷2-5-12
電話 03-3815-1662　FAX 03-3815-1422
振替・00170-4-160936番
印刷・創栄図書印刷　製本・榎本製本
ISBN4-7877-0616-0　C1021